大学服务社会模式研究

孙明英 著

Research on the Model of
University Serving Society

中国社会科学出版社

图书在版编目（CIP）数据

大学服务社会模式研究 / 孙明英著. —北京：中国社会科学出版社，2020.9
ISBN 978 - 7 - 5203 - 7227 - 5

Ⅰ.①大… Ⅱ.①孙… Ⅲ.①高等教育—社会服务—研究 Ⅳ.①G64

中国版本图书馆 CIP 数据核字（2020）第 175335 号

出 版 人	赵剑英	
责任编辑	王 衡	
责任校对	王 森	
责任印制	王 超	

出　　版	中国社会科学出版社	
社　　址	北京鼓楼西大街甲 158 号	
邮　　编	100720	
网　　址	http://www.csspw.cn	
发 行 部	010 - 84083685	
门 市 部	010 - 84029450	
经　　销	新华书店及其他书店	
印　　刷	北京明恒达印务有限公司	
装　　订	廊坊市广阳区广增装订厂	
版　　次	2020 年 9 月第 1 版	
印　　次	2020 年 9 月第 1 次印刷	
开　　本	710×1000　1/16	
印　　张	15	
插　　页	2	
字　　数	241 千字	
定　　价	88.00 元	

凡购买中国社会科学出版社图书，如有质量问题请与本社营销中心联系调换
电话：010 - 84083683
版权所有　侵权必究

序

冯增俊

孙明英博士著的《大学服务社会模式研究》终于出版了，从攻读博士初时起意，到今日成书面世，反复研讨，历时近10年之"不易"，令人感慨颇多。现时高教论著之多可谓车载斗量，但专论大学服务社会之著作却还很少有，尤其在中国这还是一个颇具深究探讨的有重要价值主题。一位青年学者能有如此学识定力和慧眼，直视其主题内在之独特蕴义，不会因近来某些鼓动实例表述时尚而放弃对发展规律和本质的探讨，更难能可贵的是她近十年来持续探究不辍，义无反顾，其意志之坚定，令人感怀。有人把大学任务或职能列举有三，培养人才、科学研究及服务社会，有人则认为还应加上文化传承，称之四项。而在该书看来，无论怎么列出、列出多少，"服务社会"不仅仅是一种大学职能，而且必定是大学甚至是教育的核心涵义或基本价值。因为无论是培养人才、科学研究乃至文化传承都必须是服务社会的，都必须以服务社会的某种方式体现，都必须以服务社会作为终极目的。以这点来审视孙明英的这部新作，才会发现这本著作所关注的根本要点和真正意义。其次，当下正值中国全力推进民族伟大复兴的历史时刻，发展教育尤其是发展大学的作用重大，为全民瞩目，特别对那些投入巨资的大学寄予厚望，恰逢其时又遭遇美国给中国13所大学列上"实体清单"，大学怎么办自然就成了社会关注的焦点。正由于该书聚焦"大学服务社会"，一语点中大学办学之关键，与各种表述相比就自然显得更加鲜明。这也正是之所以该主题言者纷纷，但做大论者却未曾见有，皆因这一主题关乎大学办学大计让人不得不讲，却又因受传统教育观之视角所限，难有新解所致。

孙明英直接用"大学服务社会模式研究"题写书名，以其开宗明义指明服务社会是大学的本质属性，是教育作为人类特有现象的关键体现。教育人类学研究表明，类人猿向人转变的第一个动作就是学习动物本能性的生存技能，并在族群中传播学习从而提升该族群部落生存水平。可见，对类人猿乃至人类来说，生存技能是首位的，关键的。因此这种生存技能的学习（教育）是人类生成、发展之根本，也是激发工具发明，推进工业革命之根源，更是社会快速发展的利器。国家之所以兴旺，人才之所以辈出，文化之所以传承，社会之所以日新月异，皆由于这种"服务社会"的教育属性所赐。因此，"服务社会"是教育的本质特性，是大学最基本、最重要职能。偏离这个特性，教育就会出问题，大学就会丧失其应有的作用。这点堪称该书精髓，是该书最重要的学术价值和社会意义。作为研究大学的博士论文如果忽视这一审视坐标，就将失去全部立论基础。

《大学服务社会模式研究》另一值得称道的是，该书对大学服务社会做了较准确和科学的理解和诠释。一者是把"大学服务社会"看成是一种科学教育观，一种办学思想和办学方向，既不是某种学科的简单布局，也不等同于时下创收性的"社会服务"。二者是强化"大学服务社会"中作用产业发展的功能特性，突出大学与经济发展和社会需求相互动机制，强调了必须从本国本地经济的总需要出发，以社会发展效益为准绳。在作者看来，"大学服务社会"已成为教育扎入社会体系中的强大"根系"，在反复互动协调作用下，逐步形成一种通过变革教育满足社会需求，从而进一步激发社会新发展，由此再推进大学新变革，不断循环递进上升的"教育创新驱动机制"。实践证明，所有发达国家都是通过"教育服务社会"来实现崛起的。17世纪英国通过"专利法""学徒制"等政策推进教育服务社会，培养一代工匠，激发社会创造力，引发工业革命，缔造了大不列颠帝国辉煌；18世纪拿破仑关闭巴黎大学创办理工等各种专科学校，成就了法国的伟大崛起；而德国1807年首创实科中学，普法战争后大力发展工科教育体系为主导的教育服务社会机制，培养高级工科人才，推动了第二次工业革命，促进了德国发展的神话；美国建国后苦苦寻求兴国大计，后从1817年西点军校改制培养急需民用工程技术人才解决发展困境中得到启发，从创立伦多塞理工学院和私立高校改制培养社会急需人才受阻中坚定推行大学改革，颁布《莫里尔法案》，建构起大学服务社会体制，开启了美国繁荣富强之路。"服务社会"是大学扎入社会发展之根，根深方可叶茂，茁壮成长。任何国家的发展都是遵循这一发展规律的结果。

《大学服务社会模式研究》亮点正是倡导大学与社会发展的内在关联性规律，击中中国教育要成为推助民族伟大复兴动力的关键脉门，突出强化了"大学服务社会"必然关注新产业发展的未来教育功能，即发挥大学激发、引导经济发展的作用，促进新科技，配合新基建，发展新工科及新文化建设。对中国来说，尤其必须要从读书做官、文凭至上的传统教育桎梏中解放出来。其首要之一是贯彻"五面向"，即先是必须强调教育（大学）面向社会，服务社会，才能面向人民，服务人民，在此基础上才能真正面向现代化、面向世界、面向未来。只有这样，大学才能培养一流人才，出一流科技成果，使教育成为第一生产力。只有这样，大学才能促使中国成为科技创新大国、制造实力大国。可见，我们应认真探讨"大学服务社会"的内涵和实践模式，科学地诠释其根本，这既是大学发展之本，也是国家迎来鼎盛之根，其意义之深远，怎样强调也不为过。

通读《大学服务社会模式研究》，还会获得一个重要认知，即在林林总总的高等教育研究论著中，不只是真正面对大学服务社会的研究不多，甚至依然存在许多对大学服务社会理解上的不少偏差。究其原因，这主要是教育在人类社会发展进程中特定时代演变出来的某些做法曾经给某些人带来利益，造成的人们认知误解。原始社会的教育存在于人类各种生存活动之中，教育直接决定生存；随着生产力提高产生了阶级和脑体劳动分工，致使教育本性被异化，读书权被统治阶级垄断，文凭作为特权标志被捧宠；因此，在新的社会条件下，教育与生存能否结合及如何结合就成为决定国家发展的新课题。这时，教育内涵变化和形式多样也致使教育理解各异，如出于不同教育立场，或出于读书能增长知识，或出于读书应考获取功名晋官，或出于大学某种作用来理解大学等，不一而足，虽有其合理性，但是假如不从"大学服务社会"的本质特性上把握，顺其规律统摄总局，就会出现方向性偏差，导致错误的结果。如中国直到现在文凭主义依然在大学教育中占据强势导向地位就是明证。党的十八大以来中国不断强化高校向专业化转型正是纠偏传统办学模式和对"服务社会"的实践诠释。最近美国之所以把中国 13 所大学列入"实体清单",正是这些大学的"服务社会"做得好、贡献大的原因。

《大学服务社会模式研究》的写作特点也值得赞许,该书不停留在对概念的解析,更重要的是通过对大学发展历程的考察以及具体历史实践分析,重视理论研究与实践实证探讨相结合,并通过实地调研的方式比较不同实践体在"大学服务社会"中的具体表现方式,以此从更全面的角度观察和审析大学服务社会的成效,为我们理解和认识当下大学服务社会新方式提供了重要参考。

该书写作始于中国迈向新时代的第一脚步声中,从 2012 年作者进入中山大学攻读博士学位之初,就确定了研究心向,其间不断探究钻研,后虽然学科并转致使研究拖延,但研究初心坚毅执着,历久弥新,令人敬佩。尽管书中还有许多需要完善提升之处,然能从一部有新意的书中读到大学的未来走向,探视到教育践行中的规律和民族发展的教育战略精要,为全球新冠肺炎疫情蔓延下消沉情绪带来些许亮色,也是一件值得庆贺的事。在此,祝贺孙明英的新研究成果,也感动她的努力!

目　录

第一章　绪论 (1)
第一节　问题提出 (1)
　　一　大学的本质特性是什么 (2)
　　二　大学服务社会有无规律可循 (2)
　　三　中国大学以怎样的模式服务社会 (2)
第二节　文献综述 (2)
　　一　国外研究现状 (2)
　　二　国内研究现状 (8)
　　三　现有研究述评 (12)
第三节　研究方法及研究意义 (13)
　　一　研究方法 (13)
　　二　全书内容框架 (14)
　　三　研究的意义 (16)

第二章　大学服务社会：一个争议性命题 (18)
第一节　关于大学理念的不同观点 (18)
　　一　纽曼大学理想 (18)
　　二　洪堡大学理念 (19)
　　三　克拉克·克尔大学功用 (20)
第二节　相关概念 (21)
　　一　服务社会 (21)
　　二　模式 (23)
　　三　大学服务社会模式 (23)

第三节　理论分析框架 …………………………………………（25）
　　一　大学服务社会理论基础 ………………………………（25）
　　二　分析框架:社会需求与人的需求 ……………………（26）
本章小结 ………………………………………………………（30）

第三章　大学服务社会:历史的逻辑 ………………………（32）
第一节　古典服务模式——农业社会中的大学 ……………（32）
　　一　大学的兴起 …………………………………………（32）
　　二　古典模式的生成 ……………………………………（36）
　　三　古典模式的终结 ……………………………………（43）
第二节　现代实用模式——工业社会中的大学 ……………（44）
　　一　工业革命爆发与工业社会形成 ……………………（44）
　　二　现代实用模式的生成 ………………………………（46）
第三节　创新合作模式——后工业社会中的大学 …………（57）
　　一　后工业社会竞争力与大学转型 ……………………（58）
　　二　创新合作模式的生成 ………………………………（60）
本章小结 ………………………………………………………（64）

第四章　当代国家大学服务社会模式 ………………………（67）
第一节　美国大学服务社会模式 ……………………………（67）
　　一　美国大学服务社会模式生成 ………………………（67）
　　二　美国大学服务社会模式特征 ………………………（79）
第二节　日本大学服务社会模式 ……………………………（82）
　　一　日本大学服务社会模式生成 ………………………（82）
　　二　日本大学服务社会模式特征 ………………………（99）
本章小结 ……………………………………………………（102）

第五章　中国大学服务社会模式 ……………………………（104）
第一节　中国大学服务社会模式生成 ………………………（104）
　　一　高度计划培养"又红又专"人才(1949—1977年) ……（104）
　　二　探索尝试服务现代经济建设(1978—1991年) ………（111）

三　科教兴国战略下的大学崛起(1992—2014年)……………(116)

第二节　政府主导功用模式特征………………………………(131)
　　一　政策导向决定大学行动指向………………………(131)
　　二　大学"同质化"且类型层次互不融通………………(133)

第三节　中国大学服务社会模式面临的困境…………………(134)
　　一　人才培养与行业需求偏差…………………………(135)
　　二　科技创新不足以及成果转化率低…………………(137)
　　三　大众化教育缺失特色化的服务……………………(139)

本章小结……………………………………………………………(141)

第六章　案例分析一：Z大学服务社会模式………………(143)

第一节　Z大学服务社会实践历程……………………………(143)
　　一　应社会需求而生的Z大学(1924—1948年)………(143)
　　二　政治风云中艰难生存时期(1949—1976年)………(145)
　　三　恢复正轨探索革新时期(1977—1990年)…………(148)
　　四　深化改革服务社会时期(1991—2014年)…………(149)

第二节　Z大学服务社会模式生成……………………………(151)
　　一　培育高水平人力资本………………………………(151)
　　二　团队攻关推动科技创新……………………………(154)
　　三　产学研合作服务省域经济…………………………(157)
　　四　人文社会科学发挥智库作用………………………(162)
　　五　公共服务辐射全国扶贫帮困………………………(164)

第三节　Z大学服务社会实践启示……………………………(166)
　　一　"教授就是大学"以研究能力为本位………………(167)
　　二　切合社会需求培育优势特色学科专业……………(168)
　　三　创新管理体制强化服务社会政策导向……………(171)

第四节　危机与挑战……………………………………………(172)
　　一　人才培养质量与特色………………………………(172)
　　二　科技创新能力面临考验……………………………(173)
　　三　科研成果转化率问题………………………………(173)

本章小结……………………………………………………………(173)

第七章　案例分析二：J大学服务社会模式 (175)

第一节　发展历程 (175)
第二节　J大学服务社会模式生成 (177)
一　培养面向基层的高级应用型人力资本 (177)
二　依托本土资源开展科研助力区域脱贫 (181)
三　挖掘利用少数民族文化价值 (189)
第三节　J大学服务社会实践启示 (191)
一　"平民大学"办学理念引导服务地方社会 (192)
二　调整学科专业结构切合区域社会发展需求 (193)
三　立足地区资源开展特色研究 (194)
第四节　危机与挑战 (196)
一　人才培养适切性问题 (196)
二　面向区域社会开展研究能力提升问题 (197)
本章小结 (197)

第八章　研究结论与政策启示 (199)

第一节　研究结论 (199)
一　大学服务社会理论回应 (199)
二　研究结论 (205)
第二节　中国大学服务社会模式展望 (208)
一　分层发展提高服务适切性 (208)
二　科技创新支撑产业转型 (210)
三　大众化引领社会进步模式 (213)
四　市场导向政府监管服务模式 (215)

参考文献 (218)

后　记 (227)

第 一 章

绪　　论

第一节　问题提出

习近平指出，扎根中国大地办中国的世界一流大学。这就需要我们思考一个经验性问题，同样是办大学，为什么有些国家办大学获得快速发展，而有些国家办大学却发展缓慢，背后真正的原因是什么。中国政府在20世纪90年代提出科教兴国和人才强国的战略，并相继启动"211工程""985工程""双一流建设工程"，期待创建世界一流大学。2018年高等教育毛入学率已达到48.1%，中国已经成为高等教育大国。[①] 而现实却是中国经济连续保持稳定快速增长，依靠资源严重高消耗、资金高投入的人口红利，严重依赖技术引进，部分核心技术受制于人，高等教育大国却不是高等教育强国。与此同时，大学毕业生就业成为一大难题，而高技术岗位却人才奇缺，大学被批评培养的人才与社会需求相脱节。大学缺乏能够支撑国家产业转型发展的高水平科研成果，同时大学现有科研成果束之高阁。种种现实问题，指向我们思考大学为何会偏离社会需求。

回到理论维度，学界普遍把服务社会作为大学继教学与科研之后生发出来的第三种职能，最具代表性的是美国威斯康星理念。这样造成对大学定位不明，按照这种思路大学的职能可以有无数种，比如文化传承、国际化，由此也会造成对大学功能认识的混乱。一些经典理论家比如纽曼（John Henry Newman）、洪堡（Wilhelm von Humboldt）、克拉克·克尔

---

① 2018全国教育事业发展统计公报，http://www.sohu.com/a/297900162_459959。

(Clark Kerr)等都对大学服务社会持有不同的观点。纽曼认为自由教育与专业教育是相互排斥的，大学应该远离社会，大学仅仅是学者以"学术为业"的场所；洪堡则主张通过科学和修养来服务文化国家，在取向上也是精英式的，排斥专业技能教育，大学培养"哲学之才"而非"利禄之徒"。而克尔则认为，现代大学无法逃避服务。

基于现实经验和理论维度，本书提出大学为何要服务社会，以及以怎样的模式服务社会的问题，可以分为以下几个方面来讨论。

一　大学的本质特性是什么

种种现实经验问题的背后其实是对大学本质特性的厘定，焦点是对于大学到底为何的界定。大学服务社会是一个有争议的学术命题，反对者有之，如纽曼；赞成者有之，如克拉克·克尔。本书结合理论争论与误解，从历史的逻辑来论证服务社会是大学本质特性这一学术命题，回答大学为什么要服务社会。

二　大学服务社会有无规律可循

大学应社会需求而生，又逐渐为贵族阶层所掌控而偏离社会，再回到与社会的互动，大学与社会的关系由疏离到结合中有何内在规律，如何来判定大学是在服务社会而不是偏离社会。本书将以历史唯物主义的视角，在大学与社会互动的历史进程中探讨其中的规律，以此来思考大学是否服务社会。

三　中国大学以怎样的模式服务社会

中国已经是高等教育大国却并非是高等教育强国，中国大学被社会不断诟病，这其中的原因是什么。探讨中国大学以怎样的模式来服务社会，这种模式是怎样生成的，这种模式有怎样的发展瓶颈。

第二节　文献综述

一　国外研究现状

大学服务社会不是一个新话题，大学自诞生之日起，就存在与社会的关系问题。纵观国内外，对于大学服务社会功能的研究文献众多，十分芜杂。大学服务社会模式也是散见于大学发展研究之中。

(一) 大学服务社会理论

研究者主要通过对大学的本质、大学为何的研究，来论证大学服务社会的合法性，展现出不同的观点。一个倾向就是通过理智的训练来培育社会所需的自由人，代表人物为纽曼（John Henry Newman）。纽曼以知识作为逻辑的起点，认为大学的功能是传播知识，而不是增进知识。因此大学的职能是教学，而不是研究。纽曼认为知识是具有普通意义的完整知识，而不是狭隘的专业知识。坚持大学教育是一种理智的训练，这种心智的培育就是自由教育。大学正是通过最适宜于个体的理智训练，从而达到个人最好地履行社会职责的实用目的。[①] 纽曼在倡导他的大学理想时，工业革命急速推广、民族国家蓬勃发展，大学对生产、对国家以及对知识创新的作用不断强化，以职业准备为目的的专业知识和专业教育不可阻挡地进入大学，纽曼的大学观展露出局限性。

赫钦斯（Robert Maynard Hutchins）跟纽曼在大学培育理智方面达成一致，认为智力的培育在任何领域都能发挥重要作用，培养理智是最有用的教育，不论学生将来是要向思辨发展还是向职业发展。[②] 实施理智教育最佳的途径是名著课程。在大学与社会的关系问题上赫钦斯赞同美国大学已经成为服务站，强调服务站的逻辑起点是增进知识。理智培育是大学服务社会的一项重要的职能，强调了大学服务社会的逻辑起点是知识，主要是自由人的培育，为社会培养精英人才。

弗莱克斯纳（Abraham Flexner）认为大学是学问的中心，致力于保存知识，增进系统的知识，发展知识（科学研究）和培养人才（教学）。随着科学技术的发展、工业革命的深入和民主政治的推行，日益复杂的社会生活急需大学提供知识和智慧来解决社会发展的问题。弗莱克斯纳反对把大学变成一个公共服务机构，倡导高深学问。弗莱克斯纳承认大

---

① [英] 约翰·亨利·纽曼：《大学的理想》，徐辉等译，浙江教育出版社2001年版，第97页。

② [美] 罗伯特·M. 赫钦斯：《美国高等教育》，汪利兵译，浙江教育出版社2001年版，第39页。

学应该根据社会发展的需要而进行调整，这种调整应该以一定的理性分析和价值观念为基础。大学应不断满足社会的需求，而不是它的欲望。①大学服务社会主要是通过学术或理论的观点去研究问题，而不是参与实际事物。因此，弗氏重视基础研究，认为大学是专业教育而不是职业教育。专业教育以高深的学问为基础，重理论修养，是博雅的和理智的活动；职业教育注重传授技术，注重专业教育与通识教育的结合。弗氏倡导的是精英人才观，与当时的美国经济不合时宜，但是保证大学的高水准具有积极的意义。

美国高等教育传奇人物，伯克利加州大学前校长克拉克·克尔（Clark Kerr）用积极热情的态度赞誉了美国多元化大学服务对先进文明社会的贡献。克拉克·克尔认为现代大学处于复杂的环境当中，更多是一种以金钱为动力的机制，用巨型大学来形容研究型大学。巨型大学对于国家的进一步工业化、生产力提升，以及全世界军事与科学的至高地位，起到核心作用。巨型大学的校长主要是一个调停者。克尔仍然以知识为逻辑起点，推进智力的培养。知识已经成为社会的中心，知识为了造福每一个人。克尔提出大学作为知识的生产者、批发者和零售者不能逃避服务。②大学已经渗透到农业和工业，最初服务于社会的精英，然后是中产阶级，现在是服务所有人的孩子，不论其社会背景与经济背景。大学由精英分子专业性、阶级取向的机构，转变成大众的市场取向的工具。普及高等教育、大力强调科学研究和高度繁荣，三者把美国高等教育提升到全世界高等教育的最前列。未来发展唯一可以确定的是不确定性，大学服务社会应采取一种多元的视角来应对多元的社会。

阿什比（Eric Ashby）以生态学的眼光，把大学看成是一个有机体，是环境和遗传的产物。③各国大学都面临着能否成功的危险，如

---

① ［美］亚伯拉罕·弗莱克斯纳：《现代大学论——英美德大学研究》，徐辉等译，浙江教育出版社2001年版，第4页。

② ［美］克拉尔·克尔：《大学之用》（第5版），高铦等译，北京大学出版社2008年版，第65页。

③ ［英］阿什比：《科技发达时代的大学教育》，滕大春等译，人民教育出版社1983年版，第7页。

今的大学已经发展成为经济发展和国家生存绝不可少的事物，大学进入两难困境。大学必须保持传统和社会现实需要之间的平衡，具有进行内部改革来适应社会的能力。第一，不适应社会将会遭受社会的抛弃；第二，在适应社会改革中又不能破坏大学的完整性，否则无法完成所承担的社会职责。社会需要受过专业训练和有教养的公民，美国大学特点是学术知识与实用知识之间不要有一堵墙隔开。然而在科技教育中，人文学科、社会科学不能同自然科学割裂。阿什比认为大学已经越来越依赖外部发展的资金，大学在智力培育的同时，发展学生探究知识和发现疑点的能力，来促进社会前进，讲求功效是大学发展所需。

德里克·博克（Derek Bok）极其肯定大学服务社会的功用，认为尤其是第二次世界大战后，高等教育在现代化工业国家中占据中心地位，大学作为象牙塔的说法早已过时。[①] 博克倡导学术自由、学术自治和学术中立的价值取向，论述大学要充分认识在当今社会中的真正作用和目的，就必须承担自己的社会责任，服务社会的合法需求。阿特巴赫（Philip G. Altbach）以比较的视野，认为美国和德国大学满足国民经济和社会发展的广泛需求是19世纪大学的重大革新。在21世纪面临的前所未有的挑战来自高等教育可获资源的减少。因此大学为社会当前的需要服务，大学与社会密切结合时，它们在学术和财政方面都欣欣向荣。[②]

（二）大学服务社会适切性

大学如何应对社会需求是研究者比较关注的问题，普遍认为社会处于不断的变化当中，大学应对不断变化需求做出回应。1995年，联合国教科文组织将大学面对的主要挑战，首先归纳为"切实性"（relevance），即高等院校"在社会中的作用与地位"。爱德华·希尔斯（Edward Shils）从大学的使命是通过合理的知识来培养、扩展和传递人

[①] Derek Bok，*Beyond the Ivory Tower Social Responsibilities of the Modern University*，Cambridge：Harvard University Press，1982，p.65.

[②] ［美］菲利普·G.阿特巴赫：《比较高等教育：知识、大学与发展》，人民教育出版社教育室译，人民教育出版社2001年版，第91页。

类的想象、推理、记忆和观察能力，推断出大学不能逃避社会，但是要坚持做正确的事情，坚守学术精神，强调大学服务功能体现在大学整体性功能的实现之中。① 大卫·沃德（David Ward）认为大学保持适切性的办法是对自己的长处进行评估，摸清潜在的服务对象，找出自己合理的战略位置，并尽可能发展适合自己的空间。② 杜德斯达（Jame Johnson Duderstadt）指出公共服务（public service）是美国大学最主要的作用之一，把公共服务界定为传播并利用知识来满足社会的特定需求。公共服务来源于莫里尔法案和威斯康星理念，往往从狭义上来界定为满足社会的活动，比如，大学学术医疗中心提供的医疗服务，校际运动会提供的大众娱乐，通过技术创新、培养技术人才和企业家发展区域经济等。杜德斯达认为大学行为只有基于学术基础上才具有合法性，因此公共服务并不是大学的功能，只是大学发挥作用的原则。大学应该在教学与科研上重视其服务性。杜德斯达在分析21世纪美国公立大学的机遇与挑战中指出大学所提供的服务是当今社会取得领先优势的关键，大学始终具有适应变化并加以调整其服务社会的非凡能力。大学不仅要适应变革时代，重要的是影响时代的本性，成为时代的主角。但是大学仍然没有把握知识时代的含义，这也将是大学努力的方向。保持适切性，建立对变化社会服务的适应能力和应变能力的方法就是大学改革。③

玛丽·亨克尔（Mary Henkel）指出大学要服务社会，推动社会的发展不仅仅是要迎合政府需要，不仅顾及相对短期的经济利益，而且顾及中、长期利益，并起到传递知识、保存文化的作用，更好地为国家利益服务。④ Nelly P. Stromquist 认为全球化的一个标志是世界已经走向"知识社会"，知识社会一个特点是各种经济活动中将需要高深知识，因此对全球化起主要作用的是教育。全球化对教育影响的一个主要因素是知识的

---

① ［美］爱德华·希尔斯：《学术的秩序——当代大学论文集》，李家永译，商务印书馆2007年版，第134页。

② ［美］大卫·沃德：《令人骄傲的传统与充满挑战的未来 威斯康星大学150年》，李曼丽等译，清华大学出版社2007年版，第19页。

③ ［美］詹姆斯·杜德斯达：《21世纪的大学》，刘彤等译，北京大学出版社2005年版，第4页。

④ ［英］玛丽·亨克尔等：《国家、高等教育与市场》，谷贤林等译，教育科学出版社2005年版，第169页。

生产和传播，全球化使教育摆脱了国家的垄断而走向市场。[1] 研究者探讨从中世纪到后工业时代大学使命的转变，正因为大学使命的转变带来大学不同社会服务的发展方式。[2] 罗德斯（Frank H. T. Rhodes）呼吁社会服务的公正性，一旦公正性削弱，大学在社会服务方面的有效性将走到尽头。大学的专业化为国家提供了极佳的服务，不反对专业教育，但是反对使大学教育降低为狭隘的工作培训。罗德斯呼吁重建学术共同体，将知识人性化地应用于实践，开展有效的社会服务。[3]

(三) 大学服务社会实现途径

大学通过创造知识服务社会，随着社会发展，大学展现出不同服务社会模式，为农业、工业和知识经济服务。1862年美国《莫里尔法案》颁布，大批赠地学院兴起，全面开展为农业和工业服务。20世纪五六十年代，特曼（Frederick Emmons Terman）无意中创造了科技园（science park），成为大学服务工业社会一种形式。70年代美国硅谷的出现，是大学与工业界的结合新形式。吉本斯（Michael Gibbons）提出知识生产的新模式2，模式1以同质性为特征，模式2以异质性为特征。模式1的知识生产基于学科，模式2则是跨学科的，知识具有社会弥散性，在大范围的潜在知识生产场所之间和不同的应用环境之中进行传播。在模式2中，知识的发现、应用和使用紧密整合在一起，大学构成了一个延伸至产业界、政府和媒体的更大、更紧密的知识机构网络的一部分。[4]

希拉·斯劳特（Sheila Slaughter）把院校及其教师为确保外部资金的市场活动或具有市场特点的活动称为学术资本主义，从资源依赖的角度认为大学通过技术转让实现知识从大学向市场的迁移来获得声誉和研究

---

[1] Nelly P. Stromquist, *Education in a Globalized World: the Connectivity of Economic Power, Technology, and Knowledge*, Maryland: Rowman & Littlefield Publishers, Inc., 2002, p. 15.

[2] John C. Scott, "The Mission of the University: Medieval to Postmodern Transformations", *The Journal of Higher Education*, Vol. 77, No. 1, 2006, pp. 1 – 39.

[3] [美] 弗兰克·H. T. 罗德斯:《创造未来——美国大学的作用》，王晓阳等译，清华大学出版社2007年版，第54页。

[4] [英] 迈克尔·吉本斯等:《知识生产的新模式——当代社会科学与研究的动力学》，陈洪捷等译，北京大学出版社2011年版，第79页。

经费。① 伯顿·克拉克（Burton Clark）进一步研究了创业型大学组织转型的路径，五个要素是不能再少的最低限度：一个强有力的驾驭核心；一个拓宽的发展外围；一个多元化的资助基地；一个激活的学术心脏地带；一个一体化的创业文化。② 查尔斯·维斯特（Charles M. Vest）研究密集型大学（research-intensive university）服务社会最直接的途径之一就是将新的思想和技术商业化，从而创造财富和就业机会。③ 菲利普·阿特巴赫（Philip G. Altbach）指出在新知识经济中，学术研究和应用研究之间的界限已经变得更加模糊，并引领大学的研究人员去发展与市场更加密切和相互依赖的关系。④ 阿罗诺维兹（Stanley Aronowitz）对于后工业社会中大学社会服务不无忧思，认为大学是知识工厂，呼吁废除企业型大学并创建真正的高等教育。高等教育的根本任务应该是在大众文化的发展中发挥领导作用。⑤ 总之，知识社会中大学服务社会的主要途径是知识的生产和运用，大学与产业和商业界关系更为密切。

二 国内研究现状

（一）大学服务社会理论

中国研究者对大学服务社会的宏观理论研究不多见，以引介外国的研究居多，特别是对美国大学服务社会发展的译介、评述颇多。冯增俊通过世界教育现代化历程中教育对于社会的促进作用研究论述到，教育发展并不等于是纯粹的数量增加，它首先要看这种发展的社会功效，是否推动了社会经济的发展和促进本国本地的进步，强调现代高等教育的

---

① ［美］希拉·斯劳特等：《学术资本主义：政治、政策和创业型大学》，梁骁等译，北京大学出版社2008年版，第174页。
② ［美］伯顿·克拉克：《建立创业型大学：组织上转型的途径》，王承绪译，人民教育出版社2003年版，第4页。
③ ［美］查尔斯·维斯特：《一流大学 卓越校长：麻省理工学院与研究型大学的作用》，蓝劲松等译，北京大学出版社2008年版，第13页。
④ ［美］菲利普·阿特巴赫等：《全球高等教育趋势——追踪学术革命轨迹》，姜有国等译，上海交通大学出版社2010年版，第266页。
⑤ ［美］阿罗诺维兹：《知识工厂——废除企业型大学并创建真正的高等教育》，周敬敬等译，高等教育出版社2012年版，第154页。

核心目标就是坚持为经济发展服务。① 冯增俊指出大学要服务社会，发展经济，最重要的就是要确立以教育市场机制来引导办学的新机制。学者译介美国威斯康星理念形成，大学更加直接运用知识服务社会。康健、王英杰、沈红、谷贤林等对美国研究型大学的形成和发展、美国大学服务社会进行了引介和研究，为中国大学了解美国大学的发展提供了良好的借鉴。② 黄达人认为人才培养、科学研究和服务社会三个方面，其实是三位合一的，最终还在于对国家、对民族、对人类社会的回报。大学的终极目标应该是要使大学成为时代精神的表征，成为社会良知的灯塔，成为学生接受全面素质教育的园地，成为科学创新思想的源泉，成为经济社会发展的思想理论发动机。③ 不少研究者比如刘宝存把大学服务社会作为大学继教学、科研之后的第三职能，并以美国1862年《莫雷尔法案》颁布以及威斯康星理念的形成为标志。④ 例如，贺国庆详尽介绍了《莫雷尔法案》颁布后，康奈尔计划的实施以及威斯康星精神的形成，体现为全面服务民主社会，赠地法案开启了美国联邦干预高等教育的先河，并根据当时农业工业化的需要建立赠地学院，开设实用科目服务工农业。1955年，68所赠地学院招收20%的大学生，授予39%博士学位。⑤ 陈时见认为社会服务是美国大学第三职能，历经为农业服务、工业服务过程，同时服务促进了大学发展，获得企业和社会的经费支持，促进科研发展，提高教育质量。⑥ 服务形式概括为：校企合作，包括科研服务、教育服务和咨询服务；直接社区服务，包括知识服务、信息服务、装备服务、咨询服务等。呈现出服务的双向性、丰富性、针对性和实体化等特点。

---

① 冯增俊：《现代高等教育模式论》，广东高等教育出版社1993年版，第63页。
② 康健：《威斯康星思想与高等教育的社会职能》，《高等教育研究》1989年第1期；王英杰：《美国高等教育的发展与改革》，人民教育出版社1993年版，第14页；沈红：《美国研究型大学形成与发展》，华中理工大学出版社1999年版，第213页；谷贤林：《美国研究型大学管理——国家、市场和学术权力的平衡与制约》，教育科学出版社2008年版，第28页。
③ 黄达人：《大学的观念与实践》，商务印书馆2011年版，第109页。
④ 刘宝存：《威斯康星理念与大学的社会服务职能》，《理工高教研究》2003年第5期。
⑤ 贺国庆：《从莫雷尔法案到威斯康星观念——美国大学服务职能的确立》，《河北大学学报》（哲学社会科学版）1998年第3期。
⑥ 陈时见等：《美国高校社会服务的历史发展、主要形式与基本特征》，《比较教育研究》2006年第12期。

（二）大学服务社会适切性

研究者普遍强调大学服务社会应是适度的、学术性的服务。中国研究者更多把大学服务社会作为大学的一种职能，与教学、科研并列的一种大学职能。康健指出大学的服务绝不是一般意义的服务，它是基于最高水平的知识与人才对社会的服务。[①] 朱国仁研究了大学服务社会的结构和质量限度。[②] 龚放认为大学为社会服务，基本上是大学的教学、科研活动的合理延伸。[③] 对于大学服务社会的合法性论证也是研究者比较关注的，刘理、王作权、丁亚金、刘恩允等都研究了大学社会服务职能的合法性、社会服务的伦理价值等，他们把大学的社会服务当作与教学、科研并列的三大职能之一。[④]

李建平认为大学服务社会已经成为一种共识，如何为社会服务是一个有待深入探讨的重要问题。坚持和扩大开放；发挥大学自身优势；提升办学水平；找准服务的切入点和增长点是讨论的主要问题。[⑤] 上官剑认为中国教育本来就是现实社会的一部分。我们理解美国大学的社会服务职能更多是为经济服务，这其实是中西文化差异下的误读。为社会服务是每个社会组织的责任，大学为社会服务的最有效方式是做好科研和教学工作。[⑥] 20世纪80年代以来，就发起了关于大学内外部关系规律的论证，2013年就大学"适应论"再次发起论争，展立新认为高等教育的基本矛盾是认知理性和实践理性的矛盾，而"适应论"则是把高等教育的外部矛盾当作主要矛盾，强调高等教育发展必须适应社会基本需求，主要代表是潘懋元在80年代提出高等教育的"两个规律"理论。展立新把

[①] 康健：《从历史的演变看大学的第三职能》，《高等教育研究》1995年第2期。

[②] 朱国仁：《论高等学校职能的限度》，《教育研究》1999年第1期。

[③] 龚放：《试论现代大学的社会责任》，《北京大学教育评论》2008年第2期。

[④] 刘理：《由服务社会向引领社会转变——学习型社会大学服务职能的新趋向》，《教育与现代化》2006年第9期；王作权：《大学的社会服务职能及其合法性分析》，《高教探索》2007年第2期；丁亚金：《现代大学社会服务职能的反思》，《教育发展研究》2008年第13—14期；刘恩允：《区域发展视角下的高校社会服务伦理探讨——基于威斯康星大学社会服务理念的解读及其启示》，《江苏高教》2011年第2期。

[⑤] 李建平：《关于大学更好地为社会服务的若干思考》，《福建师范大学学报》（哲学社会科学版）2008年第1期。

[⑥] 上官剑：《中西方文化差异中的大学社会服务观》，《江苏高教》2009年第4期。

中国高等教育发展过程分为，工具理性的困境、政治理性的错觉、经济理性的抉择、实践理性的极限、回归认知理性。把认知理性作为高等教育发展的最高原则，文中提出高等教育不论是适应计划经济还是市场经济，都是注重社会服务功能而忽视了知识生产功能，可见仍然把社会服务当作大学的一种独立的职能，高等教育重要功能应是追求真理引领人类社会发展。展立新回应"世界一流大学"建设通过竞争性的制度设计而非高度分层的等级制度，只有保持竞争性的群体才有望实现。[①] 刘志文从系统论的观点认为展立新论文将矛盾思维对立化，脱离认知的社会性，将适应社会与学术自由绝对对立，片面甚至错误理解"适应"，将真理与真理功用分离。刘志文认为高等教育发展与社会发展需求相适应是符合历史与逻辑的统一。[②] 研究者从大学是社会的产物角度提出大学要服务社会，随社会变化、发展而不断变化。[③] 但又把大学服务社会看成是与其综合性、产业性相并列的服务性。

（三）大学服务社会实现途径

中国学者比较关注大学服务社会的具体形式，产学研合作以及如何应对知识经济进行社会服务的形式，是近来研究的主要部分。《国家中长期科学和技术发展规划纲要（2006—2020）》和党的十七大报告明确提出：提高自主创新能力、建设创新型国家是我国当前的一项重大战略任务。建立"以企业为主体、市场为导向、产学研相结合的技术创新体系"作为突破口。龚放、何建坤、刘力、陈劲等集中研究了产学研合作的条件、本质、形式等方面。[④]

---

① 展立新等：《理性的视角：走出高等教育"适应论"的历史误区》，《北京大学教育评论》2013年第1期。
② 刘志文等：《论高等教育外部关系规律理论的科学性——与〈理性的视角：走出高等教育"适应论"的历史误区〉商榷》，《教育研究》2013年第11期。
③ 杨德广：《现代高等教育思想探索》，人民教育出版社2001年版，第78页。
④ 龚放：《建设"重中之重"——中国高等教育发展的一个战略决策》，《高等教育研究》1992年第3期；何建坤等：《论研究型大学的技术转移》，《清华大学教育研究》2002年第4期；刘力：《产学研合作的历史考察及本质探讨》，《浙江大学学报》（人文社会科学版）2002年第3期；陈劲：《新形势下产学研战略联盟创新与发展研究》，中国人民大学出版社2009年版，第11页。

官鸣、闵维方等讨论了知识经济时代,大学社会服务职能。① 黄达人指出大学既是象牙塔,也是发动机,它必须是学术的殿堂,是一块净土,但同时它又必须对社会有所贡献,成为推进社会经济发展的一种力量。服务社会,一个无可回避的问题就是我们应该如何使我们的科技成果转化为生产力。②

研究者从知识生产的角度,定位大学为知识生产核心学术组织,结合国外知识生产模式研究转化研究成果,运用小科学到大科学、知识生产模式1到模式2以及学院科学到后学院科学的理论,探讨大学科研模式新变化。在多种知识生产模式并存的条件下,任务驱动使得大学采用协同和跨学科方式组织科研适应社会,注重社会问责和评价,主动参与国家和社会发展,适应新的知识生产模式,履行服务社会使命。③

三 现有研究述评

纵观现有研究成果,国外的研究主要集中在大学使命上来探讨大学服务社会的理论,不同的大学使命展现出不同服务社会模式。关注大学服务社会的适切性,注重从知识的生产与运用的角度来探讨大学服务社会的实现途径。在服务社会中强调大学的整体功能的实现,把大学服务社会作为大学发展的主线。国内的研究把大学服务社会作为大学本质功能的研究不多,主要局限于作为大学三大职能之一的研究。研究大学社会服务的具体形式,比如产学研。总之,现有研究成果为本研究的开展提供了良好的基础和理论的借鉴,但也存在明显不足,主要表现在以下几个方面。

第一,现有研究缺乏把大学服务社会作为大学发展本质特征的学理研究,而更多的是把大学服务社会拘泥于大学教学、科研和社会服务三大职能之一。这在研究上存在误区,大学服务社会是大学自诞生起,作

---

① 官鸣:《人才 知识 服务 论21世纪高校对科技和社会发展的贡献》,《厦门大学学报》(哲学社会科学版)1999年第1期;闵维方:《知识经济时代大学的社会服务功能——以北京大学为例》,《国家教育行政学院学报》2006年第9期。

② 中山大学新闻中心:《黄达人演讲录》,中山大学出版社2011年版,第123页。

③ 李志锋:《知识生产模式的现代转型与大学科学研究的模式创新》,《教育研究》2014年第3期。

为一个社会机构就具备的功能。大学服务社会并不等同于大学三大职能之一的社会服务职能，也不等同于社会服务职能的广义的划分，而是教育的一种本质特性，是大学走向现代化过程中不断彰显和回归的本质特性。

第二，现有的研究缺乏对于大学服务社会的宏观分析，局限在某一具体服务形式方面，基本上限于大学的拓展服务研究，视角单一；没有探究大学服务社会背后的机理以及大学与社会疏离的背后动因；缺乏把大学服务社会作为一个国家为什么要发展高等教育的视角分析，以至于没有对大学服务社会模式进行整体把握，从而探究模式形成的内在动因，导致对于大学服务社会的界定模糊不清，基本局限于国外理论的运用，在新的理论建构方面有所欠缺，从而缺乏理论指导意义。

第三，现有研究更多倾向于大学服务社会某一形式的研究，而对大学与社会互动的历史进程不甚关注，缺乏对其规律性的研究，从而无法来判定大学行为是否失范；缺乏从大学与社会互动的角度来研究大学作用以及作用发挥的机制；缺乏结合中国社会需求，所需大学服务模式的前瞻性研究。

第三节　研究方法及研究意义

一　研究方法

第一，历史分析与比较分析相结合。本书侧重于历史分析法，从历史唯物主义角度来考察大学与社会的互动关系，从大学历史的演进过程中来探讨大学作用的认识以及大学作用的发挥，从而得出大学发展的规律，试图来论证大学在服务社会中成长的观点。在历史的考察中，本书主要选取具有典型性，能集中代表大学与社会互动的主要历史时期来考察大学服务社会模式。采用比较研究法考察大学发展史中大学服务社会的发展模式和演变轨迹，选取当代美国大学和日本大学为主要研究对象，考察大学服务社会模式。在大学发展历史中探讨服务社会演进，同时通过国界比较分析不同服务模式，使得线与面结合，研究结论更趋准确。

第二，定性分析与案例分析相结合。本书主要解决大学为什么服务社会，以及以怎样的模式服务社会问题。为了更好地说明理论问题，开展案例分析。选取Z大学和J大学作为案例实证，Z大学是全国性的研究型大学、J大学为省属地方性民族大学，一个地处经济发达的珠江三角洲，一个地处西部贫困的武陵山片区，具有代表性和典型性，有利于考察中国大学服务社会模式特征和实际现状。

第三，宏观分析与微观分析相结合。分析大学服务社会模式须结合中国改革发展背景，才能使问题分析更全面并兼顾问题的特殊性。本书在中国社会转型和经济转型的大背景下面，来探讨中国大学服务模式，紧扣时代发展的趋势，来透视大学服务模式生成，并结合中国建设世界一流大学需求，来探讨大学的服务模式的应对。坚持理论联系实际，透过大学服务社会模式讨论中国大学发展问题，并根据理论发现以及中国发展趋势，提出未来服务社会模式展望。

本书重视从大学发展的历史中来考察大学服务社会模式，了解大学的过去，有利于放眼大学的未来，属于一种实然性的研究，避免了主观武断，有利于发现客观规律。本书采用比较研究法，选取当代美国和日本作为研究对象，有利于借鉴国外先进经验，有利于理论创新。最后通过调查研究、案例分析，可以更加了解中国大学服务社会模式特征和发展困境。总之，本书综合利用多种研究方法，把理论研究与实证研究结合起来，点、线、面立体透视问题，研究方法科学、可行，有利于研究成果的创新。

二 全书内容框架

全书立足于历史研究和案例研究，从大学历史纵向发展中把握服务社会的规律，然后从横向的国别比较中进一步验证规律认识，再立足中国的实践问题展开研究，并通过大学个案加以分析，最后提出总结与展望，从点、线、面，宏观、中观、微观立体透视大学服务社会问题。

分析大学服务社会是大学的本质特性这一学术命题，选择理论分析和历史逻辑两种路径。第一，从对大学服务社会的有代表性的经典理论进行分析，并采用人类学教育本质论以及人力资本理论为理论基础，进一步论证服务社会是大学的本质特性；第二，从历史的发展脉络中分析大学为何要服务社会，得出这一规律性认识：服务社会是大学得以生存发展的历史必然。大学服务社会是一个进化的过程，受制于社会生产力发展水平，受到社会政治、经济、文化的影响，当促进社会生产力发展时大学走向兴盛，无益于甚至阻碍生产力发展时大学只有平庸甚至衰落。不同国家社会发展水平不同，大学服务社会模式不相同，就需要对不同的国家进行比较分析。选择当代美国和日本大学为案例，一方面验证规律，另一方面为中国大学发展提供参考借鉴。考察中国大学服务社会的实践，探讨中国大学服务社会存在的问题、瓶颈，并提出大学服务社会核心指标参考。在总体规律的观照下，选择研究型大学 Z 大学和地方性高校 J 大学作为案例分析，更为详尽论证中国大学服务社会的现状。在整体分析的基础上，进行总结并提出中国大学服务社会的未来展望。

全书具体结构如下：第一章 绪论，主要交代研究问题、研究意义，对相关研究文献进行述评，然后阐述论文的研究方法以及分析框架。

第二章 大学服务社会：一个争论性命题，主要分析经典理论对于大学服务社会的争论，主要选取纽曼、洪堡、克拉克·克尔的理论，实际上都是理性主义和功利主义两大理论派系的分歧。借用人类学教育本质论以及人力资本理论为基础，提出服务社会是大学的本质特性这一学术命题，对相关概念进行界定。

第三章 大学服务社会：历史的逻辑，主要从大学历史演进的脉络中考察大学发展的逻辑，把大学分为中世纪大学、近代大学、19 世纪以来的现代大学三个阶段分别考察大学与社会之间的关系，进而论证大学只有在服务社会当中才能生存成长，从历史逻辑中进一步说明服务社会是大学本质特性，并总结出大学服务社会的规律性认识。

第四章 当代国家大学服务社会模式，主要以美国和日本为案例分析服务社会模式的生成以及主要特征，考察不同国度以及不同社会需求下大学服务社会模式，并对两国模式进行比较总结：主动服务社会是大学发展的趋势，市场机制和竞争原则保持大学与社会良好互动；大学突出分层次的应对社会需求，分层基于市场原则和政府调控两种原则，准确定位大学在社会中的角色，依据社会需求不断调整目标；大学服务社会内部不断扩大，形式不断扩充，从单一的传播高深知识的模式进入服务社会的丛林时代。

第五章 中国大学服务社会模式，通过对新中国成立后大学发展的考察，总结出是一种"政府主导功用"模式，主要特征是政策导向决定大学行为指向，大学"同质化"且类型层次互不融通，主要困境是人才培养与行业需求偏差，科技创新不足以及成果转化率低，大众化教育缺失特色化的服务。

第六章 案例分析一：Z大学服务社会模式，考察Z大学服务社会实践历程，可总结为"实用创新"模式，研究发现已经开始理性按社会需求，并结合自身学科势力来选择发展道路。学以致用、用其所长是Z大学的优良传统，从观念和制度两个方面来驱动服务社会，并分析存在的问题。

第七章 案例分析二：J大学服务社会模式，考察J大学服务社会历程，概括为"民族资源开发利用助贫"模式，从"平民大学"理念和内部制度方面分析了模式的形成，并讨论当前的危机与挑战。在内部管理体制和组织文化的培育上面需要强化，以增加服务社会的内生动力。

第八章 研究结论与政策启示，在理论的分析和历史的研究视角中，结合具体的案例分析，得出研究结论，并且进行中国大学未来服务社会模式展望。

三 研究的意义

大学走出象牙塔而介入社会生活的各个领域，已是当前中国大学发展面临的重大课题。1998年，江泽民在纪念北京大学诞辰100周年讲话中提出为了实现现代化，中国要有若干所具有世界先进水平的一流大学。习近平强调办好中国的世界一流大学，必须有中国特色，即在吸收世界先进办学经验的同时扎根中国大地办大学。日趋多元化的社会需求和动态变化的环境，使现代大学与社会关系面临更加复杂的态势，需要大学重新定义在社会中的自身位置，因而研究大学服务社会模式，将具有深远的意义。

（一）扩展和丰富大学服务社会理论

在众多争论与误解中厘清服务社会是大学发展的内在逻辑，是大学成为大学并走向现代大学的本质特征，在理论上具有正本清源的重要意义。以往的研究把大学服务社会作为大学在教学与科研之外对社会贡献的拓展行为，对于服务模式的研究局限于具体的服务形式，比如向社区开放资源、咨询服务、科技宣传等形式。这种研究实际上只是对大学拓展服务的描述，关注大学服务社会外在形式的一部分，不能阐释出大学行为背后的机理,也无法解释大学成长与大学衰落的原因。本书为大学纷繁复杂的服务行为提供立论基础。

(二) 为大学改革政策制定提供理论支撑

本书采用历史唯物主义的视角,从大学历史发展的脉络中探讨大学服务社会中存在的内在规律。大学应社会需求而生,社会需求的变化孕育大学服务社会模式变迁。20世纪60年代库姆斯(P. H Coombs)提出"教育危机",认为第二次世界大战后出现的各种严重问题主要是教育不能适应新经济发展。1972年联合国教科文组织发表的研究报告《学会生存》系统阐述教育观念的转型,以适应以核能、信息化为特征的新科技革命。同年罗马俱乐部发表报告《增长的极限》,深刻指出掠夺性发展潜伏着灭顶之灾,教育改革提到各国首脑会议日程。深入分析大学服务社会模式,有助于大学发挥社会经济发展的基础性和引擎作用,加速高等教育强国进程。大学服务社会模式受到大学内部观念制度和外部社会利益集团的制约,通过制度改革将驱使大学按照社会需求来发展知识和运用知识,有助于大学发挥自身特色,在社会互动中找准自身发展定位,形成按市场需求和国家需要为目标,生态良性大学发展局面,促进创新型国家建设,培养一流的中国人,实现一流的中国大学。

(三) 为大学转型提供参考借鉴

大学是整个国家科技进步与文明进步的标志,是国家核心竞争力的重要组成部分,与国家的根本利益密切相关。大学结构失调、大学生失业、大学科研成果转化率低下等现象不断受到社会的诟病,目前中国社会发展并非主要通过大学发挥主导作用而实现,新形势下迫切需要大学转型来为经济发展提供动力。农业社会、工业社会和信息社会共存于中国实际,大学需要适时转型匹配中国社会特点,多层次有特色地服务社会。大学服务社会的过程是不断改革转型,注重社会功效的过程。全书通过聚焦大学服务社会模式研究,分析中国大学服务社会效率低下的原因,针对中国社会特点,提出具有针对性以及操作性的未来模式展望,为大学转型提供参考借鉴。

第二章

大学服务社会：一个争议性命题

大学服务社会历来是一个有争议的理论问题，纽曼、洪堡等经典理论大师都对此有过争论。本章节将讨论不同流派对大学服务社会的不同观点，并结合相关理论，在此基础上提出理论分析框架，以此来分析大学为何要服务社会，以怎样的方式服务社会。

第一节 关于大学理念的不同观点

大学服务社会在本质上回应的是"大学与社会"关系问题，不同的关系实质上体现出不同的大学发展理念。在大学发展的理念中存在理性主义和功利主义两大分歧，布鲁贝克（John Seiler Brubacher）从知识的角度总结为认识论与"政治——社会论"两种哲学观。以纽曼（John Henry Newman）为代表的认识论者认为大学与社会是远离的，大学最终目的是追求知识和真理，学者是对知识抱着"闲逸的"好奇"以学术为业"的人。以克拉克·克尔为代表"政治——社会论"者突出大学的功用，认为大学已经演进成为经济的"服务站"和社会的"轴心机构"。

一 纽曼大学理想

纽曼认为大学是知性的场所，目标是揭示真理，知识本身即为目的。他所认为的知识不是实用知识，而是一种能锤炼自由心智的自由知识。拥有自由知识的人，称为知性的人，这种知性的人即是绅士，大学就是培养具有知性的个体和社会道德的公民。然而道德不能取代法律的规范，心智和宗教有根本差别，知性的作用只能限制在法律规范之中，通过罗马法的教导和信仰以此获得永恒的善。因此神学、法学等古典科目受到推崇，包含神学教育的天主教大学才是大学的典范。纽曼认为知识的偏见使得人们知识失调，精神堕落，造成文明浩劫。而这些都是理性缺失的结果，训练和发展理性的唯一途径则是习得整体知识，成为完人。

纽曼排斥科研，认为教学与研究不能在大学里并存，因为两者在功能实现方式和性质上都有差别。宗教知识采用演绎法，科学知识采用归纳法。兼具有两种才能的人很少见，教学需要与外界接触，而研究必须离群索居才能实现。纽曼的大学理想中，大学与社会是疏离的。而在他生活的时代，正值英国传统大学和英国国教衰败，纽曼有感人性的衰落，从精神救赎出发希望通过重建宗教和科学的关系来救赎堕落的现代社会。《大学理念》的主题是探讨宗教与科学的关系，纽曼自由教育的主张包括研读经典和亲近伟大的心灵。[1] 大学讲授的知识是对心灵的训练，而不是对具体事实的获得或者是发展实际操作能力。纽曼对于脱离社会实际的牛津、剑桥"绅士"教育极为赞赏。

二 洪堡大学理念

洪堡（Wilhelm von Humboldt）以哈勒大学为基础创建了柏林大学，把科学研究确立为大学的功能，主张"经由科学而达至修养"，认为大学兼任两大任务，科学探究和个性与道德修养。这种科学是纯学术的研究，修养指道德和个性全面发展。洪堡大学理念与专业和技艺无关，认为社会实际所需的专门知识将会导致人的庸俗，从而危及修养。科学的目的是探究真理，而非满足社会实际需求。大学的学生应该是掌握了科学研究方法的"哲学之才"而非"利禄之徒"。在洪堡的理念里，寂寞和自由是其内在依据，因此大学仍然具有贵族精神气质，对于社会经济发展不予考虑。[2] 他倡导的修养也是一种完人教育，没有考虑社会经济、职业需

---

[1] 赖晓黎：《"大学理念"再思考：从洪堡与纽曼谈起》，《教育与社会研究》2009 年第 17 期。

[2] 陈洪捷：《德国古典大学观及其对中国大学的影响》，北京大学出版社 2002 年版，第 44 页。

求，大学培养具有人文精神和科学修养的完人而不是具有专业技能的人才。

大学怎样作用于社会呢？洪堡认为，大学的最终目的是服务于文化国家，大学与国家的关系原则适用于大学与社会的关系。国家的权利来自社会的委托，表现为社会契约的最大公约数。国家是一套严密的组织系统，两者格格不入，大学应独立于国家控制，但国家需要给大学提供经济和组织保障，通过运用权力防止大学的封闭和僵化。国家应该明确自身对于大学的潜在危害性，对于大学的干预行为进行限制。可见，洪堡古典大学观适合精英高等教育，大学提供给社会的是科学精神以及科学的长远利益，大学与社会之间还是存在脱节。历史表明，国家的危机和振兴民族的期待成为推动普鲁士教育改革的主要动力。当时德国大学并没有完全按照洪堡的理念实行，而是通过科学研究，培养专业人才服务社会。

三 克拉克·克尔大学功用

20世纪60年代大学普遍已经成为获取新知识和新发展的动力源，同时是关系国家兴衰的最重要因素，大学的性质和功用需要重新审视。1963年，克拉克·克尔（Clark Kerr）将在哈佛大学戈德金讲座演讲整理成《大学的功用》，提出多元化巨型大学（multiuniversity）观。他把纽曼的大学理想比作"僧侣居住的村庄"、弗莱克斯纳的大学观是"知识分子垄断的工业城镇"，当代大学已经是一座充满无穷变化的城市。克尔认为现代大学不同于弗莱克斯纳的"机体"论，更多是由行政规章联结起来，以金钱为动力的一种需要治理的机制。那么大学真正的问题不是金钱或历史的平衡，而是发现每个时期每个领域最适合做什么。

巨型大学边界模糊，本身就是一个等级社会，但是都服服帖帖地服务社会。大学就是生产、批发和零售知识的场所，自然不能逃避服务。多元化巨型大学观中大学具有不固定和统一的机构，存在多样化的文化群体，由若干群体构成，本科生、研究生、人文主义者、社会科学家、自然科学家、专业学院、非学术人员、管理者，等等。不同群体构成各种亚文化群体，各种群体相互作用。大学本身是社会改革的直接因素，大学通过正常活动从根本上改变了社会。20世纪60年代之后，大学数量剧增，学术重点发生转移。大学招生扩大，所需技能剧增，大学校园成为社会文化生活的中心，大学开始为各级政府和企业提供咨询。克尔把大学当作社会改革的工具，大学的目标是多元的，权力中心多元，服务于若干顾客和市场，关心大众。大学的目标包括几个方面：维护永恒真理，创造新知识，并以高水平真理和知识来服务人类需要改进的地方。[①]大学已经进入社会的中心，将承担更多的社会责任，大学的目的是促进国家发展和整体社会进步，但并不意味着大学直接介入社会发展的行动之中。大学通过提供社会需要的最高的技能和最好的新知识服务社会。克尔仍然强调继续推进智力的培养，否则大学将会被淘汰。克尔提出的大学的职能几乎无所不包，多元巨型大学在描绘美国大学的现实，在理念上容易导致混乱，充满诱惑和矛盾。美国当代著名高等教育家阿瑟·莱文（Arthur Levine）和阿什比（Eric Ashby）都把克尔誉为高等教育界里程碑式的人物。

以上分析可以得出经典理论分歧的关键在于大学的本质问题，大学到底是什么，大学的作用到底是什么。大学作为一个自组织，追求高深知识是无可争辩的事实，是否可以只服从真理的召唤，而可以逃避社会。大学本身是社会机构的组成部分，大学又该如何来厘清与社会之间的关系。

第二节　相关概念

一　服务社会

国内研究者往往把大学服务社会作为大学继教学、科研之后的第三职能来研究，并认为美国威斯康星大学理念开启了大学直接社会服务的先河，主要把大学社会服务职能分为广义与狭义来定义。有代表性的有潘懋元对社会服务职能的定义为"把培养人才、科研成果迅速转化为生产力"[②]，后来成为社会服务职能研究的纲领性文章。研究者详细研究了

---

① ［美］克拉尔·克尔：《大学之用》（第5版），高铦等译，北京大学出版社2008年版，第30页。

② 潘懋元：《高等学校的社会职能》，《高等工程教育研究》1986年第3期。

"威斯康星理念"的成因和影响,认为威斯康星理念的成功使得大学服务社会定型为继教学与科研之后的第三职能。① 李廉水从动态发展的观点来阐释大学服务社会,认为很难给出全面长期使用的定义,其内涵随社会、经济、科技发展而变动丰富,主要从教学、科技、校办企业、劳动、学生参与服务五种形式来概括。② 眭依凡等认为广义的社会服务是大学以直接或间接方式对于社会的一切学术贡献。因广义指导意义太宽泛,从狭义上定义为大学为社会提供以促进社会经济发展为目的的活动,强调直接性和服务性。③ 王洪才从现代大学责任视角定义社会服务,并认为是美国大学打破大学与社会边界之后的创举。④ 既然是美国大学的创举,那么美国之前的大学就不存在服务社会之说了,或者说没有服务社会功能了。从大学历史来看,大学应社会需求而生,大学作为社会的器官本身是社会的组成部分,具有服务社会的功能。

由此可见,大学服务社会概念并不明晰,存在争议。服务社会如何来给出一定清晰的定义?大学服务社会,主要是从大学与社会的视角来看大学对于社会的促进作用。不单纯指大学的某种职能,主要是大学对于社会需求的主动回应与贡献,对于潜在社会需求的发现,从而促进和引领社会发展。按照社会的经济发展水平来办大学,整合其功能,与当时当地社会发展达到合理互动,促进社会发展和人类进步。服务社会是大学随着社会变迁和国家发展不断调整自身功能,发挥作用的本质特性,具体体现在对社会和国家产生作用的行为上。为何要强调国家,因为教育在服务族群中而得以产生,国家产生后,代表整个族群的利益集团,当社会还没有发展到世界一体化时,国家作为族群的共同体是大学首要服务的对象,否则国家发展大学就失去意义。现代国家发展不培养高级人才无法获得竞争力,大学服务社会的行为并非随意的,大学通过实现

---

① 杨艳蕾:《大学服务社会——"威斯康星理念"研究》,博士学位论文,南京师范大学,2011年,第137页。

② 李廉水:《高校社会服务的性质、内涵与功能研究》,《高等工程教育研究》1990年第4期。

③ 中国高等教育学会:《改革开放30年中国高等教育发展经验专题研究1978—2008》,教育科学出版社2008年版,第728页。

④ 王洪才:《大学新三大职能说的缘起与意蕴》,《厦门大学学报》(社会科学版)2010年第4期。

人的高级社会化来传递社会文化作用于社会。因此，大学服务社会可以做如下界定：服务社会是大学在形成过程中展现出来的本质特征，按照国家和社会对人的发展需求，培养所需人才。按照社会需求，把教学和科研核心功能扩散到社会经济发展当中，通过知识的传递和创新，达到与社会生产相结合，主动回应社会需求，发现潜在社会需求，促进和引领社会发展的一系列具体行动。

二 模式

"模式"在《现代汉语词典（修订本）》中解释为："某种事物的标准形式或是人可以照着做的标准样式。"那么"模式"就具有可复制性。事物的发展是纷繁复杂的，而模式则是撇开繁杂的次要因素，是对事物的存在或运动形式进行抽象分析后所作出的理论概括。模式运用的目的主要是简化和抽象认识，从众多芜杂的现象中总结出某种规律性的东西，从而认识事物发展的一般规律。模式的表达方式不受局限，既可以表现为实物，也可采用抽象方式。模式是对事物发展本身的摹写，也是对事物发展方向的设计，都是规律的反映，一种简化认识对象，抽象概括主要因素，有效地认识研究对象的方式。模式有助于人们用以概括事物发展的理想状态，把握理想中的事物发展，并有助于人们检验认识结果。有研究者指出模式不是规则，在某种意义上说模式是共同体所接受的惯例和观点，更像有待研究的主题，有关世界的某种比喻或类推的信念或者共享的价值标准。① 综合起来，可从三个方面来定义模式：抽象并展现事物内在规律；通过多种外在形式来构建；具有借鉴性和前瞻性。

三 大学服务社会模式

大学服务社会模式，就是对大学按社会需求，发挥对社会的引领作用时的内在规律和外在形式的概括。本书采用模式来对大学服务社会进行理论概括，并探究模式形成的内在机理，以及未来走向。模式的发展

---

① ［美］詹姆斯·杜德斯达：《21世纪的大学》，刘彤等译，北京大学出版社2005年版，第226页。

是大学与社会交互作用的结果，受到观念制度和社会主导力量的影响。大学服务社会模式通过具体的表现形式或者说是路径来展示，这种形式应根据不同的大学展现出不同的特色，呈现层级性和多样化。比如，通过专业教育和技能培训培养切合社会所需人力资本，通过科研创造知识并参与企业合作转化为生产力，通过人文社科研究发挥文化引领社会作用等。可以设定为如下指标作为参考（表2—1）。

表2—1　　　　　　　　大学服务社会主要参考指标

	一级指标	二级指标	主要因素
1	人力资本储量	毕业生数	
		毛入学率	
		教育经费投入	
2	科技创新与科技成果转化	研究与开发（R&D）支出经费	基础、应用、开发比例
			政府、企业比例
			R&D人员及构成
		科技成果产出	专利授权
			成果获奖
			专著、论文
		科技成果转化	技术转让
			专利出售
			衍生企业
		产学研合作	合作经费
			合作形式
3	文化智力贡献	政策咨询	成果采纳
		文化引领	社会美誉度
4	拓展服务	社会咨询	
		职业培训	
		帮扶支教、义诊等	
		大学资源向社区开放	

第三节 理论分析框架

一 大学服务社会理论基础

（一）人类学教育本质特性论

教育人类学的研究成果一个重要观点是，教育的本质特性是为社会生产和人类发展服务。在一定教育机制的作用下教育历经从低级向高级，从单一到多元的轨迹，使得文化系统和社会机制得以运行，推动人类社会发展。大学作为教育的高级形态，具有教育的本质属性，由此可以推论出服务社会是大学的本质特性。大学作用的争论说明，大学服务社会模式取决于不同的社会需求以及教育对人的形塑。教育的一大作用是给出人的正确的图像，帮助人进行自我定义，通过传递和建构文化来进行对人类整体自身的定义。现代教育随人类社会发展历程不断演进，研究者指出经历了四次重大转型，主要表现为：第一次转型教育从圣坛走向教坛，为产业革命奠定了基础；第二次转型从学究走向功效，这一重大教育改革使教育与社会发展更紧密结合；第三次转型从精英走向普及，使教育走向开放为全人类发展服务；第四次转型，从求功名走向求创新，教育注重发展创新和服务社会，成为社会发展必不可少的基础和主导力量。[①] 因此，把社会需求以及人的需求作为大学服务社会模式的分析框架，以此来探讨模式的生成机制以及社会适切性。

（二）人力资本理论

20世纪60年代，舒尔茨（Theodore W. Schultz）等经济学家提出人力资本理论，把"经济增长"定义为不变价格下国民产值的增加。对学校教育进行经济学分析，从消费价值和生产价值两个方面阐明学校教育，把教育作为一种未来生产能力和对未来消费贡献的投资。教育只有提高未来的生产力，增加劳动报酬，教育的贡献才能成为可测量的经济增长的源泉。人力资本理论认为教育提高了个人生产力和收入，因此教育是一种投资。这种投资不仅对个人而言是重要的，而且是国家经济增长的

[①] 冯增俊：《论教育的现代演进》，《教育研究》2002年第12期。

主要因素。① 人力资本理论家运用计量方法论证教育对于经济增长具有促进作用，人力资本理论使得教育对于经济发展的作用得到普遍重视，成为许多国家制定教育政策的工具。20世纪80年代以卢卡斯（Robert E. Lucas, Jr.）、罗默（Paul M. Romer）等为代表的新人力资本理论进一步认为与社会相脱节的教育并不能促进经济增长，需要转型实现效益优先，能够与经济发展互动的现代教育。

二 分析框架：社会需求与人的需求

（一）社会需求

马克思指出生产的个人，越往前追溯历史，越不独立，越从属于一个更大的整体。最初是人从属于自然形成的家庭，然后是氏族的家庭，然后是各种形式的公社。只有到18世纪大工业生产下，逐渐形成"市民社会"中孤立的个人。从而提出，人是最具社会性的动物，不仅合群而且只有在社会中才能存在。② 由此可以推断，教育传递人类的生活经验，通过不同社会的需求来塑造人。相对于大学而言，则是根据不同社会需求不断挖掘出各种功能。

恩格斯曾说过："社会一旦有技术上的需要，这种需要就会比十所大学更能把科学推向前进。"③ 大学本身就是在社会需求中产生，从西方大学产生的历程中可以窥见这一产生过程。西方最初教育机构产生于教会，基督教产生之时为被压迫者呼吁，宣传正义，但不主张现实斗争。基督教产生之后，很快被封建统治阶级所利用，抑制正义的一面，借上帝意志的名义欺骗民众安于贫困而不造反。随着封建制度的建立和发展，基督教势力不断扩充，中世纪天主教拥有大量土地的封建主和政治上的统治力量，凌驾世俗权力之上。为适合封建制度的要求，教会制订和解释基督教的教条和教义，以基督哲学为基础建立神学体系，其中基督哲学

---

① Emrullah Tan, "Human Capital Theory: A Holistic Criticism", *Review of Education Research*, Vol. 84, No. 3, 2014, pp. 411–445.

② ［德］马克思：《政治经济学批判》，中共中央马克思恩格斯列宁斯大林著作编译局译，人民出版社1976年版，第194页。

③ 《马克思恩格斯文集》10，中共中央马克思恩格斯列宁斯大林著作编译局译，人民出版社2009年版，第668页。

以经院哲学为代表。① 经院哲学以希腊、罗马哲学来论证基督教义，以逻辑推理来论证教义，发展了人类理性，在教育上面培养人们理智和思维能力，比早期中世纪盲从绝对信仰是一种进步。到 11 世纪，工农业生产发展，城市出现，国际往来增多。十字军东征扩大了西欧人的眼界，古希腊、罗马的文化科学知识与世俗教育体系传遍欧洲，大学也在此客观条件下产生。

从技术社会形态而言，农业社会的生产力体系以手工农业为主，借助畜力和简单手工工具进行农耕活动。在思想文化领域，科学尚未发展起来，人们思想观念中具有浓厚的宗教神秘色彩。大学在这种生产力状况下，与科学也是绝缘的，只是为上层社会所掌握，培养能够维护其社会秩序的人才，因此大学只是一种人文的自由教育。机器大生产代替了工场手工业，马克思称这时候的生产力是制造的生产力。发明的应用提高了生产力，需要工人能够掌握使用机器的技术，于是技术教育有了需要。工业革命以前，社会依靠时代经验的积累缓慢进步，仅仅需要能够巧妙运用工具的技术能手。机器大生产中科学才开始得到应用，科学发现成为改进新的生产方法和发明的基础。科学的应用超越了劳动生产中有限经验知识，科学也与劳动分离，由专门的机构来进行。大机器工业生产成为自然科学进行研究、观察、实验的物质手段。② 这时生产的迫切需要使得科学得以大规模运用，教育满足这一社会需求，开始发展科学。社会较早阶段，劳动和科学都很简单，是相互伴随的。科学与劳动独立出来，大学承担起了科学研究的功能。大工业生产的出现，工业社会的技术在生产力体系中占据了主导地位，现代工业技术被运用来改造传统农业，交流和流动形成市场经济。这时候，科学的出现促进了大工业生产，带来技术的变革。社会化大生产需要建立与之相适应的各种专业和职业。由此可见，只有当人类的经验，人类生产实际告诉人类，科学的重要作用时，教育才开始传递科学知识。

在信息社会或者是称之为后工业社会中，技术有了质的变化，生产

---

① 吴元训：《中世纪教育文选》，人民教育出版社 1989 年版，第 5 页。
② ［德］马克思：《机器、自然力和科学的应用》，自然科学史研究所译，人民出版社 1978 年版，第 233 页。

力发展建立在知识基础之上,以高新技术产业为代表的生产力体系占据主导地位。这时候,需要科学精神和人文精神高度结合,大学成为推动产业结构升级的基础力量,发挥促进社会的现代化作用。何谓现代化?经典的含义表述为从农业社会向工业社会转型的过程。何传启提出"两次现代化"观点,第一次现代化是指从农业社会向工业社会,农业经济向工业经济的转化,称之为"经典现代化"。第二次现代化,指从工业社会向知识社会、工业经济向知识经济的转化。① 科学与应用结合产生新的技术,新技术转化成生产力的速度取决于扩散的速度,扩散的基础很大程度上取决于扩散必需的新基础设施。设施包括交通、运输等物质基础设施,另一类包括用于教育人们掌握新技术的基础设施,以及设计和开发新产品和服务的科学——技术基础设施。这就需要发挥大学的作用,承担后一类基础设施的功能,担任其培训和教育技术人员,并承担其科技研究的责任。在工业社会里,国家力量体现为工业能力,钢铁产能力为标准。在后工业社会中,科学能力成为潜在力量,研究和开发的能力成为各国比对的指标,组织科学研究的大学就成为后工业社会中的基础机构。国家就不能对教育漠不关心,如果不能保证教育符合社会发展的方向,保证公民的观念之间有足够的共同性,社会都不会存在下去,国家也会分裂成为相互冲突的小团体。国家有责任来促使大学按照社会需求来发展,国家通过改革、政策、拨款等方式来实行责任,但不是国家必须控制大学。

(二) 人的需求

人为什么需要教育?动物只生产自身,而人再生产整个自然界。人懂得按任何一个尺度来进行生产,社会本身生产了人,人生产社会。② 因此教育形塑社会需求的人,而作为人的高级社会化的高等教育大学而言,大学通过服务社会培养社会所需要的人。教育人类学定义人的本质是多维的,其中最重要的是人的群体性和社会性。人具有可塑性,可以通过终身不断的创造来适应不断变化的环境。人都会对自我进行定义,影响

---

① 何传启:《世界现代化研究的三次浪潮》,《中国科学院院刊》2003年第3期。
② [德] 马克思等:《马克思、恩格斯论教育》(上),华东师范大学《马克思、恩格斯论教育》辑译小组译,人民教育出版社1985年版,第16页。

人的自我定义的因素主要包括教育水平、工作职业、社会角色、生活环境。教育人类学家把人类自我定义看成是一种文化传递和构建的过程，因此，教育在本质上就是一种人类整体对自身的定义。① 大学如何来培训人进行自我的定义？大学根据社会需要、科技知识的发展来赋予人新的定义。大学服务社会模式都贯穿在对人的培养当中，而培养怎样的人又由对人的自我定义决定。

历史学家哈罗德·珀金（Harold Perkin）教授在研究大学发展史后指出大学从中世纪的宗教和世俗的知识团体演变成为以知识为基础、以科学为方向的技术型后工业社会中的关键机构，大学是人类社会的动力站。与后工业社会紧密联系的信息爆炸、通讯革命、电子全球村庄等的存在都发源于大学和研究所之中。② 西方研究后工业社会发展的主要代表人物丹尼尔·贝尔（Daniel Bell）指出大学日益成为后工业社会的主要机构。因为，从事基础研究的大多数科学家在大学里；大学成为培养政府和公共组织所需专门知识人才的来源；大量批评家和作家在大学工作，已经成为统治集团文化的中心。③

亨廷顿（Samuel Huntington）认为政治现代化中的一个特征是以才能和社会成就为依据选择组织管理成员，而不是以家庭等身份背景为依据。社会心理学对现代化的研究把现代化看成是一种心理态度、价值观和思想的改变过程，注重人的现代化，因为国家无论如何引进现代经济和政治制度，没有从心理、思想和行动方式上实现由传统人到现代人的转变，真正能顺应和推动现代经济制度的发展，国家现代化就会成为空谈。④ 现代人对正规教育和科学技术训练有兴趣。现代人看重基于教育和技术之上的声望，而不是传统社会中基于社会地位作为声望的基础。与工业大生产的程式化不同的是多样化和个性化更为突出，表现在人才培养上将

---

① 冯增俊：《教育人类学》，江苏教育出版社2001年版，第131页。
② [美] 伯顿·克拉克：《高等教育新论——多学科的研究》，王承绪等译，浙江教育出版社1988年版，第41页。
③ [美] 丹尼尔·贝尔：《后工业社会的来临——对社会预测的一项探索》，高铦等译，商务印书馆1984年版，第2页。
④ 殷陆君：《人的现代化——心理·思想·态度·行为》，四川人民出版社1985年版，第21页。

是更具有智慧和创造力。同时影响到职业的稳定性，随着自动化、机器人化、信息学和遥控技术的运用，发达国家不可抑制出现结构性失业，解决这种结构性失业的一种应对措施就需要不断改善劳动力的技能结构，职业训练成为毕生需求。后工业社会中，大学提供对社会人员的高端职业培训成为一种模式。

大学作为高级形态的教育，从属于教育的总体发展规律。大学教育必定要适应社会生产力发展的需要，社会生产力发展的需要决定了大学教育的形式和内容。大学适应生产力发展中所展现出来的形式和内容，就是大学服务社会模式。

因此，全书将从社会需求和人的需求两个维度来分析大学服务社会的模式，以此来考察大学服务社会模式的适切性。

本章小结

从各种理论争论与理论分析中，可以得出大学作为教育的高级形态，必须遵循教育的内在发展规律。教育本质是服务生产以及人类社会，由此可以推论出服务社会是大学的本质特性。大学作为社会的基础知识库和文化遗传基因，其产生之初就主动对应社会需求。大学讲究社会功效，但不是功利主义。大学注重功效与大学追求理性不矛盾，大学通过服务社会来达到对高深学问和真理的探究。在社会进化过程中，大学一度为精英贵族阶层所把持，大学丧失与社会互动的基础，进而逐渐趋于被动和保守。传统的老牌大学，因其声望而得到更多的社会支持，往往一味追求学术的造诣，培养精神上的贵族，逐渐远离了大学应社会需求而生的初衷，在一定程度上远离社会。这种大学具有高选拔性或者为部分上层社会所垄断，往往采取赞助性而非竞争性的筛选机制。例如，纽曼欣赏的牛津、剑桥就曾日益保守。现代大学在观念与制度上都得以创新，不再仅仅培养"以学术为志业"的人才，而是更能切合社会需求，通过知识的运用，成为社会进行职业培训和专业训练的场所，培育社会所需人力资本。

专业教育和理智训练是一种互补的关系，是一种部分与整体的关系。专业跟社会职业相联系，理智训练也就是心智水平的提高给专业教育提供了基础，专业教育更好发挥理智的作用。纽曼认为职业训练或者是专业教育与理智训练是一种互斥关系，因为专业知识是狭隘的，将会有害于整体知识的习得，从而影响到理智的培育。工业革命的迅速展开和自由资本主义的发展，社会分工更细化，社会需要掌握专门技能的人才，受限于社会经济基础的大学为适应社会需求提供专业教育，培养具有一定实用知识的专门人才。随着自然科学的发展，自然科学的成果渗透进大学，打破了古典课程的传统，丰富了教学内容，知识在实践运用中产生价值。社会职业历经了一个分化和整合的过程，最初的社会分工，同时也是专业分化适应了大工业生产的需要，提高了生产率。社会分工日益专业化，需要大学进行职业培训，根据产业发展要求来培养人才。但随着知识经济和信息社会的到来，专业分化存在整合趋势，需要普遍的理智水平才能在更高程度上实现融合。

大学从精英向大众化的过渡加剧了大学之间的竞争，高等教育将更加具有综合性，标准更加多样化。现代社会表明，不是所有的大学都能通过基础研究发挥在社会中的基础作用，不是所有的大学都能招聘到一流的学者和拥有昂贵的研究设备和研究经费。在讨论大学服务社会时，不可避免也是十分有益对大学进行分层处理，这种分层并非一种权力等级区分，也是根据社会需求展现出的分化。因此大学的结构层次是否适合社会需求应趋向一种生态平衡，不同层次的大学结合自身的办学传统，优化学科结构，使学科结构与当地产业发展相结合，发挥自身的特色，以个性来代替共性，真正实现不同层次、不同种类的大学都具有创新。

知识社会中，大学被广泛接受，大学不仅仅是为了应对社会需求而处于被动服务状态，大学精神的颓废遭受社会各界的批评，需要恪守大学的社会责任。大学维持庞大基础知识库，不是创造知识的唯一场所。学术的专门知识通过训练新的学者得以获得再生产，大学通过教学、研究和应用知识达到与社会的互动。大学发展科学研究的功能，科学是解决问题、技术发展以及企业家经营企业的基础，通过培养科技人才和运用科学技术为社会服务。然而大学并非能解决所有的社会问题，大学并非全能组织，大学作用的发挥依赖于社会整个的文化制度。服务社会是大学在应对社会的需求中形成的一种发展理念，通过具体的形式来实现。因此大学服务社会模式围绕社会需求和人的需求两个层面生成。

第 三 章

大学服务社会:历史的逻辑

论证大学的本质特性是服务社会,需要从大学发展的历史脉络中,从事物本身出发来做出解释。那么在历史演进中,大学服务社会有无规律可以遵循,本章将集中论述这个问题。为了便于简化认识,按照社会生产力的角度考察农业社会、工业社会、后工业社会中大学服务社会模式的生成。

第一节 古典服务模式——农业社会中的大学

大概在公元前8000年的农业革命之后,人类掌握了作物栽培和动物驯养的技术,开始了农业耕种和畜牧业生产。公元前6000年到公元前3000年,除美索不达米亚和尼罗河流域外,大多人类都发展了农业开始定居,开始第一次浪潮生活。在农业社会中出现了学校这种正式的教育机构,社会生产力的进步催生了大学,这个时期的教育也从与劳动生产结合逐渐发展为部分不用从事生产劳动者的特权。

一 大学的兴起

大学兴起于农业社会中世纪后期,漫长的农业文明在生产力方面并没有多大发展,生产力主要是人力和畜力,农业耕作技术可以在家庭内部传习。学校教育的出现,以及大学的雏形对于社会生产力并没有多大触动,主要为等级社会中具有受教育资格的阶层培训礼仪和普及基本知识。这仍然是由农业社会生产力决定的,社会维系依靠个人身份和地位,有权力接受教育的人不需要从事生产劳动，教育的目的就成为巩固这种社会关系，不断分化巩固生产者与统治者之间的差距。

马克思指出历史是因为合力因素造成的，大学兴起于欧洲中世纪后期，同样也是各种合力的结果。种种的合力根源于当时生产力发展的变化需求。北欧遭到蛮族入侵，西欧战乱频繁，社会生产力遭到极大破坏，宗教的观念一直处于发展态势当中。在罗马帝国的最后几个世纪，社会衰败和生活贫困，人们对于现实幸福的渴望衰竭，转而追求来世幸福，基督教教会发展成为组织信徒的团体，并在扩张中发展成为最大的封建势力，中世纪的统治机构。西欧封建社会的组织原则沿用古代罗马基督教会的教阶制，教会高级领袖是大主教和主教，分别管辖大主教区和主教区。大主教区相当于罗马帝国的行省，主教区相当于行省下的"城市"。基础组织是乡镇教区，管理者是教区神父。在教区之外，教会组织存在修道院组织形式，仿照希腊修院设立，由集体隐居修行的修士组成。修士不从事体力劳动，专门从事宗教活动。罗马的主教后来被称为教皇。中世纪开始于基督教的胜利和日耳曼诸王国在曾经罗马帝国版图上的建立。教权与皇权之间为了财富和权势争斗，发展教育来宣传自己的教义。

神学家积极为"等级理论"提供理论基础，在基督教社会里，首要目标是进入天国，所以教士是最高贵的等级，骑士负责防御和剿灭异教徒成为第二高贵等级，劳苦大众只能进行尘世的物质生产，并非人类的终极目标，属于最低贱的等级。根据这种教义，社会结构分为僧侣和俗众两个等级，僧侣又分为寺院僧侣和非寺院僧侣。俗众中统领军队的武士与农民分离，成为专业骑士等级。僧侣为了理解《圣经》、获得布道的能力，必须通过系统的教育，主要是文法教育，教士成了唯一需要知识的阶层。最低级的僧侣也必须熟悉文法和宗教仪式，为了满足这些需求，僧院学校、教区学校纷纷建成。僧侣垄断了接受专业教育的机会，从最初级的传授读写，到高级解释经文上帝启示。这一时期教育基本在教堂、寺院和附属学校进行，全都为教会控制，具有浓厚的宗教色彩。这些教堂学校成为当时传播正规知识的唯一渠道，为大学兴起提供了知识载体，但真正驱动大学产生还是因为农业生产的发展，手工业和农业进一步分工，商业兴起，进一步形成的城市和行会制度催生了大学兴起。

(一) 城市与行会的兴起为大学提供了组织基础

整个中世纪,农业生产扩大是横向的,并没有技术上的突破。本身中世纪农耕技术落后,封建关系的农民缺少改良耕作技术的资金。社会为了满足内部人口扩展的需求,必须扩大生产,出现西欧人的向外扩张运动。乡村和自然经济占优势,商业活动数量极微,主要是以物易物,西欧商人用葡萄酒、食盐和陶器换取北欧、东欧的毛皮和蜂蜜。罗马所建的城市保留了一部分,新建了一部分城市成为工商业中心。农奴阶级逐渐消失,各种劳动者转变成为依据封建领主的农民,出现对农民进行劳役地租剥削的大庄园。由于重犁的普及,耕种技术和耕作方法的提高,从 10 世纪起,西欧农业生产显著提高。农业生产发展为商业和手工业提供了比较充足的粮食、原料,刺激了消费,扩大了商品市场,促进了商业和手工业发展。畜牧业发展,为毛纺织业提供羊毛。然而社会分工不发达,一件产品从头至尾由一个人完成。在封建经济下,扩大市场困难重重。为了限制竞争,城市手工业者组织起来,出现了行会。行会因为限制竞争,并且限制内部分工,不利于生产力发展。行会的正式成员是作坊主,充当师傅,学徒期满成为帮工。行会通过行会组织的技术考核获得师傅资格,可以独立开设作坊。技艺就在师徒之间传播。实际上行会并不能压制经济上的竞争,行会手工业者自己销售产品,与此同时专业商人也组织行会,在商业发达的大城市,商人势力显赫,操纵市政,成为城市贵族。行会制度(gild system)规定学徒必须花费 3—10 年的时间学习一种手艺,然后在师傅的许可下才能在社会上做工。行会产生了最初的"实业教育"(Industrial education),继而发展成为行会学校(Gild school)的教育制度。[①]

意大利南部的靠近那不勒斯(Naples)的萨勒诺(Salerno)被认为是诸大学中最古老的,由单纯的医学校发展而来。但是萨勒诺没有被赦令为正式的大学。意大利北部城市兴起,为了寻找拥护城市独立的依据,注重罗马法的研究。在意大利商业城市有些是由俗人担任教师的私立学校,教授商人所需文法知识和法学。例如,博洛尼亚是商道中心,北方朝圣者往罗马的必经之道。皇帝决定通过罗马法来使其统治合法法,于

---

① [美] 格莱夫斯:《中世教育史》,吴康译,华东师范大学出版社 2005 年版,第 99 页。

1115年签订了《安全居住法》，支持和吸引在政治、社会和经济上有权势的外国学生前来求学。在此基础上发展了分系科的大学，博洛尼亚的学校扩大规模，在1158年获得弗烈德里克（Frederick Barbarossa）的赦令成为正式的大学，学生差不多5000人，课程除民法和教会法之外，1316年设医学、1360年设神学，主要以法学为主。

为了保障权利，提供法律保护，师生们仿照手工业行会方式，组成了教师或者学生行会。城市主要建在交通发达的地方，贸易的繁荣给城市创造了财富，城市的富裕为大学以及大批学者的游学奠定了经济基础。巴黎大学在中世纪中最出名，由诺丹（Notre Dame）大礼拜堂学校发展而来，12世纪初，在威廉（William of Champeaux）执掌之际就享有很大的名气。以神学为主，1200年后设教会法和医学，得到奥古斯特（Philip Augustus）的旨谕完全承认。1180年得到国王路易七世（Louis Ⅶ）正式承认。1292年尼古拉四世（Nicolaus Ⅳ）授予巴黎大学特许权。博洛尼亚大学和巴黎大学成为典范，英格兰牛津始于12世纪下半叶，剑桥始于13世纪。

（二）社会对高级人才和实际知识的渴求

城市和贸易的复兴对教育有了更高的要求，产生对受过专业训练的职业人员需求。而当时垄断知识传播的修道院主导的主教学校和城市学校对于知识的传播和人才的培养已经不能满足社会的现实需求。随着社会日益城市化和人口稳步增长，各种社会问题出现，比如，诉讼、商业纠纷，这就需要大量受过训练的管理者、律师、文书、医生，等等。比如，在意大利诸城，经济活动与政治生活都展现出活力，对社会生活进行有效管理的科学，自然而然产生了对有实际成效知识的需求。人们转向从亚里士多德、《查士丁尼法典》等古代典籍来寻找依据，吸引了大批人来参与研究，并把法律运用到日常管理之中。

并且社会常常展开"学术论战"，比如关于宇宙本质的唯名论与唯实论的神学论争，欧洲的知识界曾全部被卷入其中，人们到处寻找辩证法和神学知识，社会形成了尊重知识的风气，大学的兴起由于大量教徒和群众的求知欲促成。① 牧师增加，教堂所辖的学校也随之增加。各地的学生聚集在设有大教堂的城市来听讲，巴黎、博洛尼亚、牛津等地人数剧

---

① ［德］弗·鲍尔生：《德国教育史》，滕大春译，人民教育出版社1986年版，第10页。

增,人数增加产生了设立某种组织的需要。巴黎有威廉和阿贝拉尔等著名的教师,加上巴黎城市的繁荣使得巴黎学校成为欧陆学子趋之若鹜的学术圣地,迈出了创办大学的第一步。

中世纪大学形成有几种形式,一种是像巴黎大学、博洛尼亚大学是自然形成的;另一种是国家和教会创立的。国王和教皇都创立大学来为世俗王权和教会服务,比如,1224年德国皇帝弗列德里西二世(Friedrich Ⅱ)为培养本国所需专门人才在意大利建立了那不勒斯大学(University of Naples)。罗马教皇也建立为教会服务的大学,比如,教皇英诺森四世(Pope Innocent Ⅳ)创建了法国南部的图卢兹(Toulous)土鲁斯大学和意大利北部的罗马教廷大学。而且,教皇和国王为了进一步控制大学,颁发"特许状",通过承认大学的合法地位来使大学符合自身利益。13世纪形成了兴办大学的风气,政治和教会的最高机关争相颁发赦令或者新办大学,培养律师和各种博学之士。

二 古典模式的生成

中世纪后期到工业革命大爆发之间,教会与市政王权之间的争夺没有停顿,生产力不断扩大,商业繁荣,城市中新的中产阶级成为暴发户,生活开始变得文雅。老贵族开始从乡村转移到城市,许多富有阶级的人成为朝臣,进入宫廷。大学培养了主教、市政官员、律师和医生、绅士,大学培养具有高深学问的高级人才的角色逐步定位。

(一)培养教会人才

城市发展,市民阶层扩大,世俗政权权力的扩张和地方封建主的利益扩展威胁到教皇的权力,教皇通过发展大学来巩固自己庞大的行政管理机构。为达到反对异端邪说的目的,就需要培养教会人才,传播教义,并且把教义上升到法律的层面,来规范人们的行为。社会底层的人士上大学可以改变自身的社会地位,教会按能力和学识提升教职,主教甚至教皇都是通过选举方式产生。穷人上大学可以在教会得到晋升,甚至担任大主教和教皇。这样,神学和教会法就成为教会控制大学中的首要学科。

为了控制大学,教皇通过颁发特许状来予以承认大学。比如1215年,教皇给巴黎大学颁发特许状,制订法规,规定神学研究者必须参加教皇和基督教会反对异端的斗争。教会通过物质手段俸薪制度,即教会奖学金制度来控制学术机构。教皇通过限制教授职位来控制神学，神学占主导地位。比如，1230 年神学教授职位从 1207 年的 8 个增加到 12 个。巴黎大学、牛津大学和 1209 年建立的剑桥大学都是当时重要的神学中心，巴黎大学保持领导地位。在漫长的积淀中形成的"三科""四学"，分别为辩证、修辞和文法，算术、几何、音乐和天文，"七艺"保留为大学的基础课程，由艺学预备学院教授。完成预备学院的课程后再升到专业学院学习。大学的基本组织机构由四大学院构成，巴黎大学分为四个学院，神学、教会法和医学是地位较高的学院，人文学科学院地位较低。巴黎大学最出名的是索邦神学院，索邦（Robert de Sorbon）大约在 1257 年为穷学者建立。到 14 世纪，只有这三所大学授予神学学位，但其他大学也可以教授神学。从 12 世纪 40 年代起，巴黎大学学习的人在教会法庭、红衣主教团、教廷中担任要职，英诺森三世任命的 1/6 红衣主教、格里高利九世任命的 1/2 的人都有巴黎大学学习或任教经历。[①] 主教中硕士比率显著增长，路易七世时期（1137—1180）占 3%，菲利普时期（1180—1223）占 20%，路易九世时期（1226—1270）占 41%。到 15 世纪，进入牛津和剑桥学习的英格兰红衣主教的比例上升至 91%。从英诺森三世（Innocent Ⅲ）到博尼法斯八世（Boniface Ⅷ），几乎所有教皇都在巴黎大学或博洛尼亚大学学习，英诺森四世（Innocent Ⅳ）还曾担任教授。1380—1520 年，牛津新学舍的学生中除掉 44% 的人身份不明或者早夭，46% 的人在教会任职，5.5% 进入世俗社会充当行政人员、法官、教师，可见教会仍然是容纳大学毕业生最大的机构。

教皇认为大学要行使宗教的基本职能，大学应当保留为教会机构，高等教育是教会的基本职能之一，服务于教会。神学的本质就是阐释圣经，又被称为"圣经解释学"。大学兴起之前，圣经阐释由教会里面的教父和修道院的僧侣承担。对神学的重视，引发了大学热衷于阐释经典，这也导致了大学热衷于雕琢脱离社会实践的学术天国。

（二）训练市政当局所需社会职业

从大学的兴起可以看出并非在同一时间大学同时出现，从最初的

[①] [比] 希尔德·德里德·西蒙斯：《欧洲大学史（第一卷）中世纪大学》，张斌贤等译，河北大学出版社 2008 年版，第 272 页。

几所大学来看，都是在生产力相对发达、交通便利的城市出现。那么可以推断的是城市的兴盛是首要基础。12世纪以后，工商业发展，手工业者和商人列入劳动者等级，农业的等级社会中劳动者没有接受学校教育的权力。随着经济地位的变化，他们的实际社会地位发生了变化。中世纪律师或者法官具有相当于贵族的高级地位，到12世纪随着宪政和社会的变化，市长代替贵族成为城市的首脑，而市长本身也是一种职业管理者，因此，大学由训练贵族的身份逐渐过渡到职业训练。

大学培养懂得法律的人才，法学毕业生将逻辑和辩证技能运用到社会管理以及诉讼的事务当中。民法和神学大学毕业生在商业谈判、起草协议文件等方面受到社会青睐，具有辩论能力和写作辩论材料技能的毕业生符合世俗和教会需要。而文学硕士基本担当社会公证人职业，属于准法律职业阶层。1280—1320年，南方5个司法辖区内，在获得任命为皇室服务的189名法学者中54人具有博士头衔，法官131人，辩护律师58人。地方城镇公私雇主也聘请法律人员。到1300年，法律职业进入成熟阶段。比如，在教皇约翰二十二世（1316—1334）期间，法兰西教会中领圣俸的14000人中大学毕业生占4000人，其中2836个教士曾学习法学。法学毕业生跻身为世俗社会中的顾问和议员阶层，发展成为15世纪君主政体依赖的重要社会群体，律师群体新的合法性的获得在一定程度上导致城市的转型。

1300年前，建成了18所大学。1378年西欧天主教内部大分裂，标志教会的没落，同时标志个体国家的成长。这时人口总数急剧下降，而大学学生数绝对增加。15世纪，西欧一些国家王权加强，得到新的市民阶级的支持。国王政权依靠市民打垮了封建贵族权力，建立以民族为基础的君主国，在君主国里发展起来了现代的欧洲国家和资本主义社会。经济发展和民族国家促进了兴办大学运动（表3—1）。大学已经成为培养教廷和城市精英的核心机构以及思想文化生活的核心机构。[①]据估算在1400年以前牛津和剑桥学习人数达2000人，1450年升为3000人。大学生数

---

① ［比］希尔德·德里德·西蒙斯：《欧洲大学史（第一卷）中世纪大学》，张斌贤等译，河北大学出版社2008年版，第58页。

在1450年左右达到几十万，不再是大学产生之时的小群体。

表3—1　　　　　　　欧洲中世纪大学数量　　　　　单位：所

年份	1300	1378	1400	1500
数量	18	31	34	66

资料来源：据［比］希尔德·德里德·西蒙斯：《欧洲大学史（第一卷）中世纪大学》整理。

（三）个性与文雅教育复兴

希腊时期曾经出现培养个性悠闲自由民的自由教育再度复兴。个性和文雅变成了大学教育的主题，这种转变仍然是由社会生产条件所决定。15世纪末哥伦布发现了美洲新大陆，美洲大陆的发现和美洲贵金属的输入促成资本原始积累，封建经济逐步崩溃使西欧政治结构发生变化，世俗国家政权处于主导地位。新航线的开辟，商业资本主义兴起，商品经济通过市场来运转，市场自由的前提需要是人的自由。城市经济的繁荣，事业成功的富商、作坊主和银行家更加相信个人的创新进取和自由奋斗，高雅博学之士受到普遍尊重。从15世纪下半叶开始，不少英国、法国商人走上"贵族化"道路。人文主义者推崇古希腊和罗马的作品，开始设计建筑、绘制图画、创作诗歌、探讨哲学，对中世纪的教育持完全批判和责难谩骂态度，尤其是对经院哲学不讲文法修辞，而只注重形式逻辑为基础的科学演绎推理之风的批判。

文艺复兴重视现世生活，认为凭借新的文化就能把"自然人"变成诚实和高尚的人。人文主义者占据了各所大学，开始创设教席、修改教学大纲和课程。古希腊、古罗马文艺作品、雕像被重新发现，古希腊罗马文化和古典语言、历史、诗歌、哲学成为文艺复兴时期基本学习内容，意大利出现艺术繁荣，法国、德国、英国和西班牙都达到古典文学时代。由于美洲大陆的发现，土著美洲人被征服，大学开始关于人类权利之类的讨论。16世纪文学家和神学家居于主导地位，整个世纪热衷文献的撰写和修订。文学院发展成为完全的哲学和文学院。1500年左右巴黎大学拥有40个学院，其中大部分住宿学院变成教授人文主义的教育机构。人文学院以"自由科目"（liberal arts）为核心，排斥实用和功利教育，培养人格健全的社会精英。这给教育带来了新的倾向，但是最初发起人是上层阶层，虽然使教育抛弃了宗教的伪装，但是呈现明显的贵族倾向，脱离社会实践。

16世纪的世界还是一个封建的世界，学术上面服从信仰权威。这一时期自然科学知识开始萌芽，例如，法兰西修士中最杰出代表英国的培根就开始了用观察和实验方法认识自然界。他就批评大学的空洞和学究气，认为大学教育应该注重新知识，抛弃古典教材。

美洲大陆发现，创新非常受到重视。航海术的发展改变了学者的角色，并且大学很快注意到航海的发现，也扩展了大学的内容。人文主义者不仅发现了古典作品，而且在德国发明了活版印刷书籍的工具，印刷书籍加速了文化传播。人文主义学者开始通过书本资料或者航海的记录汇集邻国以及遥远国度的历史地理资料，产生了宇宙结构学和关于世界的描述等重要成果。这些作品与绘图学一起在航海业起到重要作用。航海发现使得传统关于地球和人类居住的观念得以摒弃。

新大陆发现之后发展起来的绘图学、水文学和航海技术等新学科都不在大学之内产生，但是创新进入大学。著名大学教师把对科学的忠诚看得高于教会。科学不再是冥思苦想的理论知识，成为控制自然的手段，成为人文研究的教育理想，包括语言教育、道德教育、数学方面的训练。文艺复兴时期，意大利的医学院教室和解剖室合二为一，教授课堂成为宣传解剖学和病理学的场所。1450—1650年，对医学做出贡献的人大部分出自于意大利大学的医学院。16世纪意大利大学设立了数学教授职位，17世纪后半期，大学开始由炼丹家和药剂师讲授化学。但是都是偏重理论，轻实践，具有明显的学究气息，对社会的作用不大。

另外，不同国家转变成为集权、专制政体需要建立新的官僚制度，这种制度形成依赖大学，致力于公共事务的市民进入大学学习。正在崛起的资产阶级的教育需求以及教会和政府对合格文职人员需求，导致了16世纪大学学生数量增加，随后数量又明显有回落。16世纪和17世纪之交呈上升趋势，每个国家达到的顶峰不同，比如，德意志帝国在1610年，在校生达到4200人，与14世纪约1200人相比大幅增长。英格兰在1630—1640年，联合省在1640—1650年，鲁汶在1660年分别达到顶峰。[①] 17世纪，宫廷贵族取代了人文主义文人的地位，成为职业政治家。17世纪，一系列的社会、政治因素导致大学的停滞与衰落，入学人数下降一个主要原因是获得公职的机会减少，世袭权利或者少数社会集团控制了公职。以牛津大学和剑桥大学为例，1580—1640年，每年注册人数大约450人，而1680—1689年分别为321人、294人，1690—1689年下降到303人、238人，18世纪30年代后都低于200人，1750—1759年每年为182人（图3—1）。[②] 每个地方大学生数占同龄人口的1%。但是大学显示出滞后性，在需要巨人的时代并没有造就巨人，在人文主义的形式下造就书斋的庸人学者。

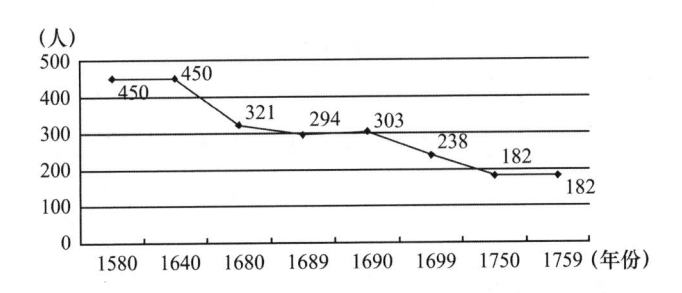

图3—1 牛津、剑桥大学注册学生人数变化

资料来源：[比]希尔德·德·里德—西蒙斯：《欧洲大学史（第二卷）近代早期的欧洲大学（1500—1800）》，贺国庆等译，河北大学出版社2008年版，第318页。

（四）宗教改革下的大学转型

在经济上，商业和工业发现，资本主义在相当大的程度上取代封建经济。在政治上面，中央政府的权力增大。教会的腐败引起了教派内部的反抗，新教改革瓦解了基督教的一体化。1517年，马丁·路德（Martin Luther）在威腾堡教堂门前贴出反对出售赎罪券的《九十五条论纲》。路德强调每个人通过劳动都能自由地从上帝那里获得信仰。1520年，发表《致德意志基督教贵族书》呼吁皇帝和贵族改革教会，不再效忠教皇。路德主张教育的目的是增进国家社会的幸福和造就宗教的信士一样重要。

---

① [比]希尔德·德·里德—西蒙斯：《欧洲大学史（第二卷）近代早期的欧洲大学（1500—1800）》，贺国庆等译，河北大学出版社2008年版，第315页。

② 同上书，第318页。

主张国家公费设立教育机关，不论贫富、贵贱、男女都可免费入学。教育摆脱教会的控制，由国家管理教育。把职业提高到天职的地位，希望创设普通人都能提高技艺的学校。而他计划的高等教育能让最优秀的学生变成超越的教育家，讲经传道和操作行事的人。新教国家的大学虽然在精神上具有宗教和基督教的色彩，但是从16世纪开始教会教皇的管理权让位给国家和各种社会团体。在课程设置上兼有人文主义和宗教元素，内容和方法仍然局限于形式主义。大学既受教会的控制又受到政府当局的管理、调查和控制，培养政府机关文职人员和牧师。

宗教改革运动结果之一，改变了大学学科格局，即改变了知识的结构。国家的壮大促进大学世俗化，非教派人士可以当教授。神学开始让位给科学，理性获得独立地位。新教的学生比天主教的学生更倾向于推崇科学，把科学文化作为促进生产和社会生活的一个重要因素。而天主教教徒依旧把教育当作进入神职生涯的主要手段。在神学失去主导地位之后，大学开始按社会需求产生新的学科。考察所发展的学科，对生产力并没有多大触动，主要集中在为王权政治服务上面。比如，从17世纪开始，有关法律解释国家变得重要，国家需要法学家来制定管理准则、贸易规章、商业体制等来保持安定，宪法、公法、经济法成为司法领域重要部分，在西班牙、德国、意大利、法国，法学都成为主导学科。国家在实施君主宪的过程中导致了法学的政治化程度提高，政治法学确立了国家凌驾于教会之上的统治权，导致了宗教私人化，宗教成为个人的自由。医学也凭借接受笛卡尔机械科学模式提升了知识结构中的地位。17世纪末，现代公法诞生，刺激了18世纪的大学改革。德国哈勒大学和哥廷根大学都在法学方面享受声誉。经济繁荣对国家繁荣至关重要，经济科学成为大学中主要科学研究任务之一。

虽然宗教改革运动使得神学的主导地位丧失，但是科学仍然禁锢在神学之中，自然科学并没有进入大学。探究原因可能包含以下几种：第一严格的对异端邪说的审查制度；第二经院哲学的传统，注重理论和形而上学的分析，不注重实践；第三大学设备的简陋，不具备开展自然科学实验的条件。

三　古典模式的终结

中世纪大学兴起是西欧封建繁荣的表现，大学成为文化艺术和研究的中心。教学内容丰富，方法刻板。动摇了传统盲目信仰，重视人们的理解能力，辩论之风活跃了学术思想，培养了一批学者，比如，但丁（Dante Alighieri）、伽利略、培根等，但是都处于宗教的束缚当中。这种模式由农业社会生产力所决定，从事生产的基本是奴隶、农奴、自由民、工匠、小商人，社会呈现出等级分化，按身份和地位来获得社会财富，接受教育的动力就转化成为获得身份和地位，而要能够获得身份和地位，就必须认同现有的等级社会秩序。对于已经具有了身份和地位的特权等级而言，获得教育的动力同样是巩固现有的社会秩序，或者只需要身份的附庸，追求知识创新的动力不足。整个教育呈现出巩固社会秩序的趋势，教育内容固定不变，只有在社会历经变革的情况下才会缓慢改变。高度固定的农业社会，教育疏离生产需求，以传授统治术来巩固社会制度为最高目的，教育也是在固化农耕文化，文化催化的作用无法实现，教育与服务生产的本性在一定程度上出现偏离。在中世纪后期，国王跟教皇的斗争中争相办大学，培养为国王市政服务的人才。

文艺复兴发现了人，以人为中心，为了人的利益，借助与古希腊、罗马文化的恢复来提倡新的资产阶级文化。与宗教神学针锋相对，倡导人性反对神性，研究人性和人与人之间关系的"人文"学问。以反对烦琐教义的形式主义开始，最后又以复古的文字和烦琐的形式主义告终。大学成为上层文化中心，为富人和达官显贵服务。大学毕业生为了获得行政管理部门或司法部门高级职务，通过仕途成为贵族。大学毕业生成为主教、教士、法院、地方政府、皇家议会的成员，成为特权阶级。随着所提供职业的变少，失业问题出现，大学学生数量下降。17世纪到18世纪，知识分子逐渐被认为是社会的寄生虫，好逸恶劳的闲人。

在生产中科学发展起来，这种大学模式仍然没有摆脱宗教的束缚开展真正的自然科学研究。从1650年开始，大学的废止数与新建数相当，17世纪下半期新建的大学比较少，其他的高等教育机构出现，兴办了外科学院、军事学院、炮兵学院、兽医学院等专门学院（specialized schools）。专科学校创办采纳了新学科，每所专科学校只涵盖一个有限领域，教授实际应用知识和进行职业训练。在18世纪，德国大学都仿照哈勒大学和哥廷根大学，研究只是教授的副业。18世纪注重实践操作的新学科，例如，经济学、技术学等自然科学开始在大学出现，数学也让路给了实验科学，但是人们并不认为大学有能力实现，在大学之外建立了诸如新的培训机构和学术研究机构，从事专门化的技术传授和研究。同时间，法国大革命关闭了大学，英国大学暮气沉沉，学术研究根本没有在大学进行，法国由皇家学院，英国由皇家学会来进行。大学逐渐失去中世纪培养精英及科学和学术研究的垄断地位，最具创新精神的学者和科学家纷纷离开大学服务政府，或者开展私人研究，最伟大的发明都与大学无关。大学与日益发展起来的新的社会需求和工业生产力需求之间脱节，社会在向工业迈进时，古典的农耕模式开始向现代模式过渡。

近代早期大学建立的"精英——学究"古典模式无可避免地衰落，19世纪在英国工业革命的感召之下，各国都相继进行工业革命，发展经济成为民族国家提高竞争力的手段。在经济发展中技术突出主导地位，大学能否适时转型服务社会，是大学获得生存的首要问题。

第二节　现代实用模式——工业社会中的大学

恩格斯评论："社会一旦有技术上的需要，这种需要就会比10所大学更能把科学推向前进。"[①] 技术的需求促进了发明，发明刺激技术创新，新的动力能源产生，机器代替了人力和畜力，大工业生产率先在18世纪后期英国的工厂制度中爆发，人类进入工业社会。大学教育的内容和形式相应在工业生产力发展需求中得到改造，塑造新服务模式过程中实现从古典向现代的转型。

一　工业革命爆发与工业社会形成

无论是从人力资源角度，还是从技术供给角度，大学都没有给18世

---

① 《马克思恩格斯文集》10，中共中央马克思恩格斯列宁斯大林著作编译局译，人民出版社2009年版，第668页。

纪末期工业革命爆发提供动力。工业生产必须具备的三个基本因素——资金、技术、劳动力，都找不出与大学有何关联。在工业革命的初期，资金和劳动力通过资本原始积累完成，用马克思的话来讲是资本家用"血与火的文字载入人类编年史"。交换的扩大，使得工资和地租跌价，工业利润增多。封建主和农民衰落的同时，资本家和资产阶级地位上升。耕地变为牧场，大批农民被赶出乡村流入城市。封建主遣散无数侍从，造成大批流浪汉。加上殖民和海上贸易等因素合力造成了工场手工业的发展。从技术角度来看，工业革命由蒸汽机、纺纱机等一系列机械装备发明引起。而这一系列的发明并没有在大学产生，比如第一个发明纺纱机的英国人约翰·惠特、发明珍妮纺纱机的哈格里夫斯都是工匠，没有上过大学，第一次工业革命也被认为是"工匠革命"时代。

由此并不能推断大学将对工业革命没有作用，历史已经证明了第二次工业革命由大学科学家发起。天才的发明家和工匠们在实践知识和经验知识的累积下获得发明，在发明中工匠们需要提升理论知识，这种需求产生了大学转型的动力。比如，蒸汽机的使用，带动了冶金业的发展，冶金业的技术需求带动了大学化学学科的发展。同时，资本扩展的原理使人们明白，只有不断扩大生产，工业利润才会增加，机器的功效也才能体现出来，大规模的生产更加引起了对于科学技术整体提升的需求，这种需求为大学兴起提供了基础。但是前提是大学必须适应工业生产力发展，否则仍然无法发挥多大社会作用。为了改进工业生产，18世纪，英国采用悬赏和奖励办法来刺激技术发明，并建立了科学技术团体，比如1766年，英国伯明翰成立由电气家、化学家、铁器制造厂、工程师和医生等构成的太阳学会，1781年，成立了由工业家和科学家组成的曼彻斯特学会，就生产技术问题开展科学研究。技术的需求带动了自然科学进入大学，并使得大学得以改造来适应新的生产力需求。

18世纪，一系列发明改变了英国棉纺织，导致新生产方式工厂制度的诞生。发明广泛运用于工业部门。主要表现为：机器取代了人的技能；无生命的动力资源代替了有生命的动力资源；大量使用新的更为丰富的原材料，特别是矿物资源替代植物和动物资源。这些改良构成工业革命，工业革命带来生产力的飞跃，使人类生产率大幅提高，英国成为"世界工厂"。生存条件改进和经济机会增加使得人口大量增加，工业化和城市化打破了家庭的多功能性，使劳动力更加专业化，催生出一系列的职业。同时，人口增长和经济收入提高，增加消费支出，刺激制造业和服务业的发展。纺织、冶金、采煤、机械等行业发展，带动了运输业发展，1823年，世界上第一条铁路修成。铁路、公路和水路的改进，推动了工业社会的形成。大工业建立了世界市场，使得文明国家的社会发展大致相同，大学在服务大工业生产上也体现出共同性。农业社会中等级和固定的东西打破，与大工业生产相适应，除了科学技术的应用外，人的能力相应提高。

　　大工业生产相匹配的教育是理论与实践相结合的教育。大工业生产需要能够适应不断变动的劳动力，可以随意支配的，全面发展的个人。机器使用加剧社会分工，大工业生产需要培训工人必要的纪律，产生了特长和专业。大工业最初的科学要素，比如，飞轮的理论与应用，是在工场手工业时期发展起来的。机器大生产要求自然力替代人力，自觉应用自然科学代替了经验，把自然力和自然科学并入生产过程，提高劳动生产率。

二　现代实用模式的生成

　　在这一时期，真正意义上的现代大学德国柏林大学出现，确立了科学研究的主体地位，引起全世界竞相仿效。通过工科大学以及大学与工业结合开展了产学研合作模式发展科技教育，使得德国从落后的农业国变成发达的工业国。美国通过赠地学院直接服务社会，以实用为圭臬，大学与社会实现高度互动，展现大学从应社会需求到疏离社会需求又一次回归到服务社会的发展轨迹。

　　（一）科研制度化

　　工业革命中自然科学显示出强大的生产力，而产生革命性技术都不是大学学者所为。直到18世纪自然科学都没有占据大学席位，在工业革命的推动下，科学产生了实用技术需求。在技术匮乏状态下，迅速发展生产力的手段是引进技术，当时掌握了先进技术的英国采用技术封闭政策，禁止本国机器和图样输出。开展科学研究和加强技术训练往往成为国家获得技术的手段。经验自然科学在积累了大量知识材料之后，产生了理论学习的需要。19世纪自然科学的三大发现，细胞学说、能量守恒定律、生物进化论，都是在实验和观察基础上理论发现的结果。这种理论思维的能力以及各类知识之间联系的建立，都依靠培养和训练。而要建立各类知识之间的相互联系，大学这种高级教育载体作用就凸显出来。

科学研究首先在大学中获得主体地位恰恰是在工业落后的德国，而不是英国。德国处于36个封建邦国状态，在蒸汽机的采用下旧式工业体系被打破，迫使各邦政府考虑现代工业的要求。1810年，教育文化大臣洪堡（Wilhelm von Humboldt）创建的柏林大学翻开了大学史崭新的一页，由法学教授施莱尔马赫（Friedrich Schleiermacher）担任临时校长，1811年，费希特（Johann Gottlieb Fichte）担任正式校长。自然科学第一次进入综合性大学，专门的科学研究是柏林大学的主要任务，整个研究都摆脱了以往经院式的方式，而是以掌握科学原理，进行创造性研究的方式进行。在组织制度上仍然采取四大学院的模式，大学人文科学真正摆脱了神学，数学、物理学、化学、生物等解释世界的自然科学体系真正获得独立地位，在哲学院开展研究，因此19世纪哲学上升为重要学科。大学教授开展独立研究，重要学者和科学家都是大学教授，研究与教学高度统一。由于哲学院的作用，神学院、医学院和法学院都把拓展科学知识的边界视为自身的最终使命。学习神学的人数逐渐减少，而学习哲学、医学、法学的人数逐步增加（图3—2、图3—3、图3—4）。德国接受大学教育的人构成了知识精英阶层，形成教士、教师、法官、官员、医生、技术人员等职业阶层。

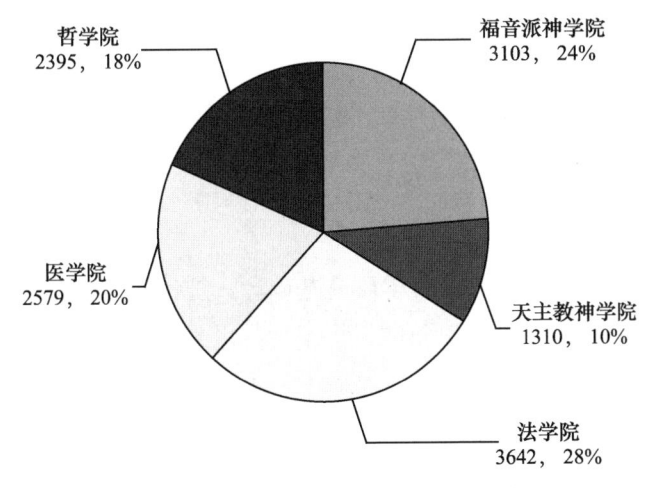

哲学院 2395，18%
福音派神学院 3103，24%
医学院 2579，20%
天主教神学院 1310，10%
法学院 3642，28%

图3—2　1831—1836年各学院学生比例

资料来源：据弗里德里希·包尔生《德国大学与大学学习》整理。

48 / 大学服务社会模式研究

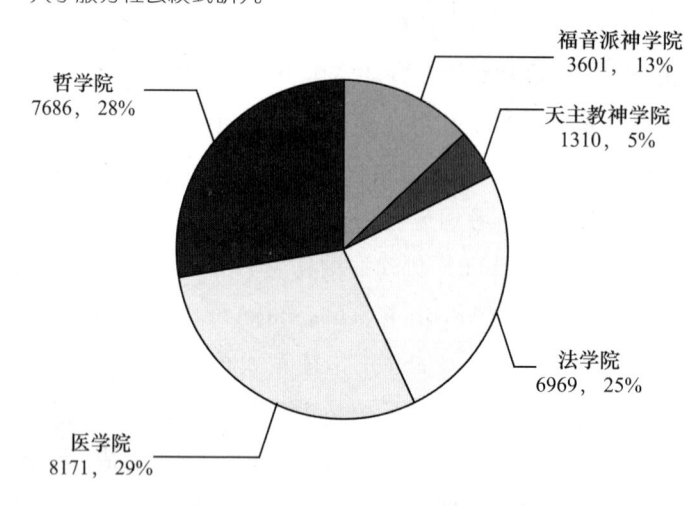

图3—3　1892—1893年各学院学生比例

哲学院 7686，28%
福音派神学院 3601，13%
天主教神学院 1310，5%
法学院 6969，25%
医学院 8171，29%

资料来源：据弗里德里希·包尔生《德国大学与大学学习》整理。

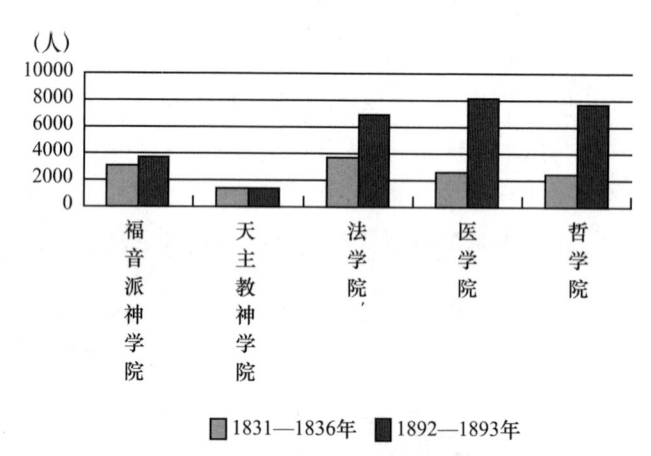

图3—4　各学院人数变化

（1831—1836年、1892—1893年 各学院人数对比：福音派神学院、天主教神学院、法学院、医学院、哲学院）

资料来源：据弗里德里希·包尔生《德国大学与大学学习》整理。

在哲学学科下进行自然科学研究基础上，进一步发展了讲座制和实验室制度，并逐渐发展成单独的组织架构，以独立院系的方式进行。由政府组建和资助专门科学研究，发展了学术研讨班和科学实验室，承担国家科学研究，并且进行高层次的通识知识和专业知识教学。比如，1824年，德国化学家利比希在吉森大学说服当时政府和学校创办了第一个化学实验室，用于教学和科学研究，吸引大批学生前来研究化学。大学的拨款大部分花费在实验室和研究所上面，大学通过研究所与社会紧

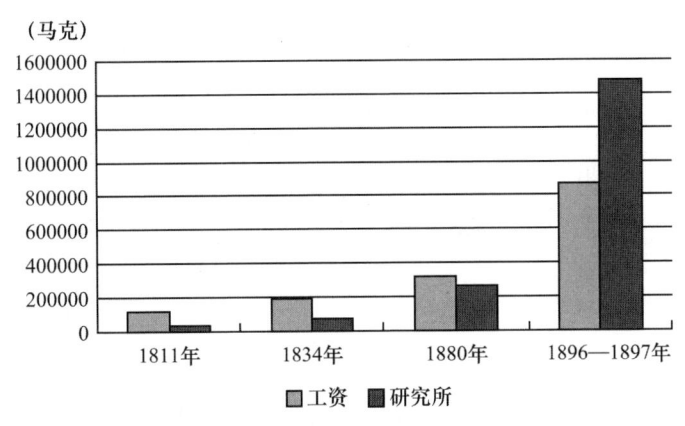

密联系，科学研究给德意志民族奠定了经济地位（图3—5）。

图3—5　19世纪柏林大学经费情况

资料来源：据弗里德希·包尔生《德国大学与大学学习》整理。

科学研究主体地位确立，德意志大学取得世界性的成就和贡献，在基础科学领域遥遥领先，成为德意志19世纪下半叶工业化跳跃式发展的前提。德国的科学事业基本依托于大学，据统计，在1820—1919年中德国人完成40%的医学发明；1820—1914年，65%的生理学有创见的论文出自德国，在1821—1900年中热、光、电子和磁等物理方面的发明超过英法两国总和。[①] 德意志人才济济，在自然科学领域的根本发现取得欧洲的科技优势，成为世界科学、文化中心（图3—6、图3—7、图3—8）。

工业化浪潮下，传统大学不得不实行改造，开始加强自然科学教育。比如，牛津剑桥的主要特点是课程设置仍然以古典学科为重，与社会需要脱节。1848年自然科学正式列入剑桥考试课程，牛津也成立自然科学系，现代史、物理学等不再从属古典学科。新学科带动了博物馆和实验室的创建，1850年成立的皇家委员会（Royal Commission）对牛津、剑桥大学主要仍以培养牧师为主提出批评，触动改革。1854年颁布《牛津法》、1856年颁布《剑桥法》，督促两校改革。建立教授制度，大学结构由以古典学科为中心向以专业为中心，并且与职业对口的体系转变。1876年，美国以霍普金斯大学为首，发展起研究型大学。

---

① 陈洪捷：《德国古典大学观及其对中国大学的影响》，北京大学出版社2002年版，第1页。

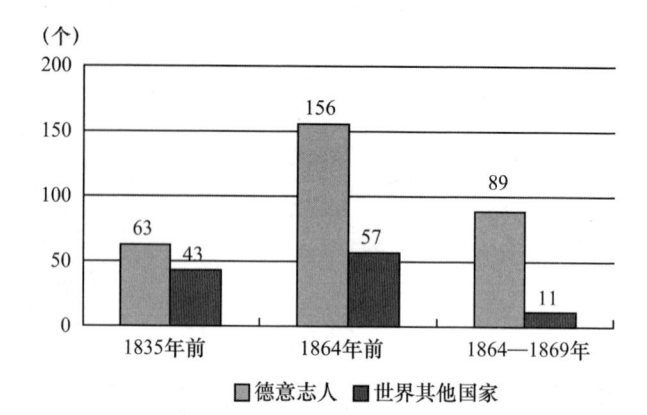

```
       (个)
       200
                        156
       150
       100                              89
              63
        50        43          57
                                              11
         0
             1835年前      1864年前    1864—1869年
                  ■德意志人   ■世界其他国家
```

图 3—6　德国大学生理学领域根本发现数量

资料来源：李工真：《德意志现代化进程与德意志知识界》，商务印书馆 2010 年版，第 206 页。

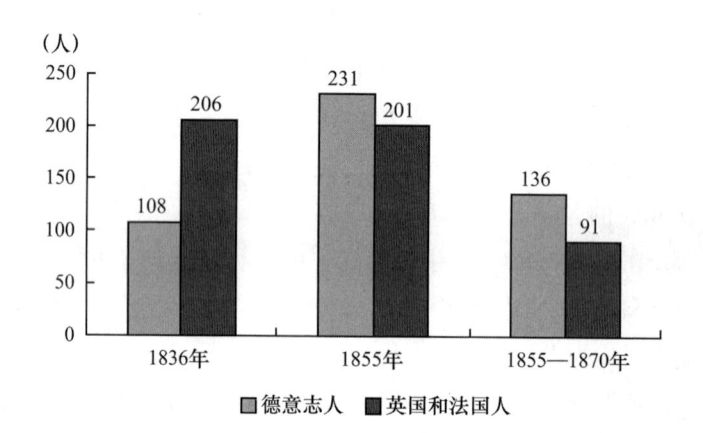

```
       (人)
       250              231
                    206       201
       200
       150                                136
              108
       100                                     91
        50
         0
             1836年         1855年     1855—1870年
                  ■德意志人   ■英国和法国人
```

图 3—7　德国大学热力学、电学、电磁学、光学领域发现数量

资料来源：李工真：《德意志现代化进程与德意志知识界》，商务印书馆 2010 年版，第 206 页。

（二）高水平技术大学兴起

大工业生产下依靠行会式师徒传授的技能已经不能适应生产的需要，传统以培养牧师为主的大学对生产没有起到作用。第二次工业革命已经超越工匠革命的时代，科技家和具有一定理论水平受过大学教育的技师占主导地位，远远超过师徒传授的技术传递模式。工匠的角色向工程师转变，以技术为主体的新型大学有了需求。

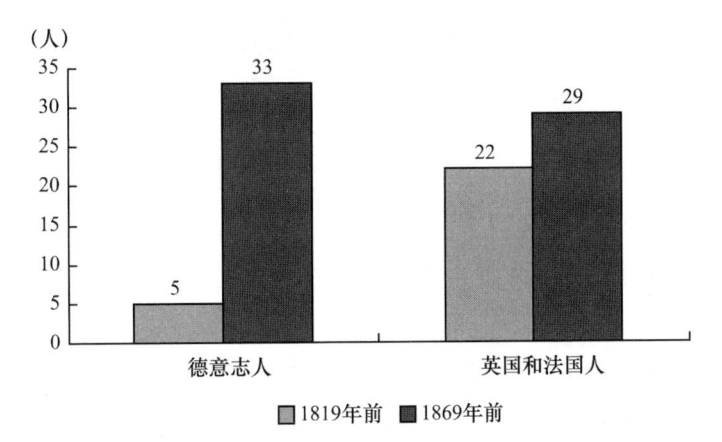

图3—8 德国大学医学领域重要发现

资料来源：李工真：《德意志现代化进程与德意志知识界》，商务印书馆2010年版，第206页。

在封建社会中，一个人的出身就决定了其社会地位，反而对于技能鄙视。在工业社会中以能力为本位，人的技能得到重视。基于利润的原则，工业社会强调效率。高水平技术大学的兴起与工业生产密切结合，形成后发力量，使得工业迅速增长。比如，德国由于政治分裂，在19世纪40年代才开始工业化。工业化早期依赖具有技术的劳动力，但是这种技术主要依靠师徒传授，工人不能全面掌握技术。为提升劳动力的技术水平，在19世纪创建了11所技术学院。技术学院由工业技术学校发展而来，再升格为技术大学。1899年技术学院获得大学称号，并获得博士学位授予权。19世纪60年代，德国机械行业中具有理论素养的人员替代仅仅只有实践经验的人员。1865年美国成立麻省理工学院，提供全方位的科学和实验教育，培养未来的工程师和机械师。到19世纪中叶，技术训练成为美国科技时代高等教育体系的基础之一。日本的工业化最初是引进国外的技术，由于费用过高，政府投入资金，选拔优秀学生到欧美一流大学深造，学习最新知识和技术。1877年设立了技术转让的最高学府工部大学，后与东京大学工学部合并，培养技师。日本大学生选择专业时偏向于工程学科，在选择并引进新技术方面肩负重任。

德国大学在工业革命中提供了理论和应用方面的高级科学知识，培养出来的工程师能将科学原理和应用训练结合，通过科学技术的教育提高了工匠和技师的技能。这使得德国工业发展的技能部分远远超过了英国。① 德国建立了成熟的技术教育体系，而英国技术教育体系发育不良。英国在19世纪50年代才开始对欧文学院、政府海洋学院等开展科学教育的学院授予大学学位，从而使得技术和职业培训比德国落后了一代人的时间。1900年前后，英国在工业效率上赶不上美国、德国，为了培养工业发展人才，在首相约瑟夫·张伯伦的改革下，从伯明翰开始大批地方学院获得独立大学地位，开展理工科教育，培养工业专家，超过人口30万人的城市都建有大学。以德国技术大学为榜样，1907年组建了帝国理工学院，在航天、燃料、石油地质、内燃机等方面弥补英国的空白。1914年后英国只有上层人士才能上大学，其他阶层只能受科技教育的界限被打破。

（三）专业教育培养各种职业人才

资本主义生产初期，人数较多的工人集中在同一时间、同一空间，在同一资本家的指挥下生产同种商品。掌握了专门的技能和技巧，是生产进一步复杂化，并获得有序进行的基本条件。现代化理论指出工业化过程就是现代化的过程，现代化起点以18世纪工业革命为界线。亨廷顿（Samuel Huntington）指出政治现代化中的一个阶段是以才能和社会成就为依据选择组织管理成员，而不是以家庭等身份背景为依据。社会心理学家把现代化看成是一种心理态度、价值观和思想的转变过程。注重人的现代化，因为国家无论如何引进现代经济和政治制度，没有从心理、思想和行动方式上实现由传统人到现代人的转变，真正能顺应和推动现代经济制度的发展，国家现代化就会成为空谈。② 综合起来，工业社会中表现为以才能和社会成就来选拔人才，并且现代人对正规教育和科学技术训练有兴趣，现代人看重基于教育和技术之上的声望，而不是传统社会中基于社会地位作为声望的基础。

这同样符合大工业化生产的需求，这种人的现代化也是由大工业生产所推动的。工业生产中分工进一步细化，对于劳动者的技能分化更为

---

① [英] H. J. 哈巴库克等：《剑桥欧洲经济史 第6卷 工业公民及其以后的经济发展：收入、人口及技术变迁》，王春法等译，经济科学出版社2002年版，第539页。

② 殷陆君：《人的现代化——心理·思想·态度·行为》，四川人民出版社1985年版，第21页。

明显。泰勒通过对工厂观察发现只有实现标准化,劳动才能提高效率。在工业社会中,大学的目的是培养工业化所需劳动力,包括技术人员、管理人员、行政官员。在工业化过程中,新的中产阶级群体形成。马克思在《资本论》中指出在工业化生产中产业资本为了实现价值和剩余价值就必须扩大生产规模,同时在这个过程中所需要的劳动以及其他流动费用增加,就使得商业雇佣工人成为必要。同时在大规模生产过程中需要具有掌握技术的劳动力,那些负责市场营销和专业管理的人员需求增多。技术人员和专业管理人员大多是受雇佣的,但是他们收入上升、经济和社会地位改善,加上他们担任职务的重要性,使得他们处于社会的中间阶层。为了维持这种生产关系,各个工业化国家都扩大大学招生,为工业社会培养了大批社会中层人员。并且在工业化过程中新的行业增加,产生对新的技术人才和管理人员的需求。专业服务行业人员包括律师、建筑师、检查员、土地代理人、工程师、秘书、会计、银行业者、保险代理人、拍卖商、医生、护士、药剂师、牙医、兽医等。对各种职业和专门人才的需求,大学很快做出回应,实施专业化教育,并创设了与职业相对应的课程。

学科专业的发展来自两个方面的原因,首先这是学术本身发展的趋势。现代知识演进的趋势由广博到专精,随着现代知识的剧增,新学科例如实验心理学、社会学、人类学、政治学,以及自然科学的各种分支都出现在大学课程中,学术视野更为宏大。专业化应用科学学院进入大学,比如哈佛大学1814年增设医学院,1817年增设法学院,1847年增设理学院;耶鲁大学1823年增设医学院,1822年增设宗教学系,1824年增设法学院,1854年增设理学院。1840—1950年,由美国、英国、德国和法国等领导了第二次工业革命。以电动机和内燃机为动力,出现了电报、电话、汽车、飞机等工具以及中小型工厂和新兴产业巨头,建立了第一批商学院。例如,1900年巴黎大学和其他地区大学建立了大约10所专业化教学与训练的学院;酿造、制革、应用化学、放射学和光学等高级学院,提供政府部门所需的技术和行政职员,土木和采矿工程师也出现了。20世纪工业技术革命深化,高层次的专家和各级管理人员需求增加,这时大学学院课程更为专业化。

社会分工的细化,呈现多样化的需求,各种类型的大学出现。除了高水平研究型大学之外,文理学院、社区学院、职业学院、短期大学等形式构成工业社会中网络状的生态阵营。工业社会需要培养生产的劳动者,以及由生产衍生出来的服务职业和管理职业,因此,伴随专业化而来就是大众化教育,培养适应社会生产的各种劳动者。只有贵族和上层阶级才能享受的大学,过渡到真正为生产需求的大学,大学的入学率明显提高(表3—2)。

表3—2　　　　9国大学生20—24对年龄组毕业生百分比　　　单位:%

	加拿大	法国	西德	日本	西班牙	瑞典	英国	美国	苏联
1950年	8	6	5	5	2	5	5	20	—
1965年	24	17	10	12	9	13	12	41	31

资料来源:[澳]W.F.康纳尔:《二十世纪世界教育史》,湖南教育出版社1991年版,第626页。

(四)产学合作加速知识传播应用

教育在从猿到人的转变中的作用主要是把劳动与生存的技能内化到文化当中,并内化为种群的机能,实施传递。科学发展源于生产的需求,大学研究科学、传播知识与技能同样不能脱离生产的需求。大学在漫长的农耕模式中构成了保守封闭的传统,要形成生产需求推动发展,引发技术创新从而促进生产的循环过程,必须向社会开放。

大学开展科学研究取得了研究成果,但是科学与技术之间沟通发展缓慢而不均衡。科研成果如何转化为技术生产力,解决技术本身的科学问题,需要科学家跳出纯理论框架开辟交叉和应用性有关的新科学领域。企业与大学开展合作就有了需求,最初企业资助大学开展相关科研。随着电磁波理论和电力时代的到来,科学为生产技术开辟新的工业体系。1873年新建的德意志帝国历经经济长期萧条,德国企业家和工程师普遍认识到通过技术全面更新才有望摆脱萧条,并对大学与经济和技术领域的疏离表达不满,认为大学对于职业领域和工业效率的贡献率太小。哥廷根大学著名数学家克莱因(Felix Klein)、数学家高斯(Johann Carl Friedricn Gauss)等人,鉴于对科学发展与第二次工业革命的认识,立志与产业部门建立联系。克莱因打破柏林大学模式中不合理的成分,打破纯科学和应用之间的界线,开设诸如物理化学和电化学、实用机械性和实用电子学等新兴应用学科。1898年建立了哥廷根应用数学与应用物理学促进协会,开创了企业资助大学科研工作的先河,10年间工业界投入20万马克。① 英国迫于技术被德国和美国超越,大学开始与工业结合。比如1857年亨利·罗斯科爵士应聘任欧文斯学院教授,成为第一位为工业提供广泛咨询的教授。曼彻斯特学院开始面向工业,借鉴德国化学界加强科研的经验,开始现代化学教育。

　　大学与社会的结合不仅仅局限于为工业领域提供技术、咨询、合作研究以及合作培养人才等形式,还表现为密切结合大学所在区域发展特点,以区域需求开展教学与研究,并把高水平的知识和技术传播给当地区域人们,从而改造区域社会,真正实现教育与社会的互动。这种模式突出代表就是美国赠地学院的兴建以及随之形成的著名的威斯康星理念。这种改革来源于两种力量,首先是外部的驱动,政府在立法层面上对大学的规划(表3—3)。然后,大学内部主动应对社会需求的理性自觉。

表3—3　　　　　　　　联邦政府颁发相关赠地法案

法案名称	年份	主要内容
《莫雷尔法案》	1862	联邦政府向各州每位议员拨3万英亩土地,至少建立一所学院教授农业和工艺有关的实用学科
《哈奇法案》(Hatch Act)	1887	联邦政府拨款建农业试验站,支助农业研究,确立农业延伸服务
《第二莫雷尔法案》	1890	联邦拨款制度化,并规定了拨款资助的学科范围。规定新生录取不得种族歧视
《史密斯—列弗法案》(Smith-Lever Act)	1914	拨款资助为不能上大学的人提供农业和家庭经济方面的教育和实践,进一步促进农业技术推广服务

资料来源:John C. Scott, "The Mission of the University: Medieval to Postmodern Transformations", *The Journal of Higher Education*, Vol. 77, No. 1, 2006, pp. 1 - 39。

　　工业革命带来经济爆发性扩展,如何用先进的科学技术来改造落后农业,是工业社会初期要解决的问题。比如,美国在18世纪末19世纪之

---

① 李工真:《德意志现代化进程与德意志知识界》,商务印书馆2010年版,第222页。

初，仍有73%就业人口从事农业活动，40年以后，比例仍高达69%。在1820年后新英格兰地区发展起来的工业化开始积累强大的动力，经济明显扩展，在1839—1879年，估计人均收入年增长率高于1.5%。在1700年前的1000年里，欧洲人均收入年增长率只有0.11%，可见工业革命爆发出惊人的生产力。作为早期赠地学院之一的威斯康星大学打破大学封闭状态，开展延伸活动，校长张伯伦（Thomas Chrowder Chamberlin）、亚当斯（Charles Kendall Adams）支持农业短期课程和农民研究所。到范·海斯（Charles R. Van Hise）继续关注社会问题，并坚定威斯康星理念，在任何地方教人、教人以任何知识，提出"大学的边界就是州的边界"口号，而这一口号的实质表现为大学与区域之间的合作。在经济学和植物病理学两个学科突出服务导向，在经济学方面开展经济、政治科学和历史学院结合的跨学科研究社会问题，研究失业问题，起草失业补偿法案为新政立法。教授走向田野，建立管理合作模式，大学与社会互派专家，参与政府官员关于改进农业、发展工业和解决社会经济问题，经济学家参与州铁路和税收委员会，政治学家帮助起草法案，工程学家设计铁路建设方案，农学家帮助牛奶业发展。大学推广知识和发展实际知识，并通过推广补习计划把大学知识传播给本州人民。课程设计通俗，1910年，有5000多人参与函数课程学习。[①] 范·海斯在20世纪早期全面总结了"威斯康星精神"（Wisconsin Idea），大学通过研究来解决公共问题服务本州，培养物理和社会科学专家，专家的学术研究与州的公共管理相联系，通过人事和设备把大学的工作拓展到州的边界。尤其在社会科学方面引领高等学术与公共生活相联系。服务本州成为当时美国州立大学的标准。

威斯康星精神起源是什么？来源于19世纪美国正在变化的知识环境。[②] 思想根源于福音派新教（Evangelical Protestantism）的社会目标。在美国南北战争之前的半个世纪里，福音派新教是美国的中心文化。培士

---

① 贺国庆：《从莫雷尔法案到威斯康星观念：美国大学服务职能的确立》，《河北大学学报》（哲学社会科学版）1998年第3期。

② David Hoeveler Jr., "The University and the Social Grospel: The Intellectual Origins of the 'Wisconsin Idea'", *The Wisconsin Magazine of History*, Vol. 59, No. 4, 1976, pp. 282 – 298.

根（John Bascom）校长接受进化论的思想，用以改革新教精神产生新的伦理，这种新的伦理包括克制、妇女的权力和组织劳动的权力。并且发展了社会学，认为社会学包括社会的、市民的、经济的、宗教的、伦理等各种社会问题，社会学本身就是追求一个公正的社会。培士根的思想从宗教出发，是威斯康星理论的雏形，催化大学无止境追求新的知识和关注社会问题。1892年新建的经济政治科学和历史学院的主任伊利（Richard T. Ely）上任，威斯康星获得全国声誉。从霍普金斯大学引进的特纳（Frederick Jackson Turner）教授拓展社会科学的研究，并且研究聚焦解决州的实际需求问题。新建学院成为联系大学成员与威斯康星政治进步运动的纽带，密切结合州官僚机构，特别是威斯康星工业委员会，进行关于城市问题、城市管理、当代经济问题、福利、犯罪等的实用研究。到1907年，1/4的教师在州的一个或者多个委员会服务。范·海斯强调学者对于公共利益的道德和社会责任。范·海斯的威斯康星精神最具有唯物主义的色彩，把他老师培士根的精神信念转化成为经济增长的原则。这个理念使得州立大学的研究活动，新的知识必须直接运用到人们生活的进步当中。

第三节 创新合作模式——后工业社会中的大学

后工业社会仍然是工业社会形态的延续，以信息为基础的"智能技术"与机械技术并存，信息技术渗透到社会生活当中，改变了生产力形态和人们生活方式。工业社会里大学形成的与工业生产能力相匹配的功能和作用并没有完全消失，而是在此基础上更加适应后工业社会的生存环境，决定大学在服务模式上面具有差别。后工业社会经济发展，主要通过知识的创造、传播和应用实现，具体通过科学研究来创造知识，通过教育与训练方式来传授知识，通过信息科学技术传播知识以及将知识运用于科技创新，创造、教育与应用正在结合。贝尔认为正在形成的后工业社会一个主要特点是"智能技术"和科学在社会变革中的决定性作用。技术就是运用科学知识以可复制的方式来解决问题，技术革新取决于科学革新，科学革新的基础来源于理论知识的整理和分类。① 所以，理论知识成为后工业社会的核心因素，而运用和创造理论知识的大学跃居后工业社会的中心机构。

一 后工业社会竞争力与大学转型

大学因其生产知识和传播知识的独特性，无法置身于社会发展之外。社会需要大学重新定位，来创造竞争力和社会凝聚力。1973年石油输出国组织切断世界原油供应，工业社会被"能源危机"惊醒。工业的发展消耗了大量矿产资源，西方工业国矿产量由1950年的66%的比重下降到1968年的33%，欧洲、日本和美国的能源政策从1945年开始更多依靠碳氢燃料，直到1973年的石油危机。② 在被称之为工业社会最严重的危机之下继续发展生产力，不得不向更低能耗、更低成本的生产模式转型，在转型过程中逐渐形成解决方案，提高能源利用效率，必须先行开发新技术和设备投资。"能源危机"清晰说明化石燃料和天然资源的有限性，工业国家甚至宣称"碳氢化合物时代的结束"。以电子学为基础的信息技术在第二次世界大战中已经被运用，美国、苏联等国家加大研发力度用于军工战略。20世纪70年代，信息技术的广泛民用和商业应用，预示少数发达国家跨入后工业社会，随后向全球蔓延，即使是在落后的农业国和正在步入工业化的国家，后工业的生产因素仍然存在。电子学本身就是一种综合学科的结果，信息技术的运用，打破了大学里单一学科发展，跨学科和交叉学科解决问题，形成新的专业并产生新的增长点，以此生发出新的产业。因此，后工业社会中，新兴学科专业门类更为繁多，并且呈现不断增长的趋势。

后工业社会称谓不尽统一，比如卡斯特（Manuel Castells）称为信息社会，经济组织的基本单位不是企业家、家庭、公司或者国家，而是许多不同组织组成的网络，将网络连接起来的是"信息精神"，一种转瞬即

---

① ［美］丹尼尔·贝尔：《后工业社会的来临——对社会预测的一项探索》，高铦译，商务印书馆1984年版，第45页。

② ［法］皮埃尔·莱昂：《世界经济与社会史》，谢荣康译，上海译文出版社1985年版，第22页。

逝的文化编码。大学作为促使人的高级社会化机构，培养具有"信息精神"的人，更具有智慧，更具有创意。何传启称为知识社会，把知识生产定义为从事研究与发展（R&D）活动的科学家、工程师、博士研究生和他们的助手们所进行的知识创新，知识创新结果包括科学发现、技术发明和知识创造等。产出形式包括科学论文、发明专利等，因为难以精确计量，从两个方面来进行测量，第一用经济增长中的知识进步贡献率来估算，第二用看成是社会购买"知识生产产品"所支付的价格研究与开发经费来估算。[①] 贝尔认为用信息社会、知识社会来指代后工业社会都是不准确的，后工业社会中突出理论知识的价值。掌握了理论知识的主要机构大学将承担社会的中心机构作用。理论知识跟莫基尔（Mokyr, J.）定义的命题（proposition）知识相似，由 Ω 来代替相似，关于自然现象和规律的具有认知性（episteme）知识。他把指导性或者指令（prescriptive）知识称为技术，具有技艺性（techne），用 λ 来代替。[②] 在认知知识基础狭窄时，技术进步往往依靠意外发现，不能持续，比如药物研制。而只有在认知基础更为宽阔时，技术进步才能持续，比如机械工程、电学领域。剑桥的硅沼泽（Silicon Fen）吸引投资研究基地，为大学注入研究资金，同时为当地居民创造就业机会。20 世纪 70 年代美国波士顿穷困潦倒，麻省理工学院建立科技重镇 128 公路，使之十年后成为失业率最低、工业增长最快的城市。

不同于依靠小规模发明得以驱动经济增长的方式，到 20 世纪 70 年代之后，发明活动有了本质的区别，创新开始制度化（institutionalization of innovation）。国家出于战略目的，通过制度来驱动创新，发展以信息技术为基础的知识密集型，或者称之为高新技术产业。大学被纳入创新系统的环节，成为创造知识和应用知识的中心。英国、美国、日本、德国等发达国家政府为了提高社会生产力，出于战略考虑，对大学进行投资，鼓励开展相关研发活动。本书采用后工业社会的说法，从以上种种研究中可以得出，后工业社会最本质的生产力是以电子学为基础生发出来的

---

① 何传启等：《知识创新》，经济管理出版社 2001 年版，第 37 页。
② ［美］乔尔·莫基尔：《雅典娜的礼物：知识经济的历史起源》，段异兵等译，科学出版社 2011 年版，第 4 页。

各种信息技术在生产中的运用，以及由此带动各种高新技术产业的兴起，以及信息技术渗透到各种产业之中产生新的生产力。而这种新的生产力需要大学为高新技术产业提供动力，并培育与之匹配的人力资本。

二 创新合作模式的生成

产业大幅调整时，因为劳动者技能结构不匹配，往往造成结构性失业。在20世纪60年代，不少国家出现大学生大规模失业问题，大学生学潮危机，种种现象都在表明大学与社会之间的不适应。大学将要塑造与后工业社会相匹配的劳动者，适应社会生产力需求，发挥社会作用。

（一）研究与开发驱动创新

1971年成立的非营利性国际组织世界经济论坛（World Economic Forum, WEF）评估国家竞争力的主要12大指标中，把研发投入引导知识产出的程度作为创新的指标。广泛开展产学联盟，利用大学的研究专长来增强经济竞争力。大学被潜在的研究活动的商业价值吸引，主动寻找技术转移的机制。大学获得外部支持和资源，积极使自己处于关键性技术领域的前沿。

表3—4　　　　　　　　　　部分国家研发投入

	占GDP比例（%）		人均（美元）		大学占研发投入比例（%）	
	2000年	2007年	2000年	2007年	2000年	2007年
瑞典	4.24	3.71	1167.5	1355.1	19.6	21.1
芬兰	3.34	3.47	857.8	1197.8	17.8	18.7
日本	3.04	3.4	777.5	1084.6	14.5	12.7
美国	2.75	2.67	941.2	1205.9	11.4	13.3
德国	2.45	2.54	635.2	839.4	16.1	16.3
韩国	2.39	3.22	395.3	746.8	11.3	10.0
法国	2.15	2.10	556.2	703.3	18.8	19.2
加拿大	1.91	2.03	543.8	729.1	28.1	36.0
英国	1.86	1.8	472.7	588.2	20.6	26.1
中国	0.9	1.49	21.3	79.0	8.6	8.5

资料来源：[美]菲利普·阿特巴赫等：《全球高等教育趋势——追踪学术革命轨迹》，姜有国等译，上海交通大学出版社2010年版，第209—221页。

研究与开发并不是后现代社会才出现,自然科学在19世纪进入大学研究领域,机械大生产呈现出科层制线性发展,信息与通信技术广泛运用打破旧式"福特主义"组织范式,带来新的技术——经济范式。比如专业技巧被多样化技能所代替,层级结构变为扁平结构。铁路出现,便利规模化大生产,19世纪末大公司展露,第二次工业革命新产业,如钢铁、交通和化工,更是小规模家庭生产者无法进入。前沿科学研究需要昂贵的设备,技术很难通过偶然的方式而谋求进步,只能依靠有组织的科学研究队伍合作进行。科学家和工程师互动程度更高,科研成果与实用开发相互渗透,呈现出弥散状态。这样模糊了基础科学与应用科学界限,今天的基础科学将成为应用科学,并生发出各种技术,这就形成了一个以科学为推动力,研究与开发和实际应用的新循环。信息产业属于高度研发密集产业,研发费用占到销售收入的10%,以计算机、微电子技术和电信提供新集群成为新的经济高效增长引擎。拥有强大的科研机构、创新工程师和企业家的国家将会领先。科学能力成为潜在生产力,研究和开发的能力成为各国比对的指标,组织科学研究的大学就成为后工业社会中的基础机构(表3—4)。

技术密集型产业对技术和智力要素依赖超过其他生产要素依赖,由于产品技术性能复杂,而且更新迅速,创新再一次在生产力的高度被提出来,需要大学加快研究和开发的速度,并将专利等研究成果迅速转化为生产力,否则更新速度过快,造成成果浪费。1973年以后,联邦德国斯图加特大学理论管理学教授赫尔曼·哈肯(Haken H)通过非平衡相变与平衡相变以及非平衡相变之间的类比,得出了"协同"概念。[1] 20世纪70年代后期企业内部的发展,为20世纪80年代企业与大学联系的较大扩展打下基础。产学研合作进入协同创新阶段,大学与工业合作由单纯资助科研形式,向合作的"三螺旋"演进,开始构建大学——企业知识联盟模式。大学创办高科技工业园,比如20世纪特曼校长创建的大学科技园、斯坦福大学创建的产学研联合体"硅谷"以及麻省理工学院建立的128号信息高速公路,等等。1992年英国拥有由工业和大学联合的科技园40所,其中38所建于1982年之后。许多大学被期望激发实质性

---

[1] 郭咸纲:《西方管理思想史》,世界图书出版社2010年版,第233页。

的知识转移活动，比如，大学通过衍生公司、大学专利、许可来证明他们积极参与知识转移。欧盟应对欧洲经济债务危机发布《欧洲2020战略》报告书，首要目标中提出GDP的3%必须投入到研究和发展。日本重视创新带来的产业效益，2012年投入研发1576亿美元，约占GDP的3.5%，全球排名第一。比如，日本在财政困难的情况下，2006年政策规定对国立大学运营费交付金递减1%，通过依据大学研究成果以及对大学经营的评鉴结果来决定补助分配额度，激励大学研发。

（二）分层次多样化竞争

后工业社会需要大量具有高学历的劳动者，发达国家服务业与知识经济密切结合，极大促进了人们对大学教育需求。同时也造成了大学分层次发展，以科学研究为主的巨型大学，占据了大学中研究与开发的绝大份额，拥有众多学术领域、专业学院、众多教职员工，以及高选拔的学生。各个国家都花费巨资培育世界一流（world class）大学，期望获得国际声誉。助长世界一流大学建设的另一个不可忽视的因素是大学排名，学术机构和学位项目排名成为全球高等教育中的一股新力量。现代巨型大学昂贵的实验仪器设备和巨额的研究经费迫使大学多方寻求资源获取渠道，不论是以私立为主体的大学体系，还是以国家公办为主体的大学体系，都积极依靠政府资金投入。而大学排名，被批评为并非来源于可靠的声望调查，而仅仅通过测量少数变量得出的结果，往往成为政府资助决策的依据。[①] 这种排名的取向，比如以科学引文（SCI）数据库论文为一个指标，引导了一些大学追求科学引文的计量指标，而实际对社会生产力的促进作用似乎并不成正比。高水平大学建设旨在为社会提供具有高度创新能力的人才以及原创性基础研究成果，带动新兴产业升级。因此被社会赋予了多层角色，处于借鉴模仿与探索当中。比如中国实行"211工程""985工程"，日本实行"21世纪CEO计划"。

不同于大工业生产的程式化，后工业社会多样化和个性化更为突出，反映在人才培养上将是更具有智慧和创造力。随着信息产业和知识密集型产业的增加，服务业上升到主导地位。产业界与大学合作深化，科技、

[①] [美]菲利普·阿特巴赫等：《全球高等教育趋势——追踪学术革命轨迹》，姜有国等译，上海交通大学出版社2010年版，第10页。

工程、医疗等知识密集型相关产业发展需要大学提供相应专业人才。当经济发展从制造业向服务业转移时，墨守成规的人才不能适应经济发展。新型制造业主要由高效率、高智能的新型装备完成，对制造业环节的劳动力需求绝对减少。制造业企业的主要业务将是研发、设计、信息技术、物流和市场营销等。那么，低技能的生产工人需求量和重要性都会下降，取而代之的是高技能的专业服务人才。以学科为中心的知识生产模式早已演变成了跨学科的模式，知识与生产应用之间相互渗透。"以学科为中心"向"以学习者为中心"转变，充分运用现代网络信息技术、云教育、大数据、大资源包等教学方法和手段。

后工业社会需要大量具有高学历的劳动者，发达国家服务业与知识经济密切结合，极大促进了人们对大学教育需求。1975年美国白领工人超过了蓝领工人，专业技术人员比例达到15％。麦肯锡公司预测，21世纪美国所有工作中80％以上为脑力工作。① 大学普及，1990年，美国和加拿大的入学率超过70％，2010年美国和芬兰的大学普及率超过90％。社会已经多元化，知识经济中知识已经不是传统的线性发展模式，而是更具有弥散性，呈现出"知识生产模式2"特征。借助网络信息，英国兴办开放大学。网络教育模式，进行劳动力的再培训和再生产，这种方法不同于工业社会培训工人的技术学校，而是一种更高水平的专业和职业训练。相应产生了专业学位的培训、高层次经理人才的培训，在研究生阶段形成了专业研究生，并且在比例以及学科范围内呈现上升趋势。

（三）构建终身学习机制

后工业社会中服务业占到40％—50％以上，服务业不同于工厂和办公室工作中被分割的空间，分工的意义产生了变化，服务业面对面的来自同一工作空间增多，这就增加了相互协作的要求，服务业要求大学毕业生更具有合作和协调精神。1972年，罗马俱乐部发表《学会生存——教育世界的今天和明天》适应以核能、信息化为特征的新科技革命，提出终身学习的概念。怎样才能实现终身学习，来适应不断的更新知识的体系和技术变化需求。教育的目的是成为"真正的自己"，并非获得终身从事特定工作的职业训练，而要促使个人职业流动达到最高极限。教

---

① ［美］达尔·尼夫：《知识经济》，樊春良等译，珠江出版社1998年版，第18页。

育彻底改变就业准备和经济发展的附属地位，塑造人人终生可以继续学习的环境。

欧盟提出终身学习创新计划，使高等教育普及社会各层级，促进就业竞争力和区域经济发展。面对失业问题，提升就业能力，提升职业技术与资历认证接轨。1990年，知识社会与终身学习（Lifelong Learning）成为公众讨论的议题。在信息社会、经济国际化、科技知识的冲击下，1996年欧盟教育政策重点强调"终身学习"。开展教育整合，比如1999年，欧洲博洛尼亚进程（Bologna Process）是欧洲教育整合上的突破性转折，实行欧洲学分转换制度（European Credit Transfer and Accumulation System，ECTS），方便学生学习交流，文凭认证。欧盟伊拉斯摩斯计划（European Community Action Scheme for the Mobility of University Students，ERASMUS）为了提升欧洲学子的竞争力，实行学分转化与学分累积制度，各会员国各大专院校统一标准。通过"大学校级合作计划"（Inter-University Cooperation Program，ICP）建立合作网络，改善发展课程，范围延伸到不同层级的学习对象。

本章小结

以上历史的分析可见，服务社会是大学得以生存发展的历史必然。大学应社会需求而生，社会需求的变化孕育大学服务社会模式变迁。在历史变迁中，可得出这一规律性认识：大学服务社会是一个进化的过程，受制于社会生产力发展水平，受限于外部利益集团的认识和内部自主行动能力，大学促进社会生产力发展时走向兴盛，大学无益于甚至阻碍生产力发展时只有平庸甚至衰落。大学从少数人的特权和上层社会的文雅工具转变成为培育人力资本和获得社会上升流动的手段。大学服务社会的过程是大学与社会生产由分离到逐步结合的过程，并且通过高度智化的方式更为多样化、更为直接的促进社会生产力发展。

第一，大学服务社会是一个认识发展的过程，受到社会利益阶层的认识程度影响，主要指大学所属的利益集团。当人类还处于孔德所描述的神学阶段时，社会还没有达到大学与社会生产力结合的认识程度，人类生活在宗教之中，宣扬对于来世的幸福。古代社会权力阶层所需要的只是统治术和相关伦理,中世纪大学为教会所把持,大学重视的是一种地位和贵族身份的象征,职业或者知识的运用是次要的。到近代大学,大学开始转向现实人生,但囿于学究精英模式,属于人类认识的形而上学的阶段。现代大学顺应了工业革命需求,根据社会的需要来办大学,注重大学功效,进入服务社会的理性阶段。大学与社会结合的认识即使在理性阶段,仍然不是同步的。比如,德国企业家把技术变迁作为外生变量考虑在生产之内,德国大学发展技术教育用以超越英国的棉纺织业,而英国竞争者将技术变迁视为常量,没有认识到大学对社会生产力的促进作用。

第二,大学与社会的互动中存在一个基本依据和首要基础,前提是确定大学作为自组织属性的充分的自主权。具有认识并不能形成大学与社会的互动,观念虽然像韦伯所描述的像扳道工一样规定利益的驱动,但利益仍然是决定行动的直接因素。这种自主权是对社会负责,在社会需求下具备自我发展的能力和自由。大学具有教学的自由,学生具有学习的自由,学生能够自由选择所修专业和课程,教师能够在教学和科研上具有充分的自主。宗教改革运动改变了社会对教育的认识,清教徒憎恨经院哲学,嘲讽大学迂腐气息,教育通过专业训练使人成为有专门技艺的劳动者,而不是依靠魔法手段来获得拯救。但当时大学严格的审查制度阻碍了大学发展社会所需专业。保证大学能够坚持自身发展规律,需要制度的厘定,在学术自由前提下通过市场作用机制与社会产生互动,突出竞争原则,遵从社会评价标准。

第三,模式演进的过程是大学获得创新的过程,大学的创新不是自然产生的,认识大学的作用,要促进一个民族把大学转向为社会发展服务,并非是一件易事。大学发展涉及社会发展和文化适应,大学在服务社会的同时需要社会体系和文化革新的同时推进。不同地区、不同国家经济体系和社会发展水平不同,大学服务社会模式也是不同的。不同的社会对大学有不同的需求,不同国家对于大学有不同的功能期待,大学服务社会模式无法用一个统一概念来总括,但是大学服务社会模式的演进趋向理性,回归到服务社会的本质特征。外力的推动作用往往是一开始大学改革的动力,而后生成大学的内部理性自觉。只有具有活力的积极性的大学才会通过内部改革,或者学科的改革来重新设计服务社会的模式。

第四，大学服务社会过程是大学层次结构不断分化和多样化，与社会结构相吻合的过程。在工业社会中生产力发展遵循的一条规律是科学优先于技术，技术优先于工业。科技和专业人员不断增加。以贝尔的划分，大学在工业社会的后期才发挥对技术的贡献，前期处于手工生产阶段，技术的产生和传播发生在大学之外。大学科技的创新为经济增长提供了初始刺激。社会结构指决定社会上个人生活的主要组织的结构，诸如职业分配。圣西门所说，过去社会是军事社会，主要人物为牧师、武士和封建主，都是"寄生虫"和财富的消费者。新社会将是生产者，大学也就培养生产者，工程师和企业家成为时代的新秀。19世纪到20世纪初期，国家的力量反映在工业能力上，钢铁是主要标志。第一次世界大战前，德国的钢铁产值超过英国。第二次世界大战后，科学能力成为潜在的衡量一个国家力量的因素。"研究与发展"取代钢铁成为衡量各国实力的比对标准。社会成为以科学为基础的工业社会，人力资源是首要的资源，大学成为社会的首要机构，主要的政治问题表现为科学政策和教育政策。"后工业社会"是一种概念图式，强调知识理论的中心地位对于组织新技术、经济增长和社会阶层的一个中轴。经济合理性的性质，促使大学都在朝向贡献新技术、利用市场反应社会需求的模式发展。后工业社会，大学是组织科学的基础机构，获得技术的手段通过教育。

大学经历了一个向往未来世界到回到现实世界再到引领未来世界的过程，中世纪大学把人禁锢在宗教里面，神学占主导地位，与现实隔绝，只有遵从教义才能达到来世的幸福。大学成为集中逻辑抽象推理的场所，现实世界提供的只是智力训练的物质材料。而近代早期大学仍然处于形而上学阶段，学究气浓厚，成为贵族精英的培育场所，对真正的实践不关注。现代大学回归到生产实践，拥有了自由探究和自由学习的权利，发展科学技术与参与生产实践支撑工业社会。历史证明，服务社会是大学的内在本质特性。大学在服务于人类发展与社会实践需要时，结合未来发展建立良好的教育规划体系，既不可盲目超前也不能滞后。

第 四 章

当代国家大学服务社会模式

随着民族国家主权的独立,各国都把经济建设作为振兴国家的基础,综合国力的竞争全面升级,大学已经开始全面服务社会。本章以美国和日本两个国家作为案例,来分析当代国家大学服务社会模式。

第一节 美国大学服务社会模式

第二次世界大战以后,美国成为世界教育和研究的领导者,特别在高科技研究领域,美国国力排名全球第一。美国最快进入高等教育大众化,强调公民职业技能,以强大的教育优势保持国家强大的经济优势,始终把高等教育作为保持全球领导力和竞争力的基础力量。

一 美国大学服务社会模式生成

(一)"联邦—学术"模式

第二次世界大战结束后,美国面临经济重建问题,在经济重建中首先是要解决就业和人民生活福祉问题,罗斯福(Franklin D. Roosevelt)总统构想通过科学的作用来形塑未来社会。同时,第二次世界大战中,科研成果运用到军事,比如,原子弹、雷达和青霉素的使用改变了战争格局,基础研究被认为是军事、商业和医学等创新应用的源泉。另外,在第二次世界大战以后,世界局势发生变化,殖民体系崩溃,苏联作为军事强国崛起,拥有高科技新式军事武器。随后出现冷战,美国采取遏制政策引起军备竞赛。为了国家利益,大量资金投给大学开展新型武器研究。不论是国家安全还是经济发展,联邦政府都把保持强大的科技优势作为基础。科技优势的取得依靠大学提高研究能力，于是开始构建联邦政府与大学学术结盟的共同体。国家委托研究型大学进行研究，对科学知识需求被认为是一种全国性义务，大学从国家政治经济的边缘走向社会中心。

联邦政府如何与大学结成学术共同体？可以从政策的角度来考察。政府采用立法的手段保障对学术研究的支持，把第二次世界大战中签订的研究合同转化为民用研究，使大学以研究成果为国家服务合法化。第一个重要的政策文本是1945年布什（Vannevar Bush）向继任的杜鲁门（Harry S. Truman）总统提交的报告《科学——无尽的边界》（Science, the Endless Frontier），报告富有远见地制订美国第二次世界大战后教育和经济复兴的进程，建议成立国家科学基金会（NSF），号召人们通过科学训练，全面支持和拓展大学基础研究。在极短的时间内，报告建议都得以实现。1944年，《军人权利法案》（G. I. Bill）制定，大量公共资金投入到大学。

另一个对大学学术研究产生重要影响的是1958年艾森豪威尔（Dwight D. Eisenhower）总统签订的《国防教育法》（National Defense Education Act）。1957年10月苏联以火箭技术为基础，成功发射了人造卫星。美国深入人心的科技优势粉碎，认为在科学和数学训练方面落后于苏联，促使《国防教育法》出台。立法包括几个部分：以科学、工程、数学为目标的学生贷款项目；针对大学教学生涯的研究生学习的国防奖学金；提高科学方面12年教师培训的项目。为了重新获得科技优势，联邦政府开始大幅度资助大学进行科研。

联邦对大学学术研究的投入获得丰厚的回报，联邦授权研究型大学对科学、工程和数学方面的研究，工程师、火箭科学家和数学家产生的数量惊人，不到5年，美国人登入太空，1969年实现登月。美国基础科学研究主要在大学里进行。1959年国会最终通过布什建议的《国家科学基金会法案》，联邦学术资助主要来自陆军、空军、海军和原子能委员会，主要资助自然科学方面的基础研究。比如1947年，公众对癌症威胁日益提高的认识促使国会批准原子能委员会将500万美元用于癌症研究。到1949年原子能委员会在国家实验室体系外部已经承担了实际的资助大学研究项目。国家公共卫生局开拓了联结联邦政府和大学研究的第三条渠道（图4—1）。

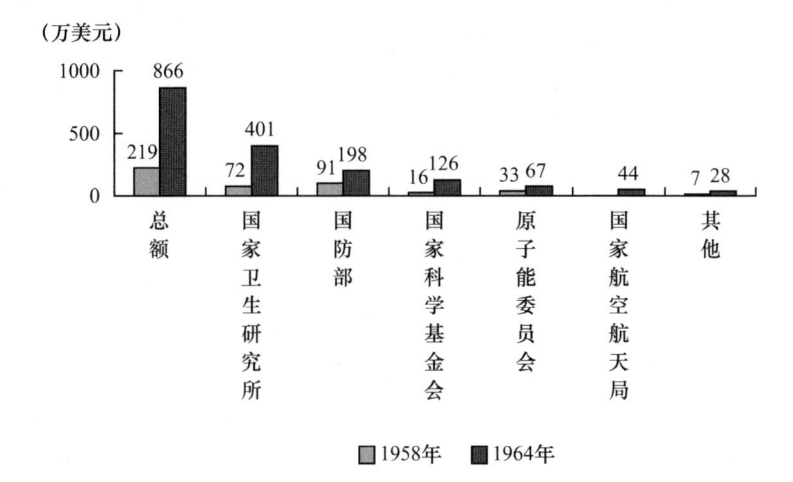

图4—1 联邦机构对大学研究的资助

资料来源：［美］罗杰·L.盖格：《研究与相关知识：第二次世界大战以来的美国研究型大学》，张贤斌等译，河北大学出版社2008年版。

为提高大学研究能力，国家科学基金会不仅仅资助研究费用，还通过制度来保障科研能力，获得外部研究奖励的基础由大学内在研究能力决定。第二次世界大战后，国防部投入到大学的研究资金优先权集中在军事研究，比如国防部耗资15亿美元的雷达研究主要给麻省理工学院，美国陆军工程兵团20亿美元用于原子弹研究，主要由大学科学家参与。研究需要昂贵的设备，研究捐赠往往只包括小型设备，基于此，联邦机构还给予大学研究资助的15%到20%的额外资金作为间接费用。同时，国家科学基金会实行直接的制度捐赠计划，研究经费总额的5%用于大学自由支配。

在这种科研资助机制下，大学管理随之转型，带来一系列的变化。主要表现为：第一，教师权威从资历转变为获得外部资助的能力，主要通过改革来确保教师具有吸引外部资助的能力。科学家为研究所吸引，从事教学和管理的时间与兴趣都很少；第二，研究主题发展变化，由教学与研究相结合的自由探究转变到依靠外部资金赞助、任务导向的研究；第三，组织变革相继而来，变化重点之一是建立"联邦合同研究实验室"。"联邦合同研究实验室"大学只提供管理服务，赞助者提供全部成本，而实验室基本处于大学合同控制之中。合同实验室主要是战时研究的延续，大学不需要提供成本，还可以获得管理费。比如麻省理工学院首席物理学家约翰·斯莱特（John Slater）提议创建一个电子学研究实验室（RLE），开展合作和跨学科研究。海军、空军和信号兵团三军联合服务组织为其提供资助，最初得到的年度资助是 60 万美元，用来支持基础研究和基础领域的研究生教育。1951—1952 年，约翰·霍普金斯大学的应用物理实验室（APL）、加州理工学院的喷气推进实验室（JPL）等 24 个大学实验室占据了联邦研究开支的 47%。[①] 1987 年的调查显示第二次世界大战以来建立了 65 所诸如之类的研究单位，将科研成果迅速运用到公共利益，并获得大量资助。在社会科学方面，建立研究中心开展跨学科研究。研究中心主要是基于共同的兴趣，把不同学科和学系的研究者聚拢起来，开展跨学科领域攻关的组织形式。为了适应联邦政府需求建立了国际研究中心（CIS），为科学和公共政策服务，中央情报局（CIA）成为唯一的赞助人。卡内基基金会创建了哈佛大学俄国研究中心（Russian Research Center），研究中心的学者继续在各院系担任教学任务，成员由非全日制任务的教师、博士后研究助手和研究生组成。1948 年，哈佛大学获得 7.5 亿美元的 5 年捐赠。1949 年密歇根大学社会研究所不依赖大学支持，为工业、基金会、联邦政府进行定量社会研究来维持生存，主要开展应用服务。1950 年社会研究所经费超过 80 万美元，赢得了国内声誉。

（二）"大学—产业"模式

大学通过科研成果支撑产业发展的模式在战后形成，联邦政府与大学构建学术共同体时一方面进行国防研究，同时基础研究成果运用到民用当中。比如，1951 年林肯（Lincon）实验室建立，电子学实验室和林肯实验室产生了 60 个电子企业。其中最为突出的例子是斯坦福大学服务模式。20 世纪 50 年代，斯坦福电子研究实验室的合作公司开始以捐赠和奖学金形式资助斯坦福大学，1953 年工程学院院长特曼（Frederic Terman）建立荣誉合作计划（Honors Cooperative Program），特曼认为技术创新依赖于基础研究，技术创新带来经济繁荣，企业与大学开展研究途径正式化，开展与企业长期合作，接受电子公司选派人员来校攻读在职硕

[①] ［美］罗杰·L. 盖格：《研究与相关知识：第二次世界大战以来的美国研究型大学》，张贤斌等译，河北大学出版社 2008 年版，第 62 页。

士，从 1953 年 16 名学生扩大到 1963 年 400 名学生就读。50 年代后期，建立了企业附属计划（Industrial Affiliates Program），斯坦福大学向公司提供正式的、尚未公开的、军方资助关于电子研究方面的科学技术结果，公司在 5 年内每年向斯坦福提供 5000 美元作为回报。并利用斯坦福大学土地出租创建了工业园，60 年代，工业园扩充到 700 英亩，工业园出租给高科技公司，形成著名的"硅谷"。

随着国家从国防建设转移到经济复兴，大学的重点也随之转移。20 世纪 70 年代，国家重点转移到经济复兴时，大学通过改革与工业界建立密切联系。改革是在危机驱动下进行：第一，大学面临着财政不足的危机，需要拓展财源，由于越南战争和经济危机等压力，联邦政府 1968 年以后已经放弃了优先发展高等教育的战略；第二，70 年代后期的经济不景气，迫切需要提高大学科学研究的经济效益。60 年代末期到 70 年代早期，大学与企业的联系到低谷，主要原因是意识形态方面的激进主义者对资本主义企业的抨击阻碍大学与企业的合作，但是在化学、工程、医学专业仍维持与企业的联系；第三，以微电子技术、生物工程、空间科学、新能源和新材料开发为特点的科技革命在美国等率先兴起，新兴产业需要大学提供科技支撑。

大学开始成为支撑产业发展的基础力量，从 20 世纪 80 年代开始。大学基础研究成果一旦没有转化为社会生产力，势必造成资源浪费。同时，出于保护本国政府资助的成果不为国外所用，必须申请专利。这时候，国家充当了技术转移的总代理人，统一研发政策，利用大学资源支持政府发展高科技产业。1980 年前，基础研究成果基本由联邦政府资助，要转化牵涉到成果所有权问题。而当时研究成果都倾向于归政府所有，并且不同的资助机构有不同的管理政策，大概有 26 种。繁多政策造成低效，政府用法律手段统一研发政策，允许政府资助的成果大学可以申请专业，并向商用转化。

联邦政府运用政策工具，促使大学与产业联盟，转化科研成果。促进大学与产业联盟的一个重要契机是里根政府 1980 年《拜杜法案》（Bayh-Dole Act）的颁布，即大学和小型企业专利程序法案。《拜杜法案》是美国政府通过立法的手段促进大学提供复兴经济的动力的举措，主要目的是支持被当作经济增长发动机的小企业的发展，大学可以用联邦资金资助研究所取得的成果申请专利保护,并支持技术转移。战后美国联邦大量投资军事工业,致使在19世纪70年代民用工业技术被日本和德国赶上,遭遇技术优势丧失。美国为了确保竞争优势,技术进步途径之一就是投入研发。因为经济不景气联邦经费萎缩,企业多数缺乏投入研发的意愿。而联邦大量资助的关于军事方面的研究成果所有权归联邦所有,企业不能获得所需技术授权,科研成果无法商品化。大学科研成果与商业开发研制分离,成果转化率不到5%,造成大量浪费。经济危机导致失业增加,而政府资助和发展基金中获利不多的小企业却保持技术创新和提供就业的良好记录。学术研究专业化,学术研究与商业需求结合起来。

1983年里根通过行政命令将《拜杜法案》运用于大企业,这样进一步提高了大学参与市场化的程度。加强知识产权的保护能够使专利知识获取更多价值,大学通过研究、专利、启动公司和风险投资等形式参与商业活动。在立法之前联邦用在支持科学、医疗和国防有关的大学基础研究的花费巨大,法案制定以及修订使得大学科研成果迅速走向市场,成为技术和药物突破的孵化器。《拜杜法案》为科学和技术知识的进步做出了实质性的贡献,促进了公共健康和安全的迅猛进步,强大了美国的高等教育系统,成为新的国内产业发展的催化剂,为美国市民创造了成千上万的工作,加强了全国各州和当地社会联系。[1] 在《拜杜法案》支持下,为了争取收入,大学与私营企业建立广泛联系,实现为经济做贡献的使命。其中在R&D的投入上产业界的支持从20世纪80年代以来增长了200%,联邦投入增长少于20%(图4—2、图4—3)。企业投入大学的研发经费份额大约增长0.7%,证明在拜杜法案之后,企业增加了对大学科研的研发投入。[2]

《拜杜法案》公布,大学申请专利大幅增加,1979年共264项,增加到1997年的2436项。申请的专利基本属于生物医药的基础研究成果,根据莫尔斯的理论,这种理论性知识成果具有长久的技术发散能力,能够

---

[1] William E. "Brit" Kirwan, "The 21st Century: the Century of the American Research University", *Innovative Higher Education*, Vol. 35, No. 2, 2010, pp. 101–111.

[2] Mathew Rafferty, "The Bayh-Dole Act and University Research and Development", *Research Policy*, Vol. 37, No. 1, 2008, pp. 29–40.

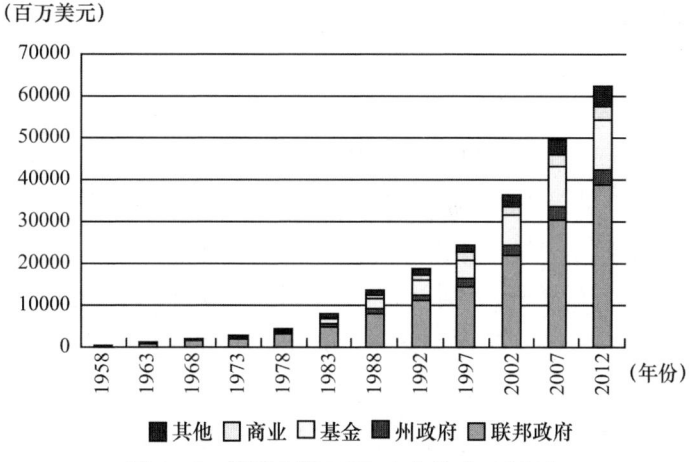

图4—2 美国大学R&D支出构成（S&E）

资料来源：美国国家科学基金会网站，http：//ncsesdata.nsf.gov/herd/2013/html/HERD2013_DST_01.html。

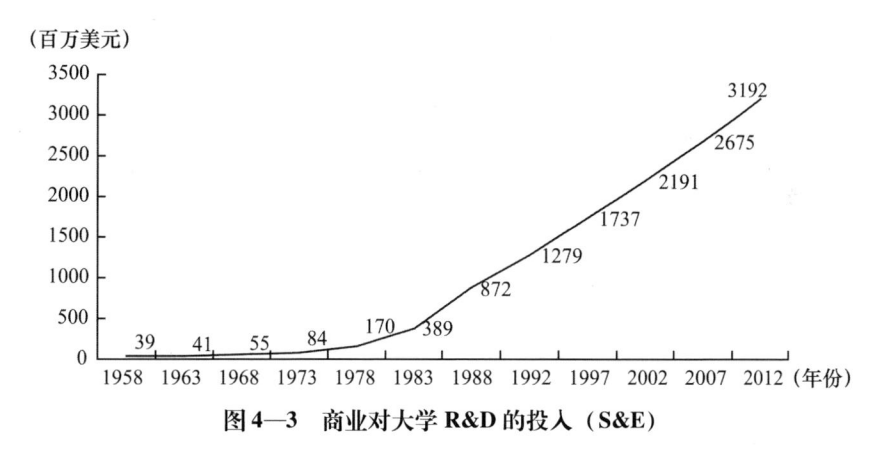

图4—3 商业对大学R&D的投入（S&E）

资料来源：美国国家科学基金会网站，http：//ncsesdata.nsf.gov/herd/2013/html/HERD2013_DST_01.html。

提供产业提升的强劲动力。据OECD统计，1963年只占全国专利数的0.3%，2008年占6%。[①] 20世纪70年代以后，数据显示工业对大学研发投入更多。研究者以大学研发（R&D）经费为变量，来测量《拜杜法案》

[①] 邹忠科：《21世纪欧洲联盟高等教育整合与世界高等教育大趋势——兼论台湾高等教育问题及因应之道》，五南图书出版股份有限公司2014年版，第271页。

是否会影响到大学减少基础研究而偏向实用与开发研究。结果表明，并无影响。工业对大学研发投入的增加在70年代以后提高，认为《拜杜法案》只是影响大学研究的众多因素之一，提供了大学申请专利的法律环境。真正影响到大学基础研究的最主要原因可能是联邦政府的资助意愿。《拜杜法案》只是大学专利和许可活动的众多原因中的一个，比如加利福尼亚大学和斯坦福大学在法案颁发前主持专利就很积极，而像哥伦比亚大学在法案颁发后更为积极，并且对于学术研究的内容并无多大影响。总体上，产业与大学合作更为密切，大学利用专利创办衍生公司，广泛接受企业研发资助。

大学与产业界的联系密切，出现"高等教育轴心论"，高等教育以知识发展为逻辑起点，传播知识和技能，通过科研与产业结合，促进产业发展。"冷战"的结束，以及经济的衰退，在自由市场下被认为没有直接应用价值的项目经费缩减。并且政府加人了对于拨款的监管，在这种背景下学者们为了证实科学的商业和实用价值，趋向与私人企业签订研究合同。由于研究重点的转移，学科也发生转移，生物学、工程学和化学已经取代物理学成为自然科学的增长点。20世纪90年代以来，以信息技术、通信技术为代表的高科技渗入到高等教育，促进新兴学科和专业的发展。大学的力量把美国从工业社会向后工业社会推进，从主要靠输入劳动力和原材料的经济转变为主要靠专业知识推动经济增长和财富的知识经济。一个重要例证是工业地理转移，围绕大学和研究机构周围形成了产业集群，大学辐射出强大的科技效应。在旧金山湾区的伯克利和斯坦福校园周围、马萨诸塞州的哈佛和麻省理工学院周围和芝加哥大学校园周围产生了一大批高科技公司。

美国大学承担了一半基础研究，引导出广泛的应用开发和商业价值。大学在对当地经济发展、开展尖端研究和创造高价值的工作上做出贡献。[①] 1981年前大学给予的专利不到250种，但1991—1999年，每年的发明、发现上涨了63%，达12324件，新存档专利增长了77%（5545件），大学颁发的新执照和提出的请求增加了129%（3914件）。根据大

---

① Etzkowitz, H., "The Norms of Entrepreneurial Science: Cognitive Effects of the New University-industry Linkages", *Research Policy*, Vol. 27, No. 8, 1998, pp. 823–833.

学技术管理联合会（AUTM）统计，1980—1999 年，从美国学术机构产生的衍生企业提供了 28 万份工作。大学技术转移程度提高，大学创业活动提升。2013 年的技术转移指标如下：大学给予的专利达到 5714 种，比 2012 年增加 11%；获得许可执行 5198 种，期权执行达到 1356 种，年上涨 9.2%；创立公司 818 家，年上涨 16%，2013 年年底仍有 4206 家公司运营。[1] 大学通过把研究发现高效地推向市场，创造了整个新产业。同时大学也提升了创业资金，比如 2007 年，斯坦福大学在向公司授权的 428 家许可中赚得 4800 万美元，包括斯坦福授权谷歌网络搜索的专利。[2]

（三）"技能—社区"模式

美国大学呈现出一种创新精神，这种精神与整个社会对职业技能的重视相吻合。美国政府一再强调通过科技和创新优势来保持世界领导地位，那么就需要能够掌握和运用科技的具有职业技能的人力。美国大学根据社会技术需求，创设了各种专业，比如商务管理、新闻学、纳米制造等无所不包。专业化（profession）最初的含义是以高水平的技术能力来服务特定职业，具备两个特征：具有行业协会组织、具有国家颁发的执照。

美国高等教育面向大众，培养具有职业技能的公民。前面提到的《军人权利法案》为退伍军人提供必要的条件，提供大学学费、书本费和生活费使之获得大学学位，为成功的经济体提供劳动力，并形成了世界历史上最大的中产阶级群体。在 1947 年高峰期，退伍军人在校注册数达到 115 万人，占当年大学生在校学生总数（233 万）的 49%。1946—1948 年，高校的男学生中，大多数是退伍军人。[3] 卡内基基金会主席约翰·加德纳（John Gardner）在 1956 年的年度报告"大人才猎寻计划"中高度强调受过教育的工人对当代社会的重要性，预见到美国高等教育在近 20 年中会以双倍或者三倍的速度增长。由于战争期间政府财政政策曾鼓励州进行高水平征税，因此部分州在战争中形成了一定的税收储备，

---

[1] Abut the AUTM U. S. Licensing Activity Survey：FY2013，http：//www.autm.net/Home.htm.

[2] William E. "Brit" Kirwan, "The 21st Century: the Century of the American Research University", *Innovative Higher Education*, Vol. 35, No. 2, 2010, pp. 101–111.

[3] 黄福涛：《外国高等教育史》，上海教育出版社 2003 年版，第 327 页。

可以用来投向高等教育。在第二次世界大战后十年中，州立大学的财政支出从50%增加到80%，高于私立高校。[1]

美国利用教育和职业培训矫正社会问题，促进社会管理。20世纪60年代，普遍存在青年失业人数增加，并随之而来城市和郊区暴力犯罪上升。面对这一问题，单纯创造就业机会似乎缺乏矫正功能，联邦政府把措施转移到提供教育和职业培训上来。1970年，美国适龄青年入学率达到50%以上，进入普及入学水平。概括起来，大学扩展包含三个核心因素：第一，现代社会和现代经济日益复杂，需要更多的受过高级训练的劳动力；第二，日益分工的现代社会需要大学来为社会职业提供考试和学历证书，以便于社会职业的筛选；第三，中产阶级壮大，普遍认为大学教育可以促进社会的上升流动，大学的社会需求上升。在实现扩展和职业技能培训中成熟社区学院体系被誉为劳动力提供者和国家经济的发动机。大学培养的技术人员助推美国社会和工作性质产生了变化。比如，专业技术人员的从业比例由1940年30%上升到1970年50%，服务行业由不足60%上升到67%，重工业比重下降，主要依靠国外廉价劳动力提高生产效率。进入知识经济时代，培养就业技能从成为中产阶级的跳板转变为知识经济的必需品。调查显示，1973—1999年，高中毕业生水平的家庭收入下降了13.1%，同时，四年制本科毕业生的家庭收入则上升了9.9%，并且两种的差距还将扩大。[2]

社区学院是美国中学后教育的独特创新，立足社区需求开展服务。社区学院是公立教育机构，主要接受州财政拨款，学费低廉，采取开放入学的形式，向最多样化的群体开放。同时社区学院通过接受佩尔助学金的学生获得联邦资助。社区学院课程密切配合社区产业需要，开设的课程可以达上千种。遍及90%以上人口聚集地区拥有将近1200个地区性认证机构，改变了学生不得不离开社区接受高等教育的局面。社区学院主要针对本地社区需要，开设所需职业课程，进行职业训练。社区学院

---

[1] [美] 罗杰·L. 盖格：《研究与相关知识——第二次世界大战以来的美国研究型大学》，张贤斌等译，河北大学出版社2008年版，第45页。

[2] [美] 弗兰克·纽曼：《高等教育的未来：浮言、现实与市场风险》，李沁译，北京大学出版社2012年版，第59页。

在社区的安全与福利方面起到基础性作用，培养了将近60%的新护士和80%的消防员，法制人员和其他应急人员。不论从学院数量还是注册人数都呈上升趋势，学生分为两部分，计学分和不计学分，两部分学生学费标准不同。学生的来源可以是高中毕业生，可以是工作中遇到职业瓶颈需要职业培训的人员，以及具有学士学位以上文凭的人员。总之，任何想要学习的人都可以进入社区学院，尤其是在经济下行时入学人数增加，因为失业或者就业不足进入社区学院为未来的职业做准备（图4—4）。

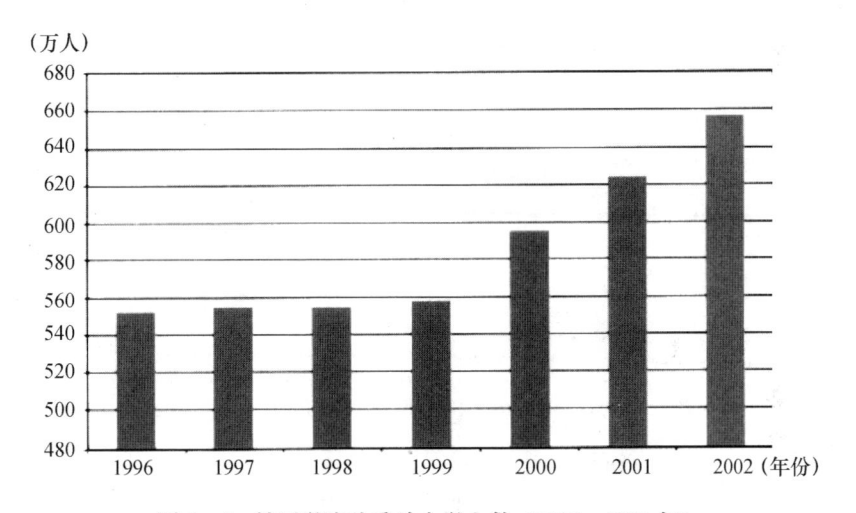

图4—4　社区学院秋季总入学人数（1996—2002年）

资料来源：George R. Boggs,"Community Colleges in a Perfect Storm", Change, Vol. 6, 2004, pp. 6 - 11.

社区学院学费低廉，并且具有灵活的机制即转学功能，使得整个社会职业处于创新和终身学习状态之中。读完两年制社区学院的学生部分可以转读四年制本科学院。而且因为学费低，四年制的本科大学的一、二年级新生可以转入社区学院，三、四年级再转回。比如北卡罗来纳州1996年签署全面学制衔接协议（CAA），完善学分互认制度，北卡罗来纳州58所社区学院和40多所大学之间互认互换学分。社区学院里既可以获得职业技能的培养，对有能力和需求的学生又可以进一步加深理论和专业学习。

为了跟上技术和就业结构的变化，社区学院与企业之间建立合作。在入学人数增加并且州财政投入削减的情况下，社区学院面临着投入不足与入学压力加大的危机。社区学院被迫增加学费，相比四年制大学，学费仍不是主要部分，在2002年秋季学费上涨了7.9%，2003年，上涨了13.8%。学费仅仅占21%的社区学院预算，在一些州，学院正在招收大量学生，他们不接受州的支持（图4—5）。

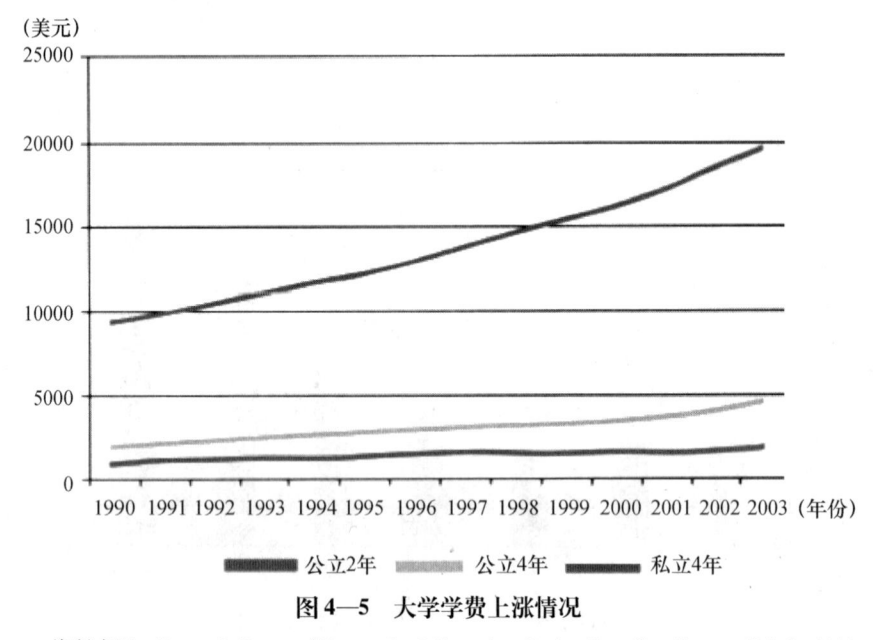

图4—5 大学学费上涨情况

资料来源：George R. Boggs, "Community Colleges in a Perfect Storm", *Change*, Vol. 6, 2004, pp. 6–11。

为了减轻学生负担，一些学院采取提前退休来削减教职工费用，大量采用兼职教师以低价提供课程，甚至出现全面减薪政策。削减薪金可能威胁到教学质量，社区学院缺乏校友捐赠，而且不能参与基于研究的联邦竞争性拨款项目。为了获得更新设备的资金，社区学院争相与需要自己服务的企业合作。本地商业和产业界加大对社区学院的支持，比如支持社区学院完善的医疗保健计划，接受来自本地医院和健康护理产业来扩展设备，增加临床的空间，支持教师工资来提高护理和其他联合健康项目。①

二 美国大学服务社会模式特征

美国大学可概括为三个特征,包容性、职业化、科学影响力增强。这三个特征促进了国家繁荣,大学被社会公认为促进经济增长、增强国防实力和促进社会平等、实现个人抱负的重要途径。同时这三个因素导致了由学者和科学家组成的传统学术共同体的衰落,而大学通过对人的塑造、提供技术和文化与社会构成一个新的共同体,形塑社会中最重要的产业和文化制度。

(一) 政府与市场相互作用成就大学卓越服务

美国没有一所国家大学,然而大学在应对国家的优先发展方面表现卓越,这主要归因于政府的外部驱动力。比如政府给大学的研究拨款,国家基于大学是具有经济增长贡献的机构而投入资金。政府在国家出现经济下滑或者国际竞争力危机时,把眼光投向对教育的问责,通过立法、规划等方式来促使大学改革。比如1958年的《国防教育法》、1980年的《拜杜法案》,使大学碎片化的专业与产业形成广泛结盟。21世纪,当美国看到在国际学生成绩比较PISA项目中在科学素养、数学素养、问题解决能力方面落后时,在担心失去全球市场经济领导地位的危机意识中,奥巴马(Barack Obama)总统教育议程特别重点强调在科学、技术、工程、数学(STEM)方面的美国竞争力。确保国家的竞争力、健康医疗、应对气候变化挑战被称为是美国本土的三大需求,在大学面临政府拨款缩减以及捐赠减少的情况下,联邦政府下拨了数百亿美元教育资金用于这三个方面的研究。②

国家并不是采用自上而下的科层权力来实现对大学的控制,政府的优先发展和投入基于大学的高度竞争,通过市场机制保障竞争有序进行。美国大学形成了多元资助系统,联邦政府、州政府、基金会、产业界、

---

① George R. Boggs, "Community Colleges in a Perfect Storm", *Change*, Vol. 36, No. 6, 2004, pp. 6–11.

② William E. "Brit" Kirwan, "The 21st Century: the Century of the American Research University", *Innovative Higher Education*, Vol. 35, No. 2, 2010, pp. 101–111.

校友捐赠，等等。大学之间最重要的竞争主要是对人力资源和财政资源的竞争，依赖市场获得所需的智力和财力资源。市场对于商品和服务有两个要求，第一是有效率的定价，第二是健全的反馈机制。[①] 大学向市场提供的产品以一定的技能和文凭形式呈现，那么竞争不会完全基于定价，熊彼特（Schumpeterian）不完全竞争观点最好表明了美国高等教育市场的特征。大学中的市场，可分为外部市场和内部市场，外部市场主要相对于商业领域而言，包括专利申请、授予许可证、参股新企业等。内部市场主要包括学生、教师和大学所取的关键资源。市场通过竞争和价格机制来系统配置稀缺资源，服从供求原理。但是，在大学中价格并不是完善的信号工具，因为大学受到高度补贴，政府和捐赠都提供了很大部分收入，使得大学可以在一定程度上独立于市场。教师急切回应市场，主要倾向于获取联邦研究经费和工业咨询费用。决定性的捐赠和合同以及学费迫使教师、研究者和职员积极获得外部资金。20世纪70年代，联邦政策调整，高等教育公共投入明显减少，主要是对学生采用助学金的形式而不是对机构进行资助，高等教育市场自由竞争加剧。

　　市场力量帮助大学加强了适应能力，但是市场并不是完美的机制，不能确保大学能够最大努力为社会服务。市场也有失灵的时候，在市场失灵时就需要政府来纠正，保证大学使命的完成，推进公共利益。政府并没有采取指令式的方法，而是更趋向于引导。政府通常以三种方式影响市场体系，主要表现为大量购买商品和服务，运用税收杠杆，采取补贴方式。在美国，政府对于大学的控制主要基于绩效模式的控制。绩效控制模式一个假设前提，就是作为非营利组织的大学享受政府的资助和税收优势，大学推进公共利益。绩效模式通过资金调节而不是直接控制大学来引导大学发展。美国大学目前所处的状况，已经成为一种成熟产业，政府对待成熟产业重在规范和控制。在很大程度上，国家通过诸如国防部、国家科学基金会和国家卫生部等联邦机构与私立和公立大学签订研究合同，补偿了用于私人生产和服务的研究成本。市场调配的作用扩大学生的选择权和扩大学校资源获取渠道。因此，美国大学不完全是

---

　　① ［美］罗杰·盖格：《大学与市场的悖论》，郭建如等译，北京大学出版社2013年版，第3页。

市场模式，美国市场与政府的相互作用成就了美国大学的卓越和公平。

（二）分层次上下融通的组织结构灵活应对社会需求

美国大学组织结构灵活，具有上下流动的机制，美国分权化（decentralized）管理体制导致大学的多样性。马丁·特罗评价美国大学的优势是由美国历史和高等教育系统的组织结构而形成的。研究型大学是美国高等教育的金本位，突出科研的先导作用。四年制文理学院，既包括美国最著名和最富竞争力的大学，也包括公立和私立的四年制学院；既提供文科基础教育，也提供专业教育和职业教育，大多重视通识教育。美国大学课程组织的核心原则是模块课程，采用学分制，在美国学院和大学中，几乎所有学校都可以储存、转移学分。这种制度给美国高等教育系统带来相当大的灵活性。美国高等教育的结构变化主要是社区学院的创建和扩张。复杂的结构常被视为美国大学的缺点，但是孕育了美国大学的成功。[①]

美国庞大的高等教育体系有近4000所高校，不同类型大学灵活有特色的应对社会需求。体系顶端的研究型大学分为两个层次，研究Ⅰ型大学和研究Ⅱ型大学。其中研究型大学专注科学研究，开展研究生和本科教育。研究型大学的科技和发明直接成为经济增长的工具以及政府的公共政策参考来源。适应知识经济的发展，大学学术研究和应用研究之间的界限已经变得更加模糊。许多研究型大学已经发展成为"云中核心"（Core-in-cloud）组织，在这些大学里，各系和学院在进行精英教育和基础研究的同时，围绕着一群准大学组织——研究院、智囊团、企业研发中心等，它们从核心大学获取智力支持，反过来又为大学提供重要的经济、人力和物质资源，构成大学/政府/工业界（university/government/industry）的"三螺旋"组织结构。20世纪60年代，伯克利大学校长克拉克·克尔（Clark kerr）提出大学就是一个知识工厂，把学术体系分为两个层次：第一个层次提供专门研究，主要指研究型大学，学术研究是主要任务，本科生和研究生都可以是学徒研究员，负责生产知识和教育知识生产者；第二个层次是培训技术人员以及提供常规教育，主要是传递

---

① ［美］戴维·拉伯雷等：《复杂结构造就的自主成长：美国高等教育崛起的原因》，《北京大学教育评论》2010年第3期。

知识，主要指公立四年制学院和社区学院，为未来劳动力市场提供所需雇员的技术知识。大学在国家权力和市场机制的运行中变成极具有灵活性和适应性的企业家精神的自治机构（entrepreneurial autonomy）。每所大学集中有限的资源来突出服务，比如巴布森学院确定的任务是培养企业家的能力，并借此希望成为全国知名院校。加州理工学院是一所著名的特色高水平大学，集中力量培养自然科学领域的人才和开展相关研究。20世纪早期，因为引入研究、咨询和专利转让，麻省理工学院成为一类特殊的学术机构——创业型大学。私立大学、虚拟大学以及企业大学正在持续发展。

第二节 日本大学服务社会模式

日本把大学作为复兴经济的基础力量，经济增长的奇迹被认为与教育密不可分。日本在第二次世界大战后仍然保留首任文部大臣森有礼（Mori Arinori）的教育主张，大学培养国家需要的人才，不仅仅只是实现人的艺术和科学技能的培养。正如1960年教育部的报告所言，大学培养"世界人"之前首先是日本人，必须尊敬天皇，献身工作，因为社会存在于生产。[①] 可以断言，第二次世界大战后，根据日本社会需求来发展大学，大学根据社会需求来培养人才，同时造就了日本经济的奇迹（Japanese Economic Miracle）。到1998年，文部省报告非常简洁表明，在21世纪大学提升教学和研究水平保持向世界顶尖大学靠齐。日本大学在移植美国和借鉴德国的过程中，形成自己独特的危机驱动创新服务社会模式。

一 日本大学服务社会模式生成

日本大学从一开始建立，就被纳入复兴经济的轨道，日本把办大学与发展经济视为同等重要。第二次世界大战后大学革新首先是转变发展理念，纠正国家和大学的关系。第二次世界大战前大学沦为军国主义的附庸，大学的课程、内容、教育方法等全都处于国家的控制之下，教育被认为是培养国家驯服臣民的工具。战后重审大学的理念，转变到探究

---

① Patrick Smith, *Japan*: *A Reinterpretation*, New York: Vintage Books, 1997, p.71.

真理，培养具有人文教养以及训练技术人员的场所，从"国家的教育"还原为"人的教育"，大学在国家政策驱动下一步步走向竞争和个性化。

（一）从新制大学到新构想大学

第二次世界大战后日本头等大事是复兴经济，与此同时建立起新制大学，并且按照社会和产业需求来调整大学结构，使之与经济发展相适应。1945—1952年为美军占领期，为消除日本军国主义理念，美国促使日本重建教育，以此来灌输美式民主自由思想。于是，美国派出教育使节团专门考察日本教育问题，使节团形成了报告书，教育使节团报告书被称作是日本战后大学改革的"纲领性文件"。日本国家行政制度又被称之为"审议会行政制度"，在教育问题上同样采用这一制度，1946年，第一个隶属内阁的教育咨询审议机构教育刷新委员会成立。1947年，《教育基本法》通过，由此定下了教育发展基调，规定教育根本目标是回归到促进人的发展的"人的教育"。同时通过的《学校教育法》规定新设大学必须经大学设置审议会咨询后，文部省才能批准。战后财政缺乏，需要大批人才，为减轻财政负担，同时为了改变大学集中在大都市的局面，扩大入学规模，实施"一府县一大学"政策，原则上一县设一所国立大学，并且不能跨府县建立。1949年旧制高等教育机构开始大规模过渡或升格为新制大学。1949年，在新的高等教育制度下，日本建立了70所国立大学，所有国立大学具有同等法律地位。[1] 1953年，新制大学数已达226所，其中国立大学72所，公立34所，私立120所。[2] 第二次世界大战后日本忽视了社会结构的复杂性，忽视了大学自身的传统和历史，将之改造成为单一的新制大学，虽然规定学术研究以及职业教育、市民教养理念并重作为新制大学的目标，但并没有得到实现。

日本从20世纪50年代开始重化工业获得长足发展，并且钢铁工业成为世界领先。战后经济高速发展，对理工科人才的需求急剧增加，为了应对职业结构变化这一社会需求，国立地方大学进行结构改革，设立并扩展理工科学部，形成了理工科热的潮流。其中体现在入学定编的变化

---

[1] ［日］天野郁夫：《高等教育的日本模式》，陈武元译，教育科学出版社2006年版，第77页。

[2] 梁忠义：《战后日本教育研究》，江西教育出版社1993年版，第154页。

上，1955年原定56%的地方国立大学中教育学部和学艺学部的定编被削减，工学部的定编从11%增加到27%。工学、理学、农·水产学等理工科类以及社会科学类的经济、法学的入学定编增长近两倍左右，地方国立大学从"文科类大学"转变为"理科类大学"。[①] 第二次世界大战后的25年，地方国立大学无论是学部设置还是学生数的构成上，都极其偏重理工科尤其是工学部。

适应迅速发展的工业需要，培养中级技术人才，设立短期大学。新制国立大学设立，衍生了旧制专门学校和高等学校升格为大学本科的强烈愿望，而实际的办学条件达不到新制大学设置要求，升格有可能影响质量。为解决这一矛盾，为扩大高等教育入学机会，同时保障新制大学教育水平，引发了短期大学政策构想。因为日本大学设置都是在法律的框架下进行，必须先修改法律，在1949年修改了《学校教育法》基础上短期大学获得法律地位，并通过《短期大学设置基准》等法律对短期大学的设置、课程、校舍、函授教育、教育内容等做了规定。主要是实施2年或3年的偏重实用的职业教育，培养良好社会人。组织机构设学科或专攻部，教师主要是负责教学，不开展学术研究。学科包括文学、语言、图书馆学、理学、家政、教育等。短期大学设立目标是主要培养中级技术人才，但是短期大学中工科比例学生很低，而且主要为女生，不能适应日本制造业发展对人才的需求（表4—1）。

表4—1　　　　　日本短期大学工科学生比例　　　　　单位：%

年份	1960	1965	1970	1975	1980	1985	1990	1995	2000	2005	2010	2014
工科	11.3	10.2	8.4	6.7	5.5	5.4	5.0	4.6	4.1	3.0	2.9	2.6

资料来源：日本文部科学省报告整理，http://www.mext.go.jp/b_menu/toukei/main_b8.htm。

现有教育结构与产业结构并不相适应，迫使大学进行改革来应对高速经济增长需求。20世纪60年代日本经济高速增长，平均增长率高达

---

① ［日］天野郁夫：《高等教育的日本模式》，陈武元译，教育科学出版社2006年版，第104页。

10.4%，1960年达13.1%，除掉1965年大型企业相继破产，高速经济折回，也达到5.7%的增长率。而在泡沫经济繁华的1988年增长不到6.8%。以1990年的物价为基准，日本GDP从1959年的63兆日元上升到1969年的171兆日元，增长了2.7倍。经济高速增长带来产业结构变化（图4—6）。①

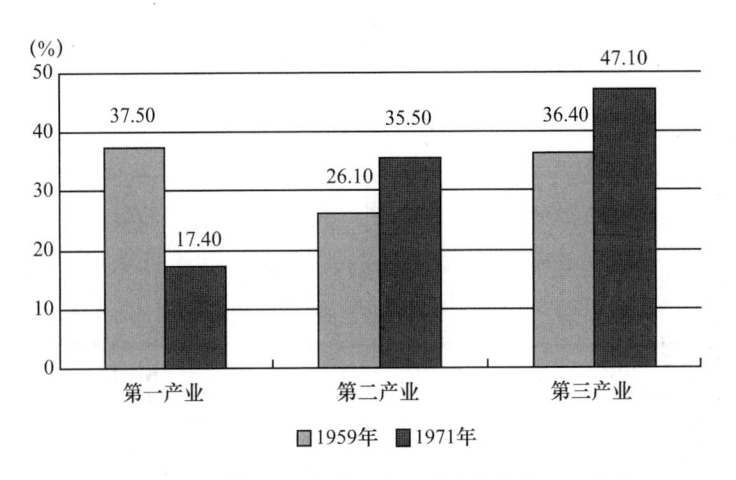

图4—6　20世纪60年代日本产业结构就业人口变化

经济高速增长，而日本劳动力供应不足，人口增长缓慢，劳动力资源减少，同时科技进步与产业转型，必然需求相匹配的适应高度科技化产业的劳动力素质，要求培养大量的科技人才。产业界对现行的大学制度不能有效培养中级技术人才不满，要求发展适应时代需求的技术教育，把短期大学改为专科大学。产业界代表日本经营者团体联盟（日经联）就曾连续发表三份要求意见书，批评大学没有能培养产业方面的技术人才。1960年12月，日本经营者团体联盟发表《创立专科大学制度的意见书》，倡议部分短期大学和高中合并，成立五年制的专科大学。在此背景下，1963年，中央教育审议会向文部省提出"关于改善大学教育"的第十九份咨询报告，因是在日本昭和38年，日本大学界称之为"三八报告"。为了适应经济和科技发展对人才需求的多样化，调整大学发展层

---

① ［日］桥本健二：《战后日本社会阶级构造的变迁》，彭曦译，南京大学出版社2012年版，第73页。

次，形成了三级高等教育结构。第一级结构是短期大学（图4—7）、高等专门学校和专门学校；第二级结构是四年制大学（图4—8），包括综合大学、多科大学和单科大学；第三级结构是研究生院。短期大学制度也在1964年日本国会通过《部分修改学校教育法的法律案》中正式承认。日本国会在1961年通过了《关于部分修改学校教育法的法律案》，决定1962年起设置五年一贯制的高等专门学校，实施专门技术教育，培养职业人才。1975年日本国会通过了《部分修订学校教育法的法律案》，各种

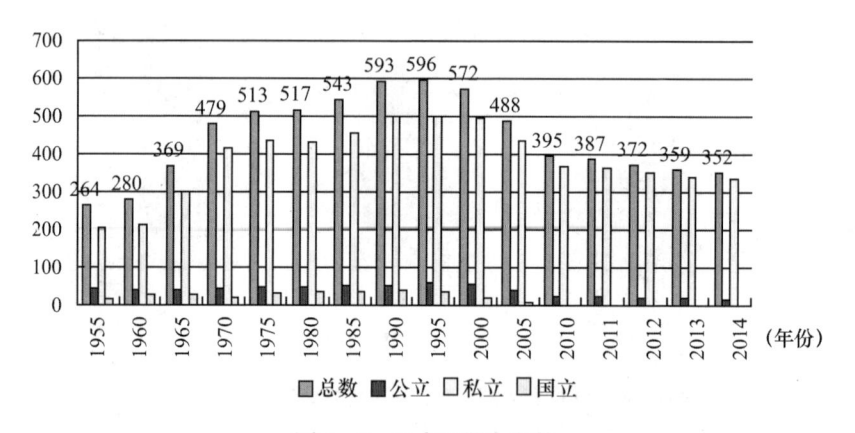

图4—7　日本短期大学数

资料来源：日本文部科学省报告整理，http://www.mext.go.jp/b_menu/toukei/main_b8.htm。

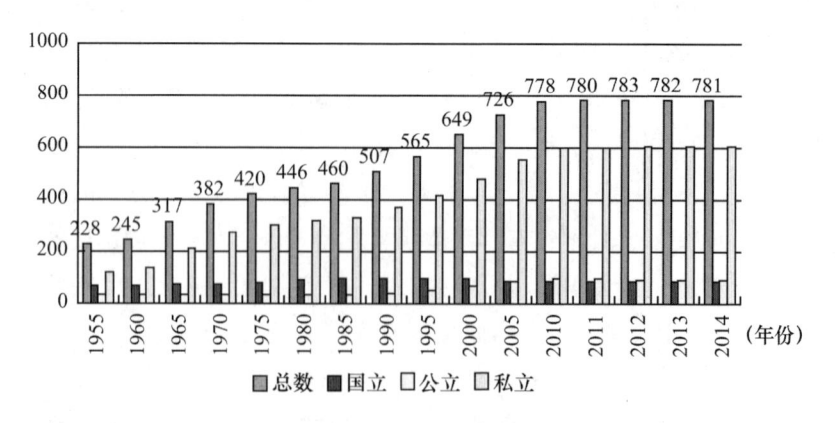

图4—8　日本本科大学数

资料来源：日本文部科学省报告整理，http://www.mext.go.jp/b_menu/toukei/main_b8.htm。

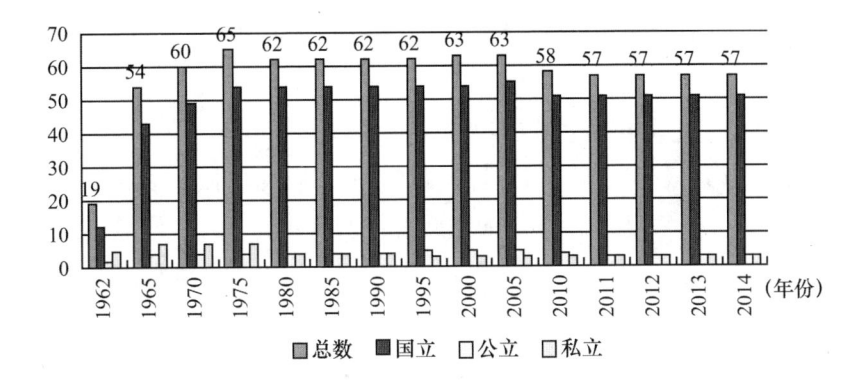

图4—9 日本高等专修学校数

资料来源：日本文部科学省报告整理，http://www.mext.go.jp/b_menu/toukei/main_b8.htm。

学校中符合规定标准和条件的称为专修学校，兴起了设置工业高等专门学校的热潮（图4—9）。

20世纪60年代末日本经济高速发展带动了日本大学的膨胀。日本政府主要通过国立大学发展理工科教育，私立大学主要以文科为主，满足高等教育大众化的需求。日本通过提高大学入学率来拓展人力资本，日本大学入学率在1970年18岁年龄人中达到24%（表4—2）。

表4—2　　日本大学入学率变化（包括本专科高校）　　单位：%

年份	1960	1965	1970	1975	1980	1985	1990	1995	2000	2005	2010	2014
入学率	10.3	17	23.6	37.8	37.4	37.6	37.7	46.2	49.1	51.5	—	—

资料来源：[日] 早川操：《"第三经济大国"时期日本高等教育在构建全球大学中的作用》，《高等教育研究》2010年第12期。

因为理工科发展需要大量经费和设备，政府投资主要在国立大学。私立大学国家基本没有投资，主要由学校法人承担费用。虽然日本政府用一种廉价政策来促使高等教育发展，但是带来了不少弊端，拉大了国立大学和私立大学之间的差距。战后日本经济成长，大学扩张，并不是大学孕育了技术革新，通过技术革新促进经济发展。日本战后经济发展主要是靠技术引进，并不是通过基础研究实力产生的结果。于是，加强大学的创造性研究提上日程。1966年日本在技术引进上花费700亿日元,技术输出中仅收入57亿日元。而当时的美国技术输出为引进的6倍。1967年,新制大学生数达到1940600人,但无一人获得诺贝尔奖。[1] 战后日本的两个诺贝尔奖获得者都是战前培养的,因此加强大学的创造性研究提上日程。1963年私立大学的财政总经费874亿日元,而纯研究经费不到80亿日元,不到总经费的9%。国立、公立大学教师待遇和研究费用比私立大学优越,因为待遇低和研究经费不足,国立大学仍有66%的教授、53%的副教授校外兼职,或者流向海外。[2]

新构想大学作为日本传统大学制度的一个突破,目标是与社会紧密结合,灵活适应社会需求。日本大学根据大学设置基准设立,具有严重的趋同性,缺乏个性和特色。历经20世纪60年代的校园纷争,以及伴随大学规模迅速扩大产生的种种问题,1971年日本中央教育审议会提出关于今后学校教育综合的扩充、整顿的基本措施咨询报告,拉开日本教育史上第二次教育改革的序幕。这次改革动力主要来自大学内部,改革提出要求高等教育多样化,大学提倡个性化。

20世纪70年代,为了鼓励大学研究以及提高标准,改革要求放松管制以及在资源的分配上面更具有竞争性。这一大学危机背后的原因不仅是大众化高等教育使得学生数量的剧增,主要是日本社会和经济本身遇到阻碍。大学面临的严重危机恰恰反映了人们对于大学的期望。大学的研究活动不同于营利性企业,因此不能完全采用竞争和市场的原则。大学的改革试验往往不是在大学系统的传统部分,而是从边缘开始。特别是当解除管制的强化竞争的环境下,并且18岁人口的稳步减少,更迫使大学需要改革以提高竞争力。公众、学术界、政府和产业界都一致认为大学有毛病,需要改革。大学这一保守的机构如果不是遭遇严重的危机很难改革,可以说大学改革的机会蕴藏在危机当中。[3]

---

[1] [日]永井道雄:《日本的大学——产业社会里大学的作用》,李永年译,教育科学出版社1982年版,第49页。

[2] 同上书,第2—3页。

[3] Ikuo Amano, Gregory S. Poole, "The Japanese University in Crisis", *Higher Education*, Vol. 50, No. 4, 2005, pp. 685 – 710.

1973年新构想筑波大学的成立可以说是这次改革的主要成果，筑波大学把改革与创新结合起来，实行对外开放制度、产学研结合、学校与社会相结合，在人才培养上适应产业发展的需要实行硕士研究生和博士研究生分开培养等制度，使得筑波大学脱颖而出成为高等教育史上的奇迹。"新"主要体现在大学内部组织结构和内部管理体制两个方面。新构想大学以"学系"和"学群"代替"学部—学科—讲座"传统的教育和研究组织，学群为教育组织，学系为研究组织。1973年新成立的筑波大学设有6个学群和26个学系。在管理体制上强化了学校一级的管理权限，设校长和副校长5位，协助校长分别主管教育、研究、医院、学生指导与总务工作，而其他国立大学均不设副校长。为加强与社会联系，设立参与会机构，由校外的筑波大学毕业生和社会资深人士组成，由校长根据评议会建议确定，文部大臣任命，让社会的意见能够参与到大学管理中。其中在管理体制上，大学管理与国家的关系上强调政府"支持但不支配"的原则，在与社会的关系上，既要防止社会势力的不当介入，又不能完全封闭，应该主动回应社会要求。这次改革也不是彻底的，新构想大学仅仅建立了1所。日本社会在迈向信息化和高度知识化社会过程中，大学作用日趋重要。而大学本身强大的传统不易对社会变化做出及时反应，新构想大学虽然改革不彻底，但是大学开始主动应对社会需求。

　　（二）多方需求压力下的产学合作

　　大学虽然切合产业结构的发展培养所需的人才，但是相对封闭。在经济高速增长时期，产业界内部建立了研发和培训机制，大学对产业界技术的贡献度不高。1957年，苏联人造卫星发射成功，刺激日本文部省振兴大学科学技术教育。20世纪50年代是日本公司的技术引进期，1950—1960年，引进了1000多项技术创新，其中大多数来自美国公司，总开销超过1000亿日元。[1] 这一时期，大学与产业界也开始合作，东京大学开始鼓励产业界的工程师们访问其实验室，并开始有一定的产学结合。日本制定了大型工业技术研究开发制度，大学与研究机构在电子学、

---

[1] ［美］刘易斯·布兰斯科姆等：《知识产业化——美日两国大学与产业界之间的纽带》，尹弘毅等译，新华出版社2003年版，第262页。

信息处理技术、系统工程、高分子工程等尖端技术领域进行合作研究趋势日增（图4—10）。

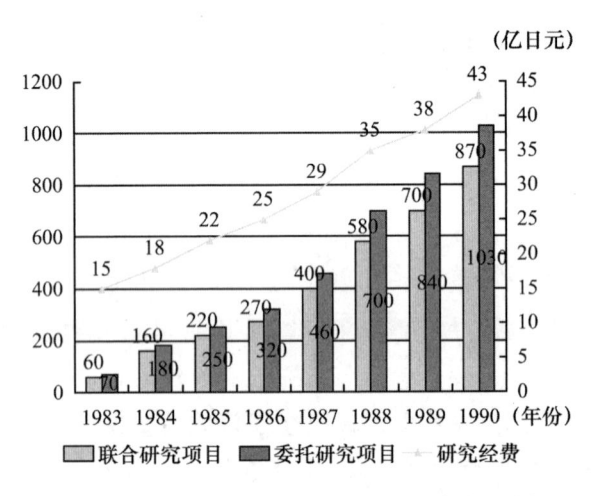

图4—10　日本大学在20世纪80年代的产学合作情况

资料来源：日本文部科学省报告整理，http://www.mext.go.jp/b_menu/toukei/main_b8.htm。

产业界追求的是利润，大学追求对高深知识的探究，两者之间的合作存在制度的障碍。起初日本产业界就没有希望大学训练具有高度专业化的劳动力，而是在雇用毕业新生后由企业内部训练成高度技能化和专业化的劳动力。随着经济的迅速膨胀，高利润公司建立了自己新的研究机构，扩展和进一步强化已有机构，于是，甚至在研究领域产业界对大学的期望降低。[①] 但随着经济的低迷，产业界在高端技术竞争面前面临威胁，以及内部研发经费不足时，希望大学能成为创造能力和创新能力的动力。20世纪70年代，在石油危机的冲击下，爆发了战后最严重的经济危机。1974年国民生产总值出现战后首次负增长。之前日本经济增长主要依靠大量生产和大量消费实现，在高端技术上面并没有优势。20世纪80年代后期日本经济不景气，在激烈的国际竞争中产业界缺乏前沿科技竞争能力，意识到不能忽视大学在培养高水平人力资源和基础研

[①] Ikuo Amano, Ggegory S. Poole, "The Japanese University in Crisis", *Higher Education*, Vol. 50, No. 4, 2005, pp. 685 – 711.

究方面的作用。1985年"广场协定"之后日元升值导致大量廉价产品涌入日本，非劳动密集型产业造成与中小企业竞争。地价和股价上升，日本开始泡沫经济。20世纪90年代初以来，日本面临着经济增长乏力、适龄人口减少等不利社会因素，恰逢日本经济长期发展之后出现"泡沫破灭"的状况，日本经济步入漫长的不景气，被称为"失去的20年"。而在高速经济增长终结之后，劳动力供大于求，失业增加，并且中小企业与大企业之间薪金差距扩大。在这种背景下，大学受到产业界的严重批评，日本经营者团体联盟、日本商会等产业界代表呼吁大学改革。

大学与工业关系走向密切由当时的经济条件促成。20世纪60年代，大学与工业之间的关系微弱。工业界自己培训大学毕业生，并且高利润公司自己开展前沿研究，工业对大学在人力资源培养和研究方面都没有期待。当高速增长的经济结束，同时面临国际经济竞争和尖端技术的竞争，工业界开始意识到对大学的基础研究和人力资源的忽视。同时，世界两极化格局打破，大学从意识形态的分割中获得自由，改变了不赞成工业的立场。大学开始采取更为灵活的政策与工业联系，接受工业的教学与研究资金。一旦工业对大学产生新的期待，对大学的批评和要求相应提高。

20世纪90年代初，工业界的组织开始提议要求大学进行改革；要求大学能为工业界提供更高专业人才的训练，富有创新性和个性；要求大学的研究更为开放和透明，加强与工业之间的研究和教学合作。泡沫经济之后长期经济萧条，信息社会的来临以及国际化进程的加速弱化了日本的终身雇佣制。公司开始由资历向能力转变，而在考试地狱下培养出来的人才在合作精神和影响他人的能力上都不能适应产业的转型需求，终身雇佣制需要能按部就班和服从的人，而缺乏批判的能力，狭窄的机器型人才不能适应国际化和信息社会的需求。终身职业的打破，大学生从追求名牌大学毕业转向获得市场所需技能转变。

在日本大学中，产学合作真正作为大学服务社会以及政府的重要政策还是在20世纪90年代之后。不少研究者对日本大学与产业界在此以前为何联系微弱的原因进行研究，得出的结论主要集中在研究水平低以及日本大学组织制度不利于大学与产业的联系等因素。比如，认为日本大学与产业联系比美国或者欧洲疏远，部分原因是日本大学研究少于西方对手，以至于得出日本公司投资外国大学。有研究者采用实证方法发现日本的大学组织结构十分复杂，并非完全僵硬，得出的结论是并非大学没有产生对产业有用的研究成果。[①] 同时，许多来自科学和工程领域的教授从国外交流回国意识到日本贫乏的研究和教学条件，以及封闭的僵化的组织结构，日本将持续落后于国际科学技术竞赛。比如，美国3/4的基础研究在顶尖的研究型大学完成，而日本大学却处于全球排名的底端。

日本大学处于严格的大学设置基准的管控之下，对大学从硬件设置到课程设置都有严格规定，在一定程度上造成大学僵化和缺乏个性。大学危机的主要来源于大学设置基准（the Establishment of Universities，SEU）对大学发展的阻碍。正是在这种危机的驱动下，日本在1985年成立新的政府机构，大学审议会。1987年，大学审议会迅速修订大学设置基准，在课程设置等方面放宽对大学的标准，刺激大学改革，开始解除管制、自由化、个性化成为大学改革的方向。

为走出经济的低迷，大学与政府和企业在研究开发方面加强合作，迫使大学在学术研究和人才培养方面改革，以更好发挥大学在科学技术体系中的中心作用。20世纪90年代后，日本确立"能力立国"的科技发展战略，"创造能力"成为日本产学合作的重要主题。日本政府迫切希望促进基础研究和产学研究（UI）协作水平，政府同时制定了一系列政策鼓励大学与产业的联合，刺激经济发展（表4—3）。比如，《促进大学等向民间转移有关技术的研究成果之法律》明确规定了技术转移计划的制定、专业收入、向中小企业转让技术等问题。政府的角色就是通过法律、计划和投入经费来促进大学开展产学研。在法律制定外，在财政不断压缩的情况下政府仍投入相当经费鼓励产学结合，技术创新。比如，2010年文部科学省用于产学结合经费达479.9亿日元。

[①] Diana Hicks, "University-industry Research Links in Japan", *Policy Science*, Vol. 26, No. 4, 1993, pp. 361–395.

表4—3　　　　　　　　　日本关于产学合作的政策

年份	政策
1995	《科学与技术基本法》
1998	《大学技术转让促进法》
2000	《产业技术能力强化法》
2002	《知识财产基本法》
2001	3年内大学创办衍生企业达1000个

资料来源：李小丽：《日本大学专利技术转移组织运行的宏观驱动机制探析》，《现代日本经济》2014年第4期。

大学开始与产业界开展多种形式的合作，接受产业界对教学和研究的资助，由此一来，大学的研究功能得到强化。国立大学与私人部门的联合研究项目在20世纪90年代开始大幅增长，尤其是在2004年国立大学法人化之后国立大学作为独立法人开始广泛走向市场，为了应对市场需求和扩大财政来源，加强了产学研结合。在促进大学与产业合作的努力下，在开放创新方面取得进步，大学与产业之间的联合研究以及大学所获得企业的合同研究呈上升趋势。比如2012年，大学开展的联合研究达到20147项，超2011年约848项，并且合同研究项目达21217项，超上年度287项（图4—11）。

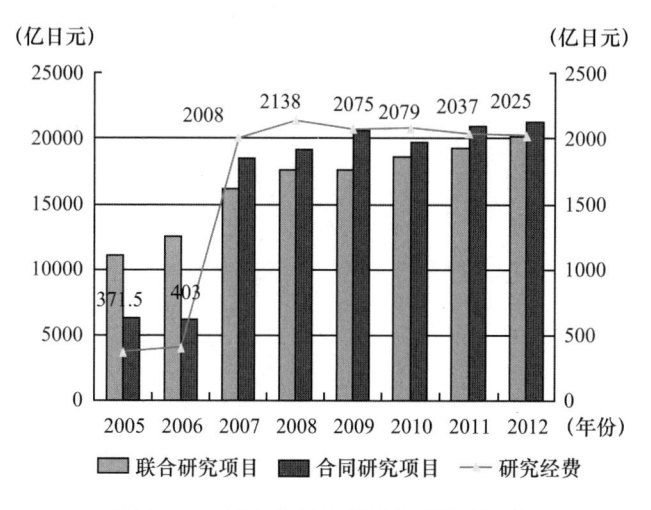

图4—11　日本大学产学研究项目及经费

资料来源：日本文部科学省报告整理，http://www.mext.go.jp/b_menu/toukei/main_b8.htm。

在政策的驱动下，大学产学结合迅速增长。全国都建立了大学知识产权总部和技术许可组织（TLOs）。比如向大学派遣知识产权顾问，减少或者免除年度专利费和检查请求费。专利申请数在 2002 年不到 2000 件，自从 2004 年国立大学法人化后，2005 年快速增加到超过 7300 项，2007 年之后达到高峰，之后又逐渐下降（图4—12）。

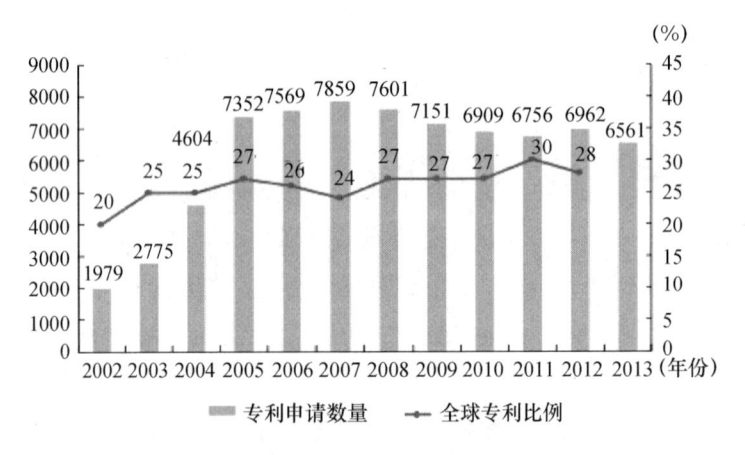

图4—12　日本大学专利申请变化以及在全球申请的比例

资料来源：日本文部科学省报告，http://www.mext.go.jp/b_menu/toukei/main_b8.htm。

其中专利转让数目呈直线上升趋势，在专利收入上 2009 年与 2011 年有下降外其余呈现上升趋势（图4—13）。

在加大技术转让的过程中，日本政府鼓励运用成果成立衍生公司，充分利用大学资源，同时扩大大学生就业率。在 2000 年，衍生公司为 395 家，在 2001 年，政府制定衍生公司 3 年内达到 1000 家的目标，并加大了预算支持衍生企业。同时，大学知识产权总部和技术许可组织推助衍生公司成立，通过运用政府专项支持资金或者寻找社会资本来设立衍生公司开发具有应用前景的可观技术。据统计，2005 年衍生公司已经超过 1000 家，2008 年达到 1809 家，2010 年达到 2017 家。[①]

整体而言，日本大学产学合作制度不断完善，已经成为发展的趋势。

---

① 日本文部科学省网站，http://www.mext.go.jp/b_menu/toukei/main_b8.htm。

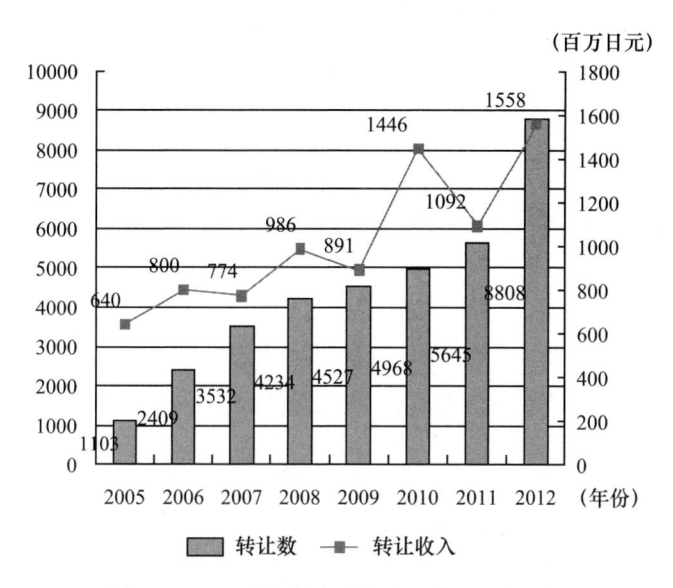

图 4—13 日本大学专利转让及转让收入情况

资料来源：日本文部科学省报告整理，http://www.mext.go.jp/b_menu/toukei/main_b8.htm。

大学开始加大与产业界的联系，研究商业化，并通过知识转移获得产业界的收入，但是整体而言，日本大学仍没有像美国一样处于研发的中心地带。尤其是日本的旗舰大学在政策制定上都加强产学研，但是很少有具体管理体制来吸引与产业的联系以获得研究资金。[①] 因此制度化、组织化还需要进一步深入。

（三）竞争驱动创新研究刺激经济复兴

"知识社会"和全球化的来临，技术革新的激烈竞争使得科研和开发成为能在市场中获胜的决定性因素。全球化到来，国际贸易壁垒打破，知识和资本在全球流动。经济发展模式转变，对于劳动力素质的要求提高，随着日本从"战后恢复的经济发展模式"向"现代化的经济发展模式"的转变，知识密集型产业将逐步取代劳动密集型产业。在知识经济和国际化的趋势下，为了保持和发展在亚洲的竞争地位以及构建大学全球的作用，日本大学突出创造能力培养。日本大学已经具有丰富的研究

---

① Akiyoshi Yonezawa, "Japanese Flagship Universities at a Crossroads", *High Education*, No. 54, 2007, pp. 483–499.

资源，内务部（MIC）发布的科学与技术研究调查结果 2013 年总览显示 2012 年日本 20.6% 的研究经费投资给了大学（表 4—4）。

表 4—4　　　　　　日本大学 R&D 研究经费数　　　　单位：百万日元

年份	国立	公立	私立	总数	占总 R&D 的比率
1985	756686	88645	944449	1789780	20.1
1986	786462	90608	955505	1832575	19.9
1987	843900	96756	1017264	1957921	19.9
1988	860678	97888	1055508	2014073	19.0
1989	899221	114331	1115819	2129372	18.0
1990	961724	126936	1208331	2296992	17.6
1991	1001800	124153	1281974	2407927	17.5
1992	1077675	138430	1360176	2576281	18.5
1993	1191676	144959	1422077	2758712	20.1
1994	1163036	160477	1429038	2752551	20.2
1995	1311399	177474	1493313	2982187	20.7
1996	1296359	173288	1543474	3013120	20.0
1997	1300615	182796	1575788	3059199	19.4
1998	1406556	184576	1631747	3222879	20.0
1999	1395167	184088	1629831	3209086	20.0
2000	1385637	188106	1634675	3208418	19.7
2001	1390794	186617	1655980	3233392	19.6
2002	1435972	183965	1662401	3282338	19.7
2003	1410545	181350	1671214	3263109	19.4
2004	1367747	188409	1717810	3273966	19.3
2005	1490403	184788	1732218	3407410	19.1
2006	1427669	176527	1778196	3382392	18.3
2007	1450046	178586	1795046	3423678	18.1
2008	1433965	187892	1823136	3444992	18.3
2009	1550974	184895	1813911	3549780	20.6
2010	1422721	177083	1834176	3433979	20.1
2011	1462410	198632	1879464	3540506	20.4
2012	1474998	204921	1882490	3562409	20.6
2013	1550776	207641	1941251	3699668	20.4

资料来源：日本文部科学省报告整理，http：//www.mext.go.jp/b_menu/toukei/main_b8.htm。

20世纪90年代实施"研究生院重点化",不仅在博士层面而且在硕士层面加强研究生教育,加速培养高水平的研究者和技术人员。大学审议会认为,日本大学没有适应时代与社会的要求开设相应的研究生专业与课程,以至于研究生教育不被社会所重视。因此改革研究生教育的目标,把研究能力和专业职业能力结合起来,扩充增加培养社会所需的专门人才的内容。在博士研究生的培养上不仅包括具有创造力的优秀研究者,还包括具有高度专门知识与能力的"职业人"。在培养目标转变之后,一批有别于传统学科的新的跨学科领域与专业不断涌现。为增加高级专门人才培养,1996年开始"万人博士后计划"。日本政府加强资助青年研究人员制度以培养具有世界竞争力的优秀科技人才。

国立大学和研究机构在基础研究方面具有举足轻重的作用,20世纪90年代后主要加大大学的基础性、原创性研究,以科学技术立国。自然科学论文的发表数与被引数可以大致说明一个国家的科学技术水平,据物理学领域的INSPEC、化学领域的Chemical Abstracts、工学领域的COMPENDEX和医学领域的EMBASE这4个权威性的论文数据库统计,1993年日本学者发表的论文数量在物理学领域、化学领域、工学领域均为第2位,医学领域为第3位。据SCI统计,1990—1994年的论文被引用率,日本的农学、材料科学、化学排第2位,生物学、临床医学、物理学、药理学排第3位,工学、微生物学排第4位,免疫学、分子生物学、神经科学、动植物科学排第5位。[1]

根据厚生劳动省预测,日本劳动力人口在2005年达到峰值6770万人后将逐渐下降,在内阁府发表的《2008年少子化社会白皮书》中预测少子化趋势如不能改变,2050年日本劳动力人口将不足2008年的2/3,减少至4228万人。[2] 2008年OECD报告显示日本贫困率的基尼系数为0.321,在OECD30个国家中排名第11位,说明日本的贫富差距还是相当大,在主要发达国家中,仅次于美国,排第二。因此,当代日本社会一个特征就是收入差距大、贫困率高。在劳动力人口不足的情况下,创新

---

[1] 胡建华:《"科学技术创造立国"政策下的日本大学改革》,《北京大学教育评论》2004年第2期。

[2] [日]加藤嘉一:《日本的逻辑》,光明日报出版社2011年版,第145页。

能力更为突出。政府更为强调高等教育和科学策略作为日本经济复兴策略优先部分。与中国的211和985工程类似，为了建立世界一流的研究型大学，2001年文部科学省为推进大学改革提出了"大学（国立大学）构造改革方针"（又称"远山计划"），"远山计划"的核心内容是在竞争的环境下重点投资建设30所世界高水平大学。因为普遍认为前7所帝国大学将会获得不公平的优待，在执行过程中，制度更为灵活，演变成为任何大学的部门和研究单位，不论是国立、公立还是私立大学，都可以完全公平的竞争研究奖励基金。在2002年，文部省的这一政策演变成了"21世纪COE计划"，基于绩效和研究潜力重点支持建立具有世界水平的教育、研究基地，在紧接3年当中从97所大学选取了274个COE中心[①]。这个项目支持的主要活动包括引进顶尖国外研究者来日本工作，支持青年教师（博士和博士后奖学金），与国外研究团队的合作，专题讨论会和研讨会，新设备和研究场地的配备。重点是"战略研究训练"和"竞争"，特别是在科学和工程的研究生层面，以及医药研究，发挥国立大学的优势。

政府为了刺激经济增长，提高竞争程度，促进大学的卓越。日本政府基于竞争和评估机制重塑高等教育系统。日本国立大学具有稳定的政府拨款，并且以递增的原则趋向于按照大学现有等级秩序进行拨款。自2004年始，对国立大学采用6年为一轮的绩效评估。从2004年国立大学法人化之后，政府宣布对国立大学的运营经费将以1%的速度递减，递减经费用于扩大竞争性经费的额度。政府鼓励大学竞争研究资金、从产业扩充资金，鼓励获得外部收入。研究者指出这种大学分化的张力和矛盾，有可能会导致赢者通吃的局面，加大大学之间的差距，阻碍校级之间的联合等问题，政策长远的效果需要进一步的验证。[②] 从所获研究经费来看，集中在顶尖大学当中（表4—5）。

---

① 陈晓清：《学科融合研学共生提升国际竞争力——日本"COE计划"的启动、运作与成效》，《清华大学教育研究》2013年第5期。

② Fumi Kitagawa and Jun Oba, "Managing Differentiation of Higher Education System in Japan: Connecting Excellence and Diversity", *High Education*, Vol. 59, No. 4, 2010, pp. 507 – 524.

表4—5　10所顶尖日本大学2005年所获得科研经费（直接费用）

单位：千日元

大学	科研经费
东京大学	17941955
京都大学	11689900
东北大学	8422700
大阪大学	8076700
名古屋大学	5806200
九州大学	5233500
北海道大学	5100421
东京理工学院	4064300
筑波大学	2810500
神户大学	2299632

资料来源：MEXT, http://www.mext.go.jp/b_menu/houdou/17/08/05083006/005.htm. Accessed 22/06/09。

2007年全球COE计划取代了21世纪COE计划，被选中为全球COE研究基地的数量现在远远少于21世纪COE计划的数量，每个研究基地的资助资金实际上增加了。在选拔标准方面，特别强调项目研究潜在的可持续性，以及教育和训练青年研究者的重要性（因此侧重研究基地而不是项目单位）。另外，2007年9月，文部科学省（MEXT）宣布"世界主要国际研究中心"（WPI）计划来支持5个研究基地，在未来的10—15年内，大概每年每个基地获得5亿到20亿不等的日元资助。四所前帝国大学，即东北、东京、京都、大阪大学，材料科学国家研究所（NIMS）获得资助。2012年日本文部科学省制订了《大学改革实施计划》，立足把大学打造成为社会变革发动机。

二　日本大学服务社会模式特征

在日本大学服务社会模式生成的过程中可以看出其突出特征就是在危机驱动下不断形成层次分化，走向多样化和个性化。并且在竞争的压力下，尤其是国立大学和公立大学在国家政策和拨款的调控下不断走向与市场结合，以及立足区域发展和国际化的过程。

(一) 从统一基准到逐步体现多样性和个性化

日本大学服务社会模式生成在很大程度上与日本政府的文教政策有关。20世纪50年代中期，文部省制订的大学设置基准对大学设立以及办学规定非常详细，导致大学办学模式化。1970年OECD调查团指出日本大学面临危机的最大根源之一是僵硬性和等级性的制度结构。日本大学是封闭的，劳动力市场也是封闭的，劳动者的教育培训几乎都是通过企业内部进行。虽然具有庞大的私立高校，但高等教育系统最主要还是以国立部门为主。日本具有强大的中央政府的行政机构，对高等教育整体负有行政责任。政府为了保持学术均一性，付出了极大的努力。在大学设置基准没有修改之前，即前面提到的1987年的大学设置基准的修改以及20世纪90年代对一系列高等教育法令法规的修改，对大学办学要求简化，设置基准弹性化，在课程设置上只设置方针，为大学个性化开辟道路，并导入自我评价制度。大学提供的服务内容不断改变，以适应全球化时代的社会需求。经济增长点从制造业转向服务业对人力资本的需求不同，普遍认为大学有必要改革考试制度和招生政策，提高教育质量，促进高等教育国际化，采取更加灵活的政策接受转学和学分互换，课程更加适应不断变化的社会需要。[1]永井道雄认为日本大学具有迎合社会需要的传统，但是各个大学缺乏创建富有个性的积极性。[2]

日本高等教育结构在20世纪形成了具有极其尖小的顶点与宽大的底部构成的金字塔状结构。这种金字塔状的大学之间上下缺乏流动，尽管高等教育进入大众化阶段，但是这种等级结构和形成这种结构的大学之间的排序在20世纪基本没有变化。等级高的东京大学等大学毕业生将会到顶级企业就业，普通国立大学和著名私立大学毕业生进入大公司，其他大学生进入中坚企业就业，并出现"学历社会"和"考试地狱"。1971年中央教育委员会在报告中提出按大学教育和研究类型来对大学分类，遭到大学反对没有实现。到2005年报告避免了分类的说法，强调大学的

---

[1] [加] 约翰·范德格拉夫：《学术权力 七国高等教育管理体制比较》，王承绪等译，浙江教育出版社2001年版，第157页。

[2] [日] 永井道雄：《日本的大学——产业社会里大学的作用》，李永连译，教育科学出版社1982年版，第6页。

多样化和个性化，并建立七种功能范本供大学来定位自己的功能，进行各具特色的分化。分别为：世界一流研究和教育中心；发展高素质的专业人员；发展广泛的专业人员；综合文理教育；特定学科领域（艺术、体育等）教育和研究；社区终身学习中心；服务社会（服务当地社区、产业—学术联盟、国际交流等）。各大学再参照定位分类，发展自己的个性，提高竞争力。

（二）改革驱动大学向市场和竞争转型

日本大学服务社会的一个重要特征就是通过改革来推动大学适应社会变化的需求，提高大学办学效率。为了争取外部资金、扩展经费来源，大学加强与社会的联系，资源竞争能力主要取决于大学研究能力和办学水平。各个阶段的教育政策都与经济政策有关，大学以此来进行改革。日本大学改革与社会变革联系起来，通过大学改革来推动社会变革。

比如，20世纪80年代末、90年代初日本"泡沫经济"破灭之后，如何振兴经济成为日本社会迫切面临的主要问题。经济发展缓慢，政府对大学经费投入减少，大学研究经费不足，设备老化等问题对科学技术发展不利，迫使大学寻找新的资源。那么在经济缓慢发展时代大学能够发挥作用，其中最重要的一个因素就是大学走向市场服务社会，日本通过改革来实现这一转变。为了使大学对社会经济做出重要贡献，90年代开始，竞争机制引入资金的分配。具体做法就是国立大学提高学费，引进企业或财团资金，加速产学研合作，转让专利。私立大学则被鼓励引进外部资金或者拓展事业收入。把科学研究成果转化为生产力，其中产学研合作是大学服务社会重要的手段。

随着高等教育进入大众化，大学规模的庞大和面临环境与问题的复杂性使大学改革趋于综合性、全面化，政府往往成为改革的启动者。国立大学法人化改革缘于1996年日本政府推动的包括行政改革、经济结构改革、金融体制改革、社会保障结构改革和财政结构改革在内的五大改革。为了促使大学在新经济建设中发挥积极作用，日本实施国立大学结构改革，市场原则进入大学，独立行政法人制度是其中行政改革的一项重要内容。到21世纪，日本社会面临少子、高龄化问题，劳动人口减少，经济规模缩小，财政恶化，大城市与小城镇人口比率失调，社会阶层、经济差距扩大等等问题。大学通过改革，调整办学功能和管理来实现社会期待，归结为社会需求所适应的人才培养和研究能力以及成果转化能力的提高，更加强调直接为地区服务。

随着入学人口的减少，大学设置基准的松动以及社会评价的出现，每所大学为了生存与发展必将在生源、财源上与其他大学展开激烈的竞争，竞争使得大学更为切合社会需求。18 岁人口在 20 世纪 80 年代持续上升，经过 1992 年的高峰期后，开始面临长期性减少的局面。在日趋激烈的生源竞争面前，各类大学都开始注重学生的需求。私立大学主要的资金来源是学费，学生是"顾客"、教育服务的"消费者"。这就对私立大学产生了强大的冲击，带来经营危机的威胁。面对这一危机，私立大学开始重视对学生教育服务内容的改革。日本历史最长的私立大学庆应义塾在 1990 年改革系部设置，新设综合政策和环境情报两个系。大学开始改革系和专业，发展具有市场价值的系和专业。为了生存竞争，大学不论是国立和私立都在服务社会中来获得发展。

本章小结

从本章的分析中，可以得出当代大学在生存和发展危机面前，不得不走向与社会结合，服务社会。两个国家的分析中，可以看出大学服务社会的模式受到国家的经济和文化发展水平的影响，不同国家展现出不同的模式，而且发展的阶段也不相同。本·戴维（Joseph Ben David）和天野郁夫（Amano Ikuo）研究认为日本和美国大学系统具有相似性，是战后制度改革的结果。从历史的发展来看，日本受到美国不同形式的影响，二者表现出某种相似性和共同性。美国和日本两个国家服务社会模式中可以看出，政府在促进大学服务社会上面起到核心作用，都把大学作为社会发展的动力，但是两个国家政府采用的激励机制不同。美国大学具有强烈的实用精神，扮演社会轴心机构的功能。美国大学和日本大学都具有强烈的危机意识，美国大学应对社会需求更为灵活，并且在制度建设上形成了上下融通的组织结构。美国大学通过强大的科研能力和创新能力成为支撑起国家产业的支柱，并且通过吸收科技研究成果，按照产业需求培养技能人才，大学与社会处于互动之中，能对需求做出灵敏的反应。日本大学更具有保守性，在与社会的联系上面更为曲折，几乎都在危机驱动下通过改革而实行。这与日本政府对大学的管理制度有关，随着管理制度的变革和社会需求变化，日本大学加剧竞争，并走向市场化，加强与社会联系。

从两个国家服务社会的模式中可以得出几个共同点：第一，主动服务社会是大学发展的趋势，这样就需要体现出个性化和特色。大学办出特色的前提条件是政府放松管制，以及在法律等外部制度上面的完善。不论是私立大学还是依靠政府拨款大学，市场机制和竞争原则是保持大学与社会互动的有效制度保障。第二，大学突出分层次的应对社会需求，准确定位大学在社会中的角色，依据社会需求不断调整目标。大学分层基于两种原则，一是市场原则，各个院校建立在市场竞争的基础上来获取资源和声誉，从而提高自身地位。能否在市场竞争中取胜又在很大程度上取决于院校过去的声誉和地位。另一个原则是由政府通过分配来决定不同院校的职能、权利和资源等，并通过政策来控制其提供经费院校的学术地位。然而单一的政策制度长期控制大学，都有可能导致僵化，不论是集权制、分权制还是市场调节。第三，大学服务社会内容不断扩大，形式不断扩充，大学之间保持生态平衡，从单一的传播高深知识的模式进入服务社会的丛林时代。当代社会，研究与开发的能力与能够运用高科技的人才维持社会核心竞争力和可持续发展的动力相辅相成，通过产学研合作推动产业升级和培养具有智能的职业人才。

第 五 章

中国大学服务社会模式

中国大学历来具有服务社会的传统，近代高等教育的兴起带有强烈的救亡图存的色彩，主要目的是通过学习西方制度培养实用人才。近代高等教育机构演进大致历经三个阶段：1862—1895年，设立京师同文馆、天津中西学堂等，近代高等专门学校的雏形；1895—1902年，《壬寅学制》制定，中国近代大学的雏形；1902年以后，中国近代高等学校形成与发展。1862年的京师同文馆建立源于洋务派的倡导，诸如此类的洋务学堂到1895年达到26所。洋务学堂主要有三类：外语学堂、军事学堂和科技学堂。倡导"中体西用"，培养直接服务于"洋务"的专门人才。1898年京师大学堂创立，成为中国第一所国立大学。本章主要以新中国成立以来大学为考察对象，探索中国大学是否遵循了高等教育自身的传统和服务社会的本质特性，分析现有模式的特征以及面临的瓶颈。新中国成立，中国大学服务社会模式可以概括为"政府主导功用"模式。

第一节 中国大学服务社会模式生成

中国大学与社会的互动在政府的主导和推动下进行，大学从人才加工厂转变成创新型国家建设的主要力量，历经从政治挂帅，为高度计划经济体制服务到推动科技进步和培养创新人才的发展过程。

一 高度计划培养"又红又专"人才（1949—1977年）

中华人民共和国成立初期国家办大学的目标主要是建立起与社会主

义政治体制相符合的高等教育体系,为加强国家管理,取消私立高校。当时的头等大事就是巩固政权和建设国家,这一时期大学体现出高度的国家主义倾向,教育为国家建设服务、教育面向工农子弟,人才培养的价值取向体现为"又红又专"。"又红又专"是毛泽东提出的教育目标,既具有高度认同社会主义制度的政治素养,又具有能够建设社会主义国家的专业技术知识。因此,大学在直接服务于社会主义建设的同时,也加强社会主义思想政治教育来认同意识形态。这种国家主义的倾向,主要通过国家的方针政策来指导改革,在发展教育的问题上,改革的方针是以老解放区新教育经验为基础,吸收旧教育有用经验,借助苏联教育建设的先进经验,建设新民主主义教育。这一时期,大学没有什么自主权,处于国家的计划和调控之中。

(一) 配合重工业发展调整院校

中华人民共和国成立后,国家对大学改造和建设并举。为了配合重工业发展道路,开始调整院校以此来培养相应人才。1950 年 6 月,教育部召开第一次全国高教会议,讨论新中国高等教育的方针、任务等重大问题,并对新中国高等教育体制作了进一步规定。人民大学被作为核心典型代表,所有院校要求适应新形势,为社会主义政治和经济建设服务。1949—1966 年,中国高等教育经历三次大的改革:1952 年院系调整和教学制度改革;1958 年的"教育大革命";1962 年的"调整、整顿"。新中国成立之际,中国是一个落后的农业大国,在建设社会主义的道路上很自然的学习借鉴苏联经验,选择大力发展重工业。1953 年开始了中国经济建设的第一个五年计划,计划规定以发展重工业为中心,集中力量进行苏联帮助设计的 156 个建设项目,由限额以上 694 个大中型建设项目组成工业建设,使工业生产总值平均年增长达 14.7%。为了确保优先发展重工业,中国经济、文化教育投资总额大约 766.4 亿元,其中基本建设投资占到 55.8%,用于工业基本建设占到 58.2%,在工业基本建设中 88.8% 投到了重工业,文教卫占 7.2%。[1] 1949—1959 年,中国高校聘请

---

[1] 齐鹏飞等:《当代中国编年史(1949.10—2004.10)》,人民出版社 2007 年版,第 141 页。

了 861 名苏联教育专家,直接参与当时的高等教育改造和建设。[①] 适应当时计划经济需要,不仅大学体系处于高度计划之中,大学的内部活动同样处于高度计划当中。在院校调整中以工科院校为主,在层次类型上分为综合大学、工业院校、农林院校、师范院校、医药卫生院校、财经院校、政法院校、艺术院校、语言院校、体育院校、少数民族院校。1952年开始大学有计划按专业培养人才,在 1952—1965 年的专业设置和调整中,理工科专业呈上升趋势,文法商科呈下降趋势(表 5—1、图 5—1)。20 世纪 50 年代,建立起文理科综合大学和单科大学为特征的大学体系。

社会政治运动对大学产生影响。1955 年,为改变院校集中在沿海大城市的局面,经国务院批准,在武汉、兰州、西安、成都等地建立了一批高校,到 1957 年,经过前两次的调整,共有 229 所高校,设置 323 种专业。1957 年,整风运动转向反右,导致政治学、社会学、心理学作为"资产阶级学科"被取消。1958 年,随着阶级斗争估计的严重化,毛泽东批评大学大有问题。主要体现为两个方面:教学与实践脱节、政治不突出。"教育大革命"下的教育方针就突出大学为无产阶级政治服务,与生产劳动相结合。高等教育的形式采用两条腿走路,包括全日制高校、半工(农)半读高校、业余高校。1966 年,高校招生取消考试,采取推荐和选拔结合方式,打破大学毕业生只能当脑力劳动者的框框。

表 5—1　　　　普通高校理工科与文法商科学生所占比例变化　　　　单位:%

	工科	理科	文科	财经	政法
1949	26	6	10.2	16.6	6.3
1953	37.7	5.8	6.7	6.4	1.8
1957	37	6.5	4.4	2.7	1.9
1961	39.2	10.3	3.5	1.6	0.6
1965	43.8	9.2	6.8	2.7	0.6
1969	56.6	11.5	5.7	0.6	0.1
1973	37.8	7	8.4	1.2	0.1
1977	33.4	6.7	5.6	1.3	0.1

资料来源:《中国教育成就统计资料 1949—1983》。

---

① 《中国教育事典》编委会:《中国教育事典》,河北教育出版社 1994 年版,第 178 页。

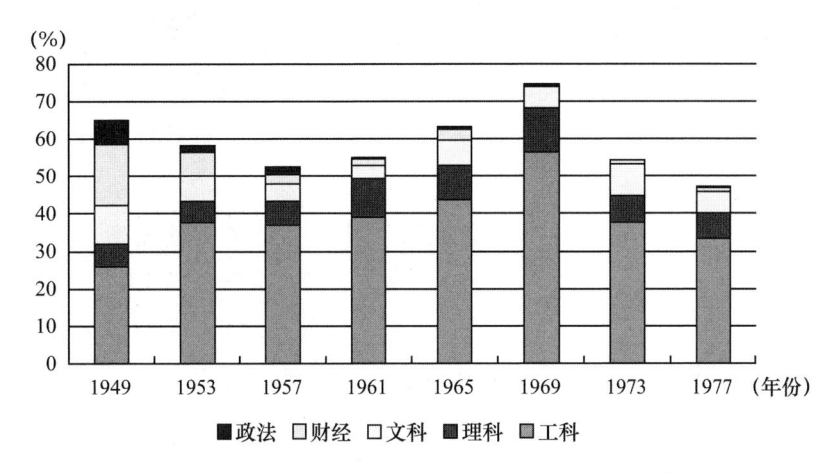

图5—1 普通高校理工科与文法商科学生所占比例变化

资料来源：《中国教育成就统计资料1949—1983》。

20世纪50年代高等教育的改革是当时突出政治的时代产物，改革整体是基本成功的。[①] 主要表现为：建立了与国民经济各部门对口的一批单科院校；按国家经济建设各部门所需人才的规格要求为依据来设置专业；以专业培养目标为核心，围绕专业开展有计划、有组织的教学活动。然而大学发展的前提是遵守大学的内在逻辑和科学发展的规律，当学科综合化成为科学发展的趋势时，人为的院系调整在一定程度上违背了教育规律，破坏了原来大学历史积累的学科特色。虽然政府在课程建设上号召开设既有理论基础，又能适应国家实际应用的课程，但是在具体实施中，出现了偏差，脱离中国实际。大学专业划分过细，专业培养高度计划又缺乏普通教育基础。

1955年，适应阶级斗争形势配备政治工作干部。在1958年的教育大革命时期，在条件匮乏的情况下盲目办大学，数量飙升，资金设施教师等条件配套跟不上。1960年，毛泽东认为生产资料优先增长是一切社会扩大再生产的共同经济规律，鉴于斯大林时期强调重工业而忽视农业的经验，提出中国发展重工业的办法是实行工农业并举。提出"调整、巩固、充实、提高"八字方针，在国民经济各部门调整农轻重的比例，适

---

① 胡建华：《关于建国头17年高等教育改革的若干理论分析》，《南京师大学报》（社会科学版）2000年第4期。

当控制重工业特别是钢铁工业发展速度，统筹安排，到 1962 年全面调整国民经济才贯彻执行。1961 年的全国重点高等学校工作会议贯彻执行"调整、巩固、充实、提高"方针，对高等学校进行"四定"，分别为定规模、定任务、定方向、定专业。1961 年，颁发《高校六十条》指导高校工作，认为教育水平并不等于数量增加，主要是质量提高。学校由 1949 年的 205 所增加到 1977 年的 404 所，普通高等学校毕业生 1949 年为 21353 人，到 1977 年为 194154 人。虽然大学的入学率极低，但为百废待兴的新中国提供了一定的人力资本（表 5—2、图 5—2）。

表 5—2　　　　　　普通高校部分指标（1949—1977 年）

年份	在校生数（万人）	毕业生数（万人）	学校数（所）	专任教师数（万人）
1949	11.7	2.1	205	1.6
1950	13.7	1.8	193	1.7
1951	15.3	1.9	206	2.3
1952	19.1	3.2	201	2.7
1953	21.2	4.8	181	3.4
1954	25.3	4.7	188	3.9
1955	28.8	5.4	194	4.2
1956	40.3	6.3	227	5.8
1957	44.1	5.6	229	7.0
1958	66.0	7.2	791	8.5
1959	81.2	7.0	841	10
1960	96.2	13.6	1289	13.9
1961	94.7	15.1	845	15.9
1962	83.0	17.7	610	14.4
1963	75.0	19.9	407	13.8
1964	68.5	20.4	419	13.5
1965	67.4	18.6	434	13.8
1966	53.4	14.1	434	13.9
1967	40.9	12.5	434	13.9
1968	25.9	15.0	434	14.3
1969	10.9	15.0	434	13.7
1970	4.8	10.3	434	12.9

续表

年份	在校生数（万人）	毕业生数（万人）	学校数（所）	专任教师数（万人）
1971	8.3	0.6	328	13.8
1972	19.4	1.7	331	13
1973	31.4	3.0	345	13.9
1974	43.0	4.3	378	14.8
1975	50.1	11.9	387	15.6
1976	56.5	14.9	392	16.7
1977	62.5	19.4	404	18.6

资料来源：《中国统计年鉴》。

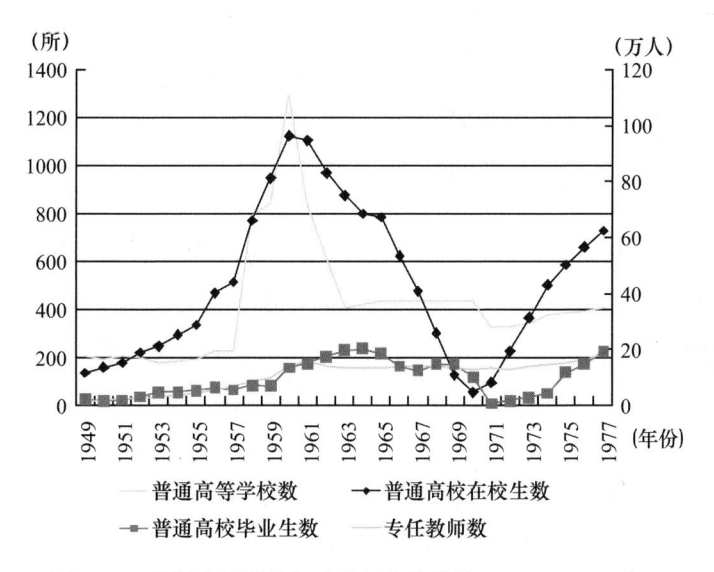

图 5—2　普通高等学校部分指标变化趋势（1949—1977 年）

资料来源：《中国统计年鉴》。

（二）计划下尝试开展科学研究

中华人民共和国成立初期，大学并不注重科研，是在计划体制下开始研究的尝试。究其原因，与国家的科研体制有关。新中国成立初期，工业发展采用产业群外延扩大再生产的方式，而不是依靠技术进步。国家生产与科研体制处于分离状态，政府职能部门是两者联系的唯一渠道，研究与生产脱节，没有市场的需求刺激，没有企业支出，研究经费和重视力度不足，缺乏创新驱动。受到极"左"思潮影响，认为知识越多越反动，知识分子遭到打压。大学任务基本是教学，科研主要集中在研究所，比如1949年成立中国科学院。实行以研究院所为科研主体的国家科研体制，使得大学缺乏科研训练。1954年，中央指示培养青年科学研究人员，北京大学、南开大学等高校举行科学讨论会，全国许多高校开始有计划地进行科学研究。教育部于1956年颁发《高等学校科学研究奖励暂行办法〈草案〉》鼓励科研，设四种奖励，一、二、三等奖和表扬奖，分别发给奖状和1000元、600元、300元奖金，表扬奖只有奖状。在1956年1月召开的知识分子会议上，周恩来代表中共中央发出"向现代科学进军"号召。1956年5月，周恩来在中南海召集全国科学工作的300多位科学家，勉励开展科研，争取在12年内使中国重要和急需部门接近并赶上世界先进水平。1956年12月，在787位科学家的努力下形成《中华人民共和国1956年—1957年科学技术发展远景规划纲要（修正草案）》，主要而紧迫的任务包括发展计算机、半导体技术、无线电电子学、自动化和远距离操纵技术、原子弹、导弹六个方面。1957年，中国科学院对复旦大学苏步青教授、清华大学钱伟长教授、清华大学吴仲华教授、北京大学黄昆教授、东北人民大学唐敖庆教授、北京钢铁学院柯俊教授的六项自然科学研究成果颁发奖状和奖金。1960年教育部制定《三年科学技术发展计划纲要（草案）》，提出在三年时间内在科学技术若干方面赶超世界先进水平。1961年，中央批准实施《科研十四条》，在学术研究中坚持"百花齐放、百家争鸣"方针，为稳定研究工作，规定科研机构实施"五定"，定方向、定任务、定人员、定设备、定制度。

为了贯彻教育与生产劳动相结合的方针，创办校办企业。教育部在1950年成立了直属高等学校学术实习指导委员会，1953年，中央成立生产实习指导委员会，来指导学生的生产实习，并指定中国人民大学等28所高校必须进行生产实习。校办企业主要是工厂和农场，提供学生劳动实习场地和科研加工，开展多种形式的勤工俭学活动。在一定程度上将大学的教学与科研与产业活动结合起来，取得了一定的社会效益。

"文化大革命"期间，受到政治运动的影响，大学成为政治和阶级斗争的工具。政治运动成为大学的一项主要内容，阶级斗争被列为大学的主要课程内容。大学不仅没有促进社会发展，反而助长了社会的混乱，同时也使自身发展经历了一次大的倒退。大学忙于迎合政治需求，大学甚至无视教育发展规律，丧失独有的批判精神。在国家的要求下，高等学校开始举办夜校，开办函授教育，增设专修科、短训班，为国家培养急需的各级各类专业人才。

二　探索尝试服务现代经济建设（1978—1991年）

新中国成立初期建立起了高度集中教育体制，与经济体制相一致，采用计划方式培养人才。这种高度集中教育体制，突出人才培养的政治性，对于巩固新生的国家政权来说起到了一定作用，也体现了大学为本国本民族服务的特点。然而，这种高度计划方式，实际上并没有调动大学主动服务社会的活力。20世纪80年代开始"摸着石头过河"，大学开始主动服务社会的探索阶段。而这一阶段仍然是在国家方针政策的指导之下，观念和制度的变化激发了大学活力。重大转变是1978年思想解放，整个国家社会生活由政治运动转移到经济建设的主轨道上来。1985年教育体制改革，大学获得了一定的办学自主权，激发了一定活力。

（一）面向实际应用培养人才

大学对于科学研究的重视源于政策驱动，"文化大革命"结束后，在中央领导人的重视下，尊重知识、尊重人才的氛围逐渐形成。1977年邓小平主管科教工作，把科学和教育作为国家赶上世界先进水平的基础，提出抓科技必须抓教育，教育重要任务是培养科技人才。随即改革招生制度，1977年恢复高考制度，并恢复招收研究生。高考制度是中国高等教育领域的一件大事，激发了亿万青年学习科学文化知识的热情，并开一代社会风气，中国教育和人才培养开始走上正轨。同时，为了缩小中国科学技术水平与世界的差距，扩大派遣留学生的力度，开始改革开放，向国外学习。

在高等教育发展上面采取发展数量与质量并重。在高等教育政策上是坚持方向、稳定规模、优化结构、深化改革、改善条件、提高质量。全面恢复"文化大革命"期间拆、并、迁的高校，1978年普通高校由1977年404所增加到598所。并通过严格考试，把最优秀的人才集中在重点中学和大学，1978年恢复主办重点大学，第一批确定为88所。解决百万高中毕业生成为待业青年这个严重的社会问题，依靠正规大学数量无法满足社会对人才的需求，教育拓展服务得到发展，采取成人教育、自学考试等多种形式。中国仍然处于落后农业大国的状态，1980年，全国41896万从业人口占全国人口的42.6%，其中农业部门为72.1%，工业部门为13.4%。[①] 1980年，教育部提出发展高等教育应贯彻"两条腿走路"的方针，国务院批转《关于大力发展高等学校函授教育和夜大学的意见》，大学开始积极响应号召。广播电视大学、成人高等院校、大学中的成人教育学院兴起。1980年，举办夜大学、函授教育部的高校只有93所，1985年，这个数量已达到591所，占高等学校总数的58%。1981年建立高等教育自学考试制度。1980年确立学位制度，为提高人才培养层次，1981年开始招收博士生。普通高校由1978年598所增长到1075所，毕业生数由1978年164581人，增加到614267人，到1991年毛入学率才达到3.5%（图5—3）。

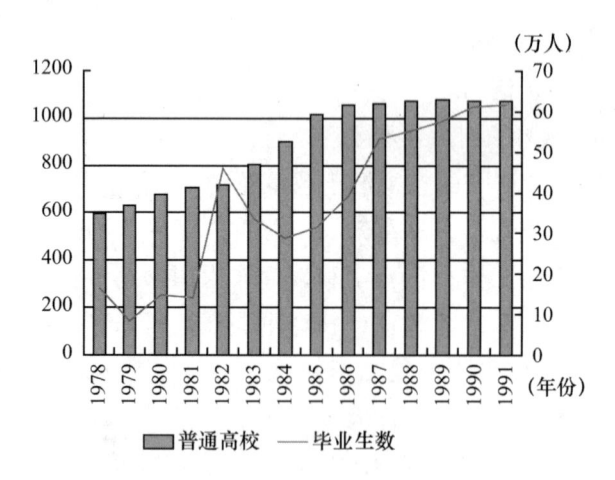

图5—3　普通高校数量和毕业生人数变化（1978—1991年）

资料来源：《中国统计年鉴》。

在探索阶段，改革的主题是面向生产和实际。高等教育内部层次结

---

① 国家统计局：《中国统计年鉴》（1981），中国统计出版社1981年版，第484页。

构、学科结构和专业结构都在调整，按照实际需要、提高质量和效益的原则，适当发展专科教育和应用学科。比如，理科长期培养基础科学研究和教学专门人才，对实际运用不重视，尤其是对工矿企业的需求不重视，不能适应经济建设需要，农业高等教育与农村需要也有差距，不得不进行改革。基础学科得以恢复和发展，应用学科专业发展很快，主要是经济、管理、法学专业增加速度快。社会学、政治学得以恢复，并发展了一批边缘学科专业。比如，1980年，财经专业点为248个，到1986年有1698个，增幅为6.9倍。[①] 1985年，经修订后普通高校社会科学共设专业224个。文科、理科、工程、艺术类、农、林科等都进行教学改革，比较普遍实行学分制。1988年，把面向经济建设作为研究生教育的改革方向，加强应用学科高层次专门人才培养。开展临床医学博士研究生、工程类型硕士生、应用文科研究生教育。毕业生就业由国家分配。在人才培养上，长期面向机关和全民所有制的企事业单位，对于劳动力市场的需求反应迟缓，已经不能适应社会经济发展变化，需要调整和改革，强调增强毕业生的社会适应性。1985年，毕业生分配制度实行改革，缩小了计划分配范围，开始双向选择。

（二）开展科研转化为生产力

中国在经济建设中关键技术依靠引进，怎样才能掌握核心技术是现代化过程中面临的重大问题。拨乱反正之后，科学技术发展提升到国家战略层面，得到国家重要领导人的首肯。邓小平在1978年全国科学技术大会上强调实现四个现代化，关键是科学技术的现代化，提出"科学技术是第一生产力"。科技工作面向经济建设的基本方针，国家通过各种计划，加速科技成果向现实生产力转化。国家设立了科技工作组织机构，并制定相应的科研制度。国家的科技政策扩展到了大学，大学科学研究得到一定的制度保障。1977年再度成立国家科学技术委员会，领导全国科技工作，委员会主任由国务院副总理方毅兼任。1982年，恢复了对高校的科研拨款，以"教育事业费"科目为名为部属重点高校增拨科研经费。

[①] 中国教育年鉴编辑部：《中国教育年鉴》（1985—1986），湖南教育出版社1988年版，第411页。

表5—3　　　　　　　关于推进大学科技工作部分举措

年份	举措
1984	建设国家重点实验室
1985	中共中央关于科学技术体制改革的决定
1985	中共中央关于教育体制改革的决定
1986	成立"经济科技合作协调小组"
1985	设立博士学科点专项科研基金
1987	优秀年轻教师基金
1986	"863计划"实施
1986	设立国家自然科学基金
1987	设立国家社会科学研究基金
1987	成立国家教育委员会科学技术委员会
1988	火炬计划
1989	技术合同法
1991	国家教委、国家科委关于加强高等学校科学技术工作的意见
1991	启动高等学校工程研究中心
1991	攀登计划

资料来源：据《中国教育年鉴》整理。

随着国家经济体制由高度计划向商品经济转变，高度计划的大学管理体制也开始改革。20世纪80年代中期，中国高校开始内部管理体制改革探索。1984年，党的十二届三中全会通过了《中共中央关于经济体制改革的决定》，决定加快经济体制改革，发展社会主义商品经济。在这一宏观经济体制改革背景下，1985年，中央分别通过了关于科技体制和教育体制改革的两个决定，提出建立与有计划的商品经济相适应的科技体制和教育体制。在教育体制上，提出打破计划体制下统得过死、过多的局面，调动各方面积极性，使得高等教育获得新生。在科学技术体制上，运用经济杠杆和市场调节，促使科研机构包括大学在内，具备自我发展和自动为经济建设服务的活力。主要强调科学技术和科技工作都以经济建设为目标，加快技术成果转化为生产力。1985年以后，大学被赋予了教学中心和科研中心的双重功能，政府进行了一系列的改革，促进大学发挥研究的功能，承担起基础研究和应用研究的责任（表5—3）。

这一时期高校科技成果转化成为生产力，主要采取以下途径：转让单项技术；同产业界合股经营共同开发产品；学校办"技、工、贸"相结合的科技企业；建立教育、科研、生产联合体，负责人才培养、科学研究和产品与技术的开发工作。1982—1987年，据42所高等学校的统计，在可计算的经济效益技术成果中，多项经济效益在500万元以上，80例累计经济效益达100多亿元。据不完全统计，到1991年，全国建有大学、科研和生产部门结合"三结合联合体"570个。在国家科委倡导国家教委的支持下，清华大学、北京科技大学、天津大学和大连理工大学在1991年成立了研究推广中心。20世纪80年代各高校纷纷创办校办产业，作为补充办学经费的一个来源（表5—4）。

表5—4　　校办工厂、农（林）场纯收入基本情况　　单位：万元

年份	合计	校办工厂纯收入	农副业纯收入	其他收入
1975	5577.65	5430.76	134.35	12.54
1976	5438.75	4890.09	493.74	54.92
1977	7540.06	6780.69	387.86	361.51
1978	6394.88	6355.77	16.66	22.45
1979	9265.90	8298.46	869.92	97.52
1980	7373.32	6806.04	333.87	233.41
1981	—	—	—	—
1982	8632.60	6527.90	478.20	1626.50
1983	9904.32	7553.26	406.88	1944.18
1984	13746.58	9749.79	946.19	3050.60
1985	55040.44	16350.43	1022.29	37667.72
1986	65338.08	17208.98	1022.29	37667.72
1987	69237.47	20578.91	1109.23	47549.33
1988	92094.12	25951.02	1285.17	64857.93

资料来源：据《中国教育成就统计资料1949—1983》《中国教育成就统计资料1980—1985》整理。

大学参与国家科技活动，取得一定成果。比如，1988年国家教委属高校承担国家"七五"科技攻关项目，委属高校签订合同1485个，经费2亿多元。1988年，高校参与国家重点引进消化的"十二条龙"，共有31所大学参加，项目经费为1.61亿元。大学开始探索科技成果快速转化为现实生产力的运行机制，也出现不少低水平重复建设现象。

三　科教兴国战略下的大学崛起（1992—2014年）

经过20世纪80年代的摸索发展期，中国社会进入深化改革时期，最重要的标志是1992年党的十四大召开，确立社会主义市场经济体制。1992年，邓小平提出经济发展必须依靠科技和教育，落实"科学技术是第一生产力"的思想，并且把教育摆在优先发展的地位。四个现代化的前提是科技的现代化，坚持"科学技术工作面向经济建设，经济建设依靠科学技术"的战略方针。当时科技工作偏重研究，与经济不太结合。经济建设偏扩大规模、增加产值，缺乏科技为动力，创新不足。[①] 1995年，江泽民在全国科学技术大会上提出科教兴国战略，把经济建设转移到依靠科技进步和提高劳动者素质轨道上，加速发展高科技，实现产业化。这一时期高等教育取得跨越式发展，可以归结为多种因素作用的结果，其中基础性的原因是高等教育制度，尤其是国家宏观高等教育管理制度的变革与重构。[②]

（一）扩招提升人力资本储量

中国科技落后根本原因是人才培养落后，在20世纪90年代中期，中国经济发展对高级专门人才需求旺盛，无论是高水平创新人才还是高级应用型、技能型人才都十分缺乏，出现了严重的"技工荒"。随着知识和市场经济来临，人才和市场的流动性将会加大，对于人才的需求更加强调综合素质和能力的提升，需要整体素质高的人才。大学教育是人的高级社会化过程，大学按社会发展所需来培养人才。从1898

[①] 朱丽兰：《科教兴国——中国迈向21世纪的重大战略决策》，中共中央党校出版社1995年版，第66页。

[②] 陈学飞：《高等教育系统的重构及其前景——1990年代以来中国高等教育管理制度的改革》，《高等教育研究》2003年第4期。

年京师大学堂创立后的100年间，中国高等教育发展缓慢，1993年毛入学率为5%，而当时世界平均水平为18%。全国人口中接受高等教育的比例仅为1.44%。[①] 1993年，党中央、国务院正式发布了《中国教育改革和发展纲要》，这是适应20世纪90年代中国经济社会发展和建立社会主义市场经济体制要求的一个纲领性教育文件。1999年《中共中央国务院关于深化教育改革全面推进素质教育的决定》提出落实和扩大办学自主权。

发挥大学在人口大国向人力资源大国转变中的作用，如此低的入学率已经不能满足社会对高层次人才的需求。高校在获得一定办学自主权时，开始采用联合办学、委托培养和招收自费生等形式拓展招生，并通过培训班、学习班方式加大人力资本培养。中央政策稳步发展高等教育，以内涵为主，为满足产业结构调整和高新技术产业需求发展职业高教，培养一线技术人才。一批经济学家从拉动内需、削减就业高峰的角度建议政府扩大高等教育规模；一些教育专家基于世界高等教育大众化、普及化的趋势和中国高等教育现状，建议适当加快高等教育发展步伐。1999年6月，中国政府决定扩招，当年招生159.68万人，比上年增加51.32万人。预计到2010年高等教育毛入学率达15%，进入大众化阶段。实际上2002年毛入学率已经达到15%，比预定的计划提前了8年。普通高等学校的数量从1991年1075所增加到2013年2491所，当年毛入学率为34.5%（图5—4）。通过扩招，高等教育为经济社会服务的能力显著提高，为国家实施科技创新、经济增长方式转变培养了大批高素质人才。仅"十五"期间，高等教育为社会输送了1397万名毕业生。

社会主义市场经济体制确立，社会力量办学得到快速发展，加大人力资本储蓄。1978年，恢复民办高校，2002年《中华人民共和国民办教育促进法》的出台，以及2004年《中华人民共和国民办教育促进法实施条例》的颁布，标志大学办学体制的重大突破。民办大学进入依法办学时期，同时也进入发展期（图5—5）。民办高校主要以高职院校为主，本

[①] 改革开放30年中国教育改革与发展课题组：《教育大国的崛起：1978—2008》，教育科学出版社2008年版，第24页。

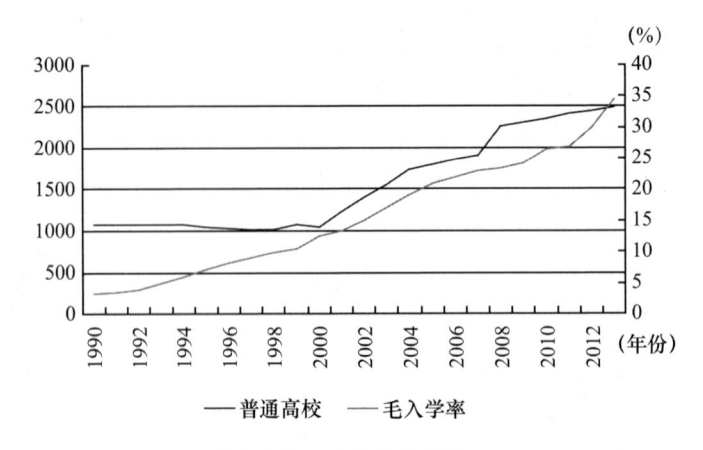

图 5—4　毛入学率与普通高校变化趋势（1990—2013 年）

资料来源：据《中国教育统计年鉴》《全国教育事业发展统计公报》整理。

科学校所占比例很小，从 2008 年开始有所增加，主要是独立学院。

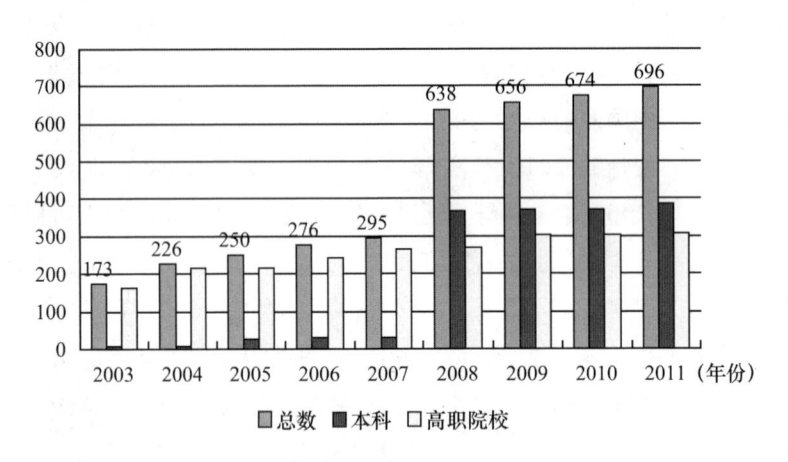

图 5—5　民办大学数量及其构成（2003—2011 年）

注：本科包含独立学院、高职院校包含专科。
资料来源：据《中国教育统计年鉴》整理。

随着高等教育数量的扩展，质量问题出现。随之而来出现毕业生就业压力，同时创新型人才和高科技人才不足，杰出人才严重缺乏。高等教育理想目标"规模、结构、质量、效益"协调发展，但在现实成效上存在重数量、轻质量急功近利发展倾向。① 适应中国新型工业化道路，以行业企业为导向，切合经济发展的工程教育人才尤其缺乏。要以社会需求为导向深化教育教学改革，高校科技创新与人才培养紧密结合。比如，2010年，教育部启动卓越工程师教育培养计划，通过自愿申请、专家论证形式，清华大学等61所高校加入第一批卓越计划。2012年，教育部、财政部在"全面提高高等教育质量工作会"上正式印发了关于实施高等学校创新能力提升计划，也就是"2011计划"的意见。"2011计划"以机制创新为特色，强调科技第一生产力和人才第一资源，"人才、学科、科研"三位一体提升创新能力。

（二）政策驱动大学科技创新

创新是一个民族发展的灵魂，国家把提高大学科技创新的能力上升到政策层面。新中国成立以来的发展属于粗放式的，主要不是依靠科技进步。落实科学技术是第一生产力思想，通过振兴科技优化产业结构，高度重视农业，加快发展基础工业和第三产业。邓小平强调农业依靠高科技，发展生物技术的现代农业。先进技术可以引进，并且需要技术消化的能力，但是高端核心技术只能通过自主创新。社会主义市场经济体制和科学技术自身发展的规律要求转变现有的科技体制，科技与经济结合，通过科技进步提高社会生产力。强调自主研发和国外技术引进相结合，强调科技成果转化为现实生产力。寻求改革科技发展的动力，改革的原则为，在政府宏观调控下，充分发展市场机制对科技进步的推动作用。于是，政府制定了一系列的方针政策来推动科教兴国战略（表5—5）。

表5—5　　　　　　　政府推动科技进步部分政策措施

年份	政 策 措 施
1992	产学研联合开发工程
1993	中华人民共和国科学技术进步法
1993	启动"跨世纪优秀人才计划"
1994	增设"杰出青年基金"

---

① 潘懋元等：《改革开放30年中国高等教育思想的转变》，《高等教育研究》2008年第10期。

续表

年份	政策措施
1994	国家教委、国家科委、国家体改委关于高等学校发展科技产业的若干意见
1995	关于加速科学技术进步的决定
1995	启动"211工程"
1995	实施"新世纪百千万人才工程"
1995	科教兴国战略
1995	实施技术创新工程
1996	中华人民共和国促进科技成果转化法
1999	启动"985工程"
1999	国家科学技术奖励条例
1999	中共中央、国务院关于加强技术创新，发展高新技术，实现产业化的决定
1999	关于开展大学科技园建设试点的通知
2001	关于北京大学清华大学规范校办企业管理体制改革试点指导意见
2001	关于推进行业科技工作的若干意见
2002	关于国家科研计划项目研究成果知识产权管理的若干规定
2006	国家中长期科学和技术发展规划纲要（2006—2020）
2006	推进产学研结合工作协调指导小组
2010	国家中长期教育改革和发展规划纲要（2010——2020）
2012	"2011计划"

资料来源：据《中国教育年鉴》整理。

（三）加大经费投入力促科技进步

社会技术匮乏迫切需要大学提高科技支撑，而大学科技创新能力亟待提高。世界银行考察团在1993—1994年对中国高等教育进行考察和调研时指出，21世纪中国一个十分紧迫的任务是要掌握中等技术水平产品的制造技术，并加快向提供高技术产品和服务的目标过渡。1994年，联合国《世界科学报告》中指出，科学是财富之源，掌握知识多寡成为穷国与富国的差别。20世纪90年代初，中国每万美元GDP能耗是美国的3倍、日本的9倍。1996年，中国GDP总量排世界第7，科技国际竞争力却排第 28 位。① 国际管理开发研究所报告中 1997 年度国际竞争力统计结果显示,中国在 46 个对比国家中科学教育排名第 34 位,教育体制契合国家经济竞争力排名第 40 位。中国研究主体以本科生为主,研究生仅占 1/3,发达国家以博士为主,技术贡献在经济增长率中达 60%—80%。中国在 1998—2003 年 GDP 年均增速达到 8.7%,而科技进步贡献率才 39.7%。由此可见,大学在科技的贡献度上还不足,基于此中国迫切需要提高科技进步的贡献度(表 5—6)。

表 5—6　　　　　　　　　科技进步贡献率　　　　　　　单位:%

	1998—2003 年	1994—2004 年	2000—2005 年	2001—2006 年	2002—2007 年	2003—2008 年	2004—2009 年	2005—2010 年	2006—2011 年	2007—2012 年
GDP 年均增速	8.7	9.2	9.6	10.0	10.4	10.8	10.6	10.3	11.1	9.3
科技进步贡献率	39.7	42.2	43.2	44.3	46.0	48.8	48.4	50.9	51.7	52.2

资料来源:《中国教育事业年鉴》。

为增加科技投资和鼓励竞争,转变了科研经费投入方式,由政府单一"供给制"的无偿拨款,向计划和市场相结合转变,引入无偿拨款和有偿使用资金,中央和地方财政拨款、多渠道自筹经费,竞争和择优相结合的机制。技术研究和开发是科学技术知识变成现实生产力的关键。在《关于加速科学技术进步决定》中规划到 2000 年,研究开发经费达国内生产总值的 1.5%,而实际上只占到 1%。美国在 2000 年这一数据达到 2.6%,在 1957 年 R&D 投入与 GDP 的比例超过 2%,而中国在 2013 年才达到这一比例。中国技术研究与开发的投入经费总量不足,但是在逐年上升(表 5—7)。R&D 投入呈上升趋势,但是比例并不很高。大学所占的份额并不高,日本大学所占份额达到 20% 以上。并且从 2005 年开始都显示下降趋势。党的十八大提出,中央全面提出实施创新驱动发展战略,2013 年,大学是培养高层次创新人才的重要平台。到 2020 年,实现社会研发经费占国内生产总值 2.5% 以上目标。

---

① 中国教育年鉴编辑部:《中国教育年鉴》(1999),人民教育出版社 1999 年版,第 33 页。

表 5—7　R&D 投入部分年份指标变化（1990—2013 年）

年份	全国总支出（亿元）	全国占 GDP 比例（%）	高校总支出（亿元）	全国 R&D 人员全时当量（万人年）	高校 R&D 人员全时当量（万人年）	高校占全国比例（%）
1990	125.4	0.71	11.4	—	12.6	9
1991	142.3	0.72	13.7	67.1	14.5	10
1992	169.0	0.70	19.2	67.4	12.8	11
1993	196.0	0.62	27.8	69.8	13.9	14
1994	222.0	0.50	38.7	78.3	17.2	17
1995	348.7	0.57	42.3	75.2	14.4	12
1996	404.5	0.57	47.8	80.4	14.8	12
1997	509.2	0.64	57.7	83.1	16.6	11
1998	551.1	0.65	54.4	75.5	16.9	10
1999	678.9	0.76	63.5	82.2	17.6	9
2000	895.7	0.90	76.7	92.2	15.9	9
2001	1042.5	0.95	102.4	95.7	17.1	10
2002	1287.6	1.07	130.5	103.5	18.1	10
2003	1539.6	1.13	162.3	109.5	18.9	11
2004	1966.3	1.23	200.9	115.3	21.2	10
2005	2450.0	1.32	242.3	136.5	22.7	10
2006	3003.1	1.39	276.8	150.3	24.2	9
2007	3710.2	1.40	314.7	173.6	25.4	9
2008	4616.0	1.47	390.2	196.5	26.6	9
2009	5802.1	1.70	468.2	229.1	27.5	8
2010	7062.6	1.76	597.3	255.4	29.0	9
2011	8687.0	1.84	688.8	288.3	29.9	8
2012	10298.4	1.98	780.6	324.7	31.4	8
2013	11846.6	2.08	856.7	353.3	32.5	7

资料来源：据《中国科技统计年鉴》整理。

根据（表5—7）可以绘出（图5—6）的变化曲线图，国家在研究与开发的投入上从 2000 年开始呈明显上升趋势，1990 年占 GDP 总额的

0.71%到2000年的0.9%，上浮比例0.19个百分点，幅度极小。2010年，增长至1.76%，增幅0.86个百分点。大学所获投入逐年上涨，但是上涨的幅度不大，所占的份额略有下降，2006年，开始低于10%，说明其他部分如企业等增速要快于大学，在国家的技术创新体系中企业占主体部分。高校在研究与开发（R&D）全时人员总量上呈上升趋势，但是在占全国的比例上，1991年占到22%，中间略有起伏，到2006年下降到16%，且呈下降趋势，2013年所占比例为9%。

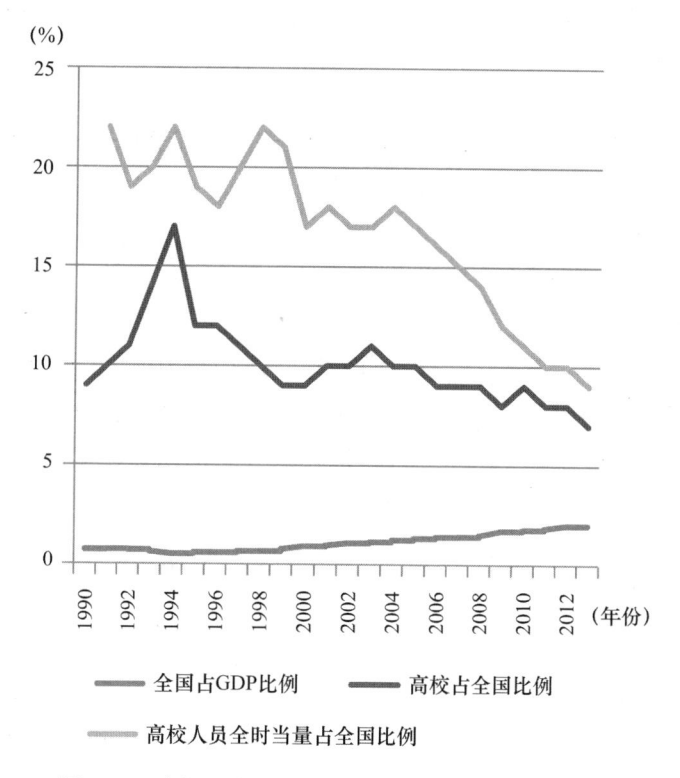

图5—6 高校研究与开发（R&D）部分指标变化趋势

资料来源：据《中国科技统计年鉴》整理。

市场尚不健全的情况下，政府在科技进步中起到领导作用。在科教兴国的战略下，重视基础研究，发挥高校在基础性研究中的作用，在国力基础上重点选择集中力量攻关。在研究与开发经费的投入上，大学基础研究比重加大，由1992年12.5%上升到2013年35.9%，说明大学逐渐发挥在基础研究中的作用（图5—7）。

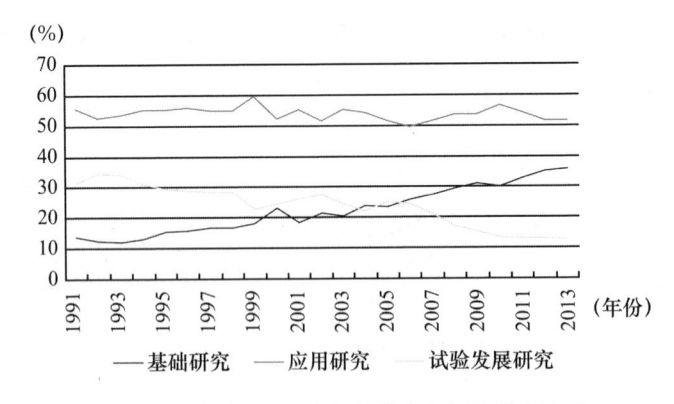

图5—7　大学R&D内部经费中各部分所占比重

资料来源：据《中国科技统计年鉴》整理。

在经费收入的增加和政策激励下，大学研究实力上升。为了鼓励科研，1999年颁发了《国家科学技术奖励条例》。目前高校聚集了大批人才，为知识创新和科技创新提供了人才储备。中国61.8%的国家重点实验室、31.7%的国家工程研究中心建在高校，47%的中国科学院院士、42%的中国工程院院士、社会科学领域约70%的研究人员都在高校。大学在科学研究上发挥出重要作用，在国家三大科技奖励中的比重有所增加，占了半数以上（图5—8），开始在最高奖项上有所突破，发挥大学知识创新的作用。

（四）产学研结合推动产业升级

科学技术转化为生产力的重要途径之一是产学研结合，这段时期，在产学研的形式上有所拓展，并取得一定的效果。美国经济学家熊彼特（Joseph A. Schumpeter）在1912年《经济发展理论》一书中提出创新概念，定义为"生产要素的重新组合"，包括五种形式，引进一个新的产品，开辟一个新的市场，找到一种原料的新来源，发明一种新的生产工艺流程，采用一种新的企业组织形式。他强调科技与经济结合，将科技发明引入生产体系的活动才是创新。熊彼特的这种思想在战后得到普遍重视，成为产学研合作的理论基础。大学开始发展产学研联合体，1992年，第一届产学研联合开发工程工作会议在北京召开，通过此工程实施，

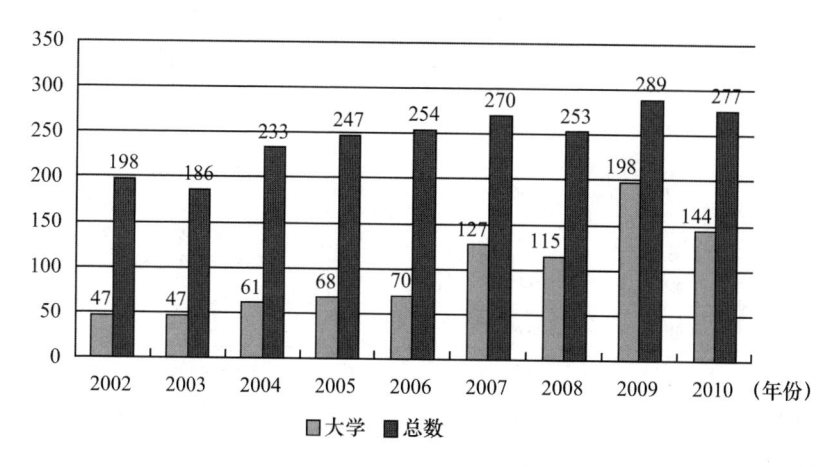

图 5—8 大学近年来所获国家科技奖励情况

注：奖励包括国家三大科技奖励，国家自然科学奖、国家技术发明奖、国家科技进步奖。
资料来源：据《中国科学技术奖励年鉴》整理。

高校参与大多数项目，产学研合作得到发展，促进了科技成果转化，为国民经济发展做出贡献。1997年，温家宝在国家科学技术奖励大会上强调有条件的科研机构和大专院校以不同形式进入企业或者合作，兴办高新技术产业，走产学研结合的道路。推动产、学、研结合，鼓励高校的科技力量进入企业，开展合作，比如技术改造和开发，中试基地、工程技术开发中心等多种形式。[①] 1998年，联合国教科文组织在巴黎发表《世界高等教育宣言》，提出高等教育发展的适切性，根据社会对高校的期望和高校的行动之间吻合程度来评定是否具有适切性。产业发展是社会基础需求，高校需要加强与产业界的长期联系。[②] 为了增加科技人才的培养适切性，1999年，全国有200多所大学有组织开展产学合作。1997—2011年，普通高校自然科学部分签订技术转让合同10万余项，成交金额206.4亿元，出售专利近12637次，成交金额54亿多元（表5—8）。

[①] 朱丽兰：《科教兴国——中国迈向21世纪的重大战略决策》，中共中央党校出版社1995年版，第14页。
[②] 联合国教科文组织：《〈世界高等教育宣言〉概要》，《教育发展研究》1999年第3期。

表5—8　普通高等学校自然科学部分参与市场活动的部分指标

年份	技术转让 合同数（项）	技术转让 收入（千元）	专利出售 项数	专利出售 收入（千元）	知识产权授权
1997	4248	386398	362	36532	—
1998	4225	544556	371	55369	—
1999	3973	694871	298	70096	—
2000	4946	1185374	299	125396	—
2001	5540	1339596	410	258608	—
2002	5683	1098166	531	219999	—
2003	7809	1579611	611	359536	3954
2004	9188	1355338	731	277585	6399
2005	7321	1259343	842	294774	8843
2006	6878	1256226	701	286832	12043
2007	6920	1316542	711	447608	14111
2008	8408	1978153	1311	670115	17418
2009	8770	2152646	1571	762182	24708
2010	9159	2082073	1745	721016	35098
2011	10550	2409798	2143	822901	49436

资料来源：据《中国教育统计年鉴》《中国教育事业统计年鉴》整理。

在社会科学方面，同样加大了服务社会的力度，面向社会实际问题开展研究，发挥人文社会的智力库和政策咨询功能。研究与咨询报告被社会所采纳，实现科研成果的转化（表5—9）。

表5—9　普通高等学校人文、社会科学研究与咨询报告被采纳情况　单位：篇

年份	2000	2001	2002	2003	2004	2005	2006	2007	2008	2009	2010	2011
数量	2883	1942	3521	4013	2898	3325	3945	2626	3905	3347	3545	4562

资料来源：据《中国教育事业统计年鉴》整理。

参与技术市场活动能力和效益都在增加，高校参与技术市场项目可以分为技术开发、技术转让、技术咨询和技术服务几个部分。技术开发

主要有委托开发和合作开发两种形式。技术转让包括技术秘密转让、专利实施许可转让、专利权转让、专利申请权转让、计算机软件著作权转让、集成电路布图设计专有权转让、动植物新品种权转让、生物、医药新品种权转让等。技术服务包括一般性技术服务、技术中介、技术培训。随着对知识产权的规范和重视,大学科技转化市场活动增加(图5—9)。在整个技术市场活动中,自1996年国家颁发促进科技成果转化法以来,技术市场活动开始活跃。1992年,全国技术市场成交金额为1416182万元,其中高校金额为93588万元。2000年,全国技术市场成交金额为6507519万元,其中高校金额为1105282万元。2001—2002年成交金额略有回落,在2003年稍有起伏,到2006年回落到649612万元,之后一直呈上升趋势。由此可见,虽然有了政策的驱动,大学在回应技术市场中活力还不是很突出。

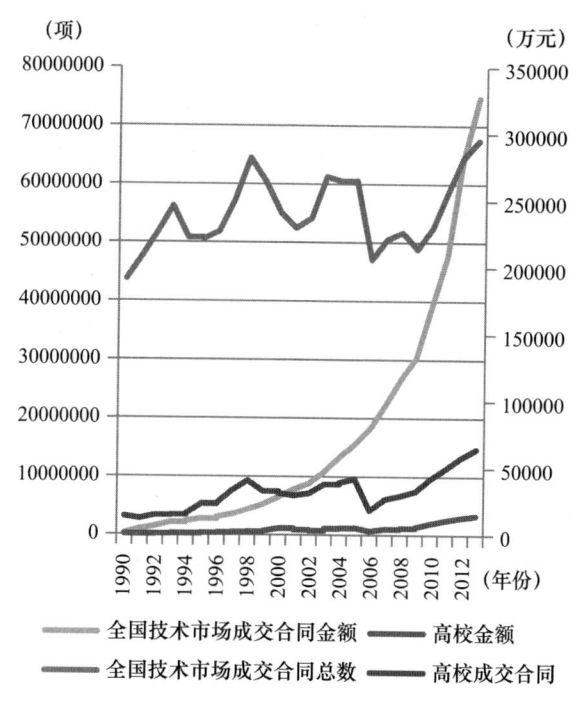

图5—9 全国技术市场成交合同情况(按卖方类型分)

资料来源:据《中国科技统计年鉴》整理。

为推动高校的科技创新和高校科技产业,为产业升级服务,国家政策支持发展大学科技园,培育知识和智力密集、具有市场竞争优势的高新技术企业和企业集团。以科技园为依托,形成高新技术产业化孵化基地。鼓励教师和科研人员进入高新技术产业开发区从事科技成果商品化、产业化工作。在加强技术创新、发展高科技实现产业化的决定中,强调企业是技术创新的主体,推进研究开发的基本出发点是市场需求、社会需求和国家安全需求。1999年,启动15家国家大学科技园,国家建立科技型中小企业技术创新基金,为高新技术成果转化活动提供资金支持。对高新技术产品实行税收扶持,对社会力量资助的高校研发经费按一定比例在计税所得额中扣除。对技术转让、开发以及技术咨询、技术服务的收入,免征营业税。大学研究与开发(R&D)内部经费支出中主要以政府为主,企业投入部分变化不大(图5—10)。比如2005年,企业资金为88.9亿元,占大学内部总支出的36.7%,到2013年,为242.9亿元,比例为33.8%,略微下降,中国大学产学研的程度仍不是很高。

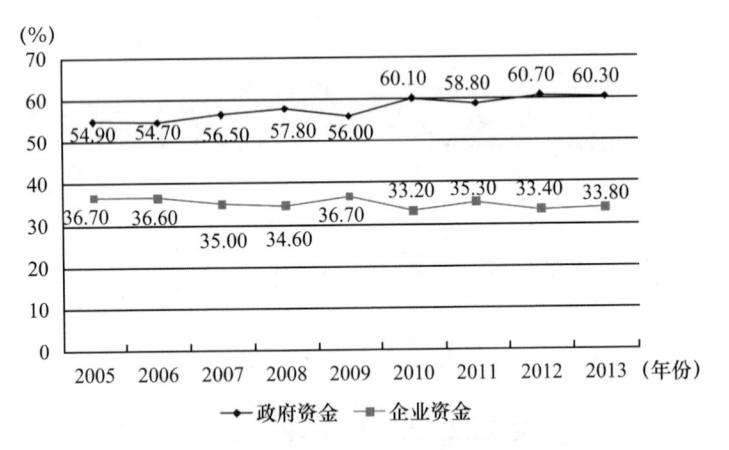

图5—10 大学R&D经费内部支出中政府与企业所占的比重(2005—2013年)

资料来源:据《中国科技统计年鉴》整理。

(五)构建一流大学推促经济创新

为了迎接21世纪高科技的挑战,政府提出建设世界先进水平的一流大学,通过科技创新和人才培养创新应对高新技术产业化,服务经济建设。国家财力有限,为了保障实现重点办学,用倾向性资金、有选择地发展高等教育事业，为一批重点高等院校向高、精、尖和世界一流迈进。主要两项措施就是"211 工程"和"985 工程"。1995 年，由中央拨出专项资金实施"211 工程"，目标是集中国家财力办好 100 所左右重点大学和一批重点学科及专业。面向经济主战场，培养国家急需的高级专门人才和应用技术人才，面向基础产业和支柱产业建设重点学科。实施"211 工程"以来，以重点建设的学校为依托，按照资源共享、服务全国的原则，从整体上加强高等教育基础设施建设，提高高等学校的办学水平和办学效益。2006 年，95 所"211 工程"大学验收显示，通过十年建设，研究生培养能力提高 5 倍，科研经费增长 7 倍，SCI 论文发表数增长近 7 倍，具有博士学位的教师增加近 5 倍，仪器设备总值增长 4 倍。初步构建了高等教育公共服务体系，"211 工程"建成了中国教育和科研计算机网（CERNET）八大地区主干网和十大重点学科镜像系统，为中国高等学校了解和掌握最新科技发展的前沿动态，提高科技竞争力提供了便利和必需的条件。承担了全国 1/2 的国家自科基金项目和"973"项目，1/3 的"863"项目。获得的国家科技三大奖中的一、二等奖占全国 1/3。[①]

  面向 21 世纪教育改革和发展的方向，促进教育与经济社会发展紧密结合，为现代化建设提供各类人才支持和知识贡献。1998 年《面向 21 世纪教育振兴行动计划》中，明确将"建设世界一流大学"作为"具有重大战略意义"的发展目标，强调加强科学研究以及高校高新技术产业研究作为经济发展新增长点。1999 年启动的"985 工程"是中央政府对高等教育又一选择性拨款的典型。1999—2003 年，中央专项资金投入 140 亿元，2004—2007 年中央专项资金投入 189 亿元。2008 年，启动"985 工程"三期建设，实施优势学科创新平台计划。"985 工程"采用多种渠道共同筹集资金形式，中央、地方、部门和企业共建，中央专项资金重点用于科技创新平台、哲学社会科学创新基地和队伍建设等方面。2008 年，"985 工程"学校有 39 所，在全国高校中的比例不到 3%，在博士生数、重点学科数、国家重点实验室数、两院院士数和研究生数均占 50% 以上。根据美国反映学术影响力的"基本科学指标"（ESI）数据库统计，

---

① 中国教育年鉴编辑部：《中国教育年鉴》，人民教育出版社 2007 年版，第 195 页。

2001年,"985工程"学校在各领域世界前1%的学科仅40个论文被引次数,2008年达140个。

国家通过"211工程"和"985工程"的建设,建成了一批高水平的综合性研究型大学。这批大学承担了大量的国家大科研项目和课题,获得了一批具有标志性、突破性和对经济社会发展具有重大意义与推动作用的重大成果。拓展了国家交流和合作的领域,学术交往更加活跃,在国际学术界的影响力和知名度不断提高,为中国改革开放和现代化建设做出了重大贡献。例如2003年,教育部启动哲学社会科学研究重大攻关课题,每年评定40个左右重大课题,重点支持对国家经济社会发展需要下的深入、系统的创新研究。其中"985工程"学校占据主要部分(图5—11)。

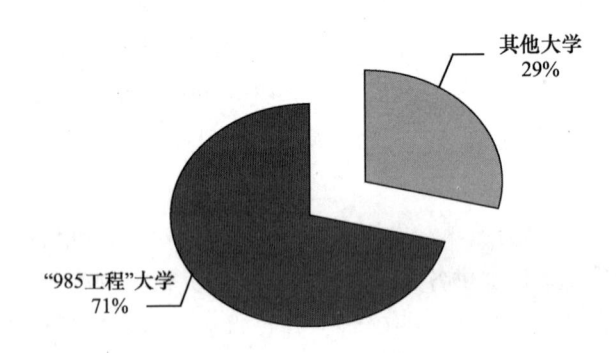

图5—11 教育部哲学社会科学研究重大攻关课题分布

资料来源:"985工程"建设报告。

随着"985工程"的品牌及科研能力和人才培养能力的提升,企业和社会对"985工程"大学的科研经费投入增加(图5—12)。

2014年,习近平在北京大学师生座谈会上首次明确提出"办好中国的世界一流大学",重申党和国家建设世界一流大学的战略决策。强调一流大学是符合中国社会需求,符合中国社会实际的大学,为本国和本民族服务的大学。中国大学已经迫切感觉到创新的重要性,在科技创新中已经取得成效,对创新型国家做出了一定的贡献。

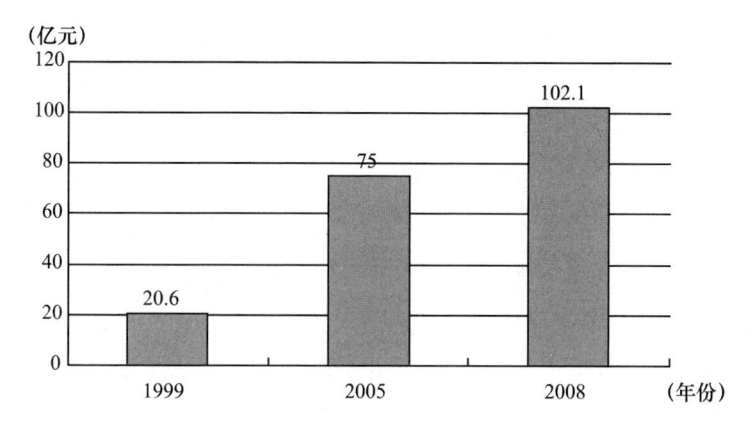

图 5—12　"985 工程"大学来自企业和社会委托的科研经费变化

资料来源:"985 工程"建设报告。

第二节　政府主导功用模式特征

在以上分析中可以得出中国大学服务社会是一种典型的政府主导功用模式,在每一个发展阶段都具有浓厚的行政主导的色彩。同时也反映出大学与国家的政治、经济、社会发展在主观努力上是同步的,然而在实践当中却在一定程度上滞后社会发展。可以概括为以下几个特征。

一　政策导向决定大学行动指向

大学应社会需求而生,中国大学却是通过高度计划来替代社会需求。纵观中国大学发展历史,就会发现中国大学服务社会模式处于高度政府主导之下,基本以国家的政策或者教育行政部门的命令为旨归。从服务政治到服务经济建设,从培养又红又专的社会主义建设者到培养创新型人才都是在政策的驱动下进行。在改革开放之前,服务模式受到高度计划,含有被动性。改革开放之后,以宏观调控和市场机制相结合。中华人民共和国成立,教育管理制度适应计划经济发展需要,高度计划、统一和集权。政府与大学之间是一种上下级的行政关系,政府领导了大学的财务、人事到教学,大学缺乏自主权。大学与社会之间的联系通过政府中介来实现,这样就造成了大学对于社会需求反应的滞后。经过 1985

年教育体制改革之后，大学获得了一定的办学自主权，但是大学仍然处于政府的主导之下。比如在科研投入的体制上面，政府设立了多种形式的科研基金，这样就出现问题，科技项目和管理多头，缺乏统筹协调，导致条块分割、管理标准边界模糊。科研人员花费更多精力作预算、跑项目，科研成果不能反映市场需求。大学之间缺乏竞争、压力和危机导致对人才培养质量的下降和对市场需求的漠视，比如用制造论文为科研取向等。① 这样容易导致官本位，造成大学的内在主动性缺失。

政府通过政策来规范大学的行动，但政府对大学的权力本身缺乏制度的约束，往往造成对大学的过多干涉和控制。比如1985年《中共中央关于教育体制改革的决定》，高等教育管理中心下移，"条块分割"得到缓解，改革政府统得过死的管理体制，扩大大学办学自主权，增强主动应对社会经济发展的活力。完善大学内部治理结构和提升治理能力是大学主动服务社会的关键因素。大学在制度层面没有建立起自身学术权力，政府的政策往往造成文牍主义，离真正的权力下放还有一段距离。政府本身容易造成行为失范，习惯于以行政命令取代法律法规和社会需求。方针、政策必须符合教育发展的规律，以及在法律的规范之下。但是政府的方针、政策往往缺乏严谨的科学论证，多有模糊之处。需要政府充当大学的监督者，转变政府职能，对大学的控制转变成为对大学的监督，从权力型政府转变成为服务型政府。大学本身需要遵循教育规律，强化办学水平，从等靠要的大学转变成为对社会负责任有担当的大学。

大学服务社会模式受到国家政策的驱动，按照国家计划单一服务。政府主导具有预见性，代表主流社会需求，而社会需求需要大学回应，计划经济下完全由国家计划统筹显示出僵化性。适应社会主义市场经济，大学通过科技服务促进经济发展，大学开始面向社会，为社会服务。中国大学在政府主导下，一直展现出功用的要求，1949—1966年，倡导为工农服务，拨乱反正时期为社会主义现代化服务，改革开放提出"科教兴国""人才强国""建设世界一流大学"，21世纪大学被要求服务创新型国家建设，"建设中国的世界一流大学"等。政府是大学的主办者，政府往往按自身的政绩要求设计大学的发展规划。阿什比从生物学角度论

---

① 熊丙奇：《大学只有一个真正的功能：人才培养》，《大学》（学术版）2010年第2期。

证大学是遗传和环境的产物，作为传播高深知识、生产高深知识和创造高深知识的大学在保持作为大学本性的遗传基因的同时，回应本国的切实需求，服务社会经济发展，从而达到与所处环境的和谐。大学按照社会环境的发展要求，来组织人才培养和科学研究。政府高度计划实际上传递了一种官僚文化，大学作为高级社会化的场所，无形中传递了这种文化，出现迎合上级指标，迎合上级指示，而忽视真正社会需求的特征。

二 大学"同质化"且类型层次互不融通

中国大学服务社会模式一个重要特征就是"千人一面"，缺乏自身特色，不论是人才培养还是科学研究等都存在趋同固化。社会需求的多样性并没有得到大学多样性服务的回应。究其原因是多种因素造成的，其主要因素可以归结为制度层面的设计。办学体制是高等教育体制改革的重要部分，中国建立了"国家集中计划，政府直接管理"的体制，长期以来政府是高等学校办学的唯一主体。在经费筹措方面的政策是"以财政经费为主、多渠道筹措教育经费"，高校的经费来源主要包括财政拨款、学费收入、科研经费、校办产业、捐款、其他项目，实际上大部分高校依靠财政拨款和学费收入，其他项目很难获得经费。财政拨款又区分为办学层次，为了获得更多的经费，大学盲目追求升格，迎合上级指标。政府通过分权措施，调整中央政府教育主管部门与业务部门关系，形成全国性、区域性、地方性三类大学布局，这样就使得大学能够面向区域社会经济发展服务。但在20世纪90年代，政府在政策上面突出重点优势，更多是横向综合化，而纵向分层发展不明显。分层的意义突出高校分层、目标分化、办学分类、评价分级。[1] 选择政府的评价标准在一定程度上面是忽视多样化的社会需求的，正因为行政命令或者政策的特征是同一性，这就造成大学以回应政策为宗旨，办学趋同。

工业社会需要掌握知识和技能的人才，而且知识和技能不断变化，需要不断学习。中国大学之间的互不融通，阻止了流动的通道。大学的入学通道是高考，以分数高低来决定进入哪一层次的大学。而大学之间互不融通，造成学理论的不懂得技术，学技术的不懂理论，不能最大限

---

[1] 胡建华：《关于大学体系层次化的若干思考》，《清华大学教育研究》2003年第4期。

度发挥人的才能。同时不同类型层次的大学缺乏在每一个层次都能实现卓越的观念基础，从而无法确立内生主体地位，造成大学改革基本是官僚主义的改革，而非基于内部专业主义自下而上、由内而外的改革。而且大学与行业之间脱节严重，应用型科学研究亟待提高。拆除大学与社会之间有形无形的围墙，不仅为培养青年大学生职业技能和社会生活做准备，而且为社会在职人员提供知识、技能的培训，还能为在职人员能力更新服务。

  政府具有集中力量办大事的权威，但是在制度上却起到固化阻碍的作用。20 世纪 90 年代初期，中国社会走社会主义市场经济的道路，社会已经向市场开放，但是大学却是滞后的。大学服务社会模式基本上是在政府政策的导向下驱动大学行动。在这种以政府为主导的功用模式中，大学主体的地位似乎变得模糊，大学与政府之间的边界不是十分清晰，缺乏制度的厘定，以至于大学在自身的定位上面缺乏内部主体地位确立的动力机制，而造成趋同和盲目。大众高等教育需要多元的质量评价标准，缺乏多样化的标准，采用精英教育的评价标准，多样化并非是不讲学术标准，学术标准并非是只看论文数量。大众化不仅仅是数量上面的含义，实质上是一种实用的教育，而实用又并非是当下流行的仅仅掌握简单的技术程序，培养低层次的技术工人。实用对于知识经济和信息社会而言，大学应提供高层次的具有高度综合化的技能。中国大学具有典型的精英意识，20 世纪 80 年代，仅有 2% 的适龄青年进入大学学习。大学把学术标准作为最高标准，纷纷向研究型大学靠拢，盲目追求升格。而不是着眼于现实社会需要，瞄准社会需要来配置内部资源，发展学科专业，培养人才，服务社会。容易造成在低水平层次的重复，造成有限资源浪费。

第三节　中国大学服务社会模式面临的困境

  上述政府主导功用模式特征说明目前大学服务社会在观念上和制度上都存在问题，突出为行政本位而不是社会本位，最能代表社会的是市场机制，而大学对市场的反应能力比较弱。中国虽然已发展成为高等教育大国，高校数量众多，但整体水平不高，与经济发展存在偏差。

一 人才培养与行业需求偏差

中国大学在形成之际就抱有强烈的使命感，为何这种强烈的功用却没有形成每所大学都切合社会需求，各自展示自身特色来服务社会的局面。一个不容忽视的原因是中国长期处于计划经济当中，大学作为国家的重要组成部分，也如同计划体制中的其他部门一样处于政府的计划之下，难于对社会需求做出灵敏的反应。因为计划经济体制下政府几乎包揽了高等教育，从招生规模、专业结构设置、干部任免、经费投入等均由国家计划统一安排，大学缺乏学术自治的自由传统，也就束缚了自主发展的空间，这种模式应对社会需求的动力严重不足。

中国大学虽然尽力学习模仿世界最先进的教育模式，借用各种指标和评估方法，但是中外大学依然具有根本的差别。中国许多大学硬件设施良好，但是培养的人才缺乏创新意识，只重视知识记忆和考试能力。2012年3月，经合组织在汇集来自世界各地60多个研究机构250多位研究者的意见后，提交报告《为21世纪培育教师 提高学校领导力：来自世界的经验》，指出21世纪学生需要掌握四个方面的技能。第一是培养学生的创造性，批判性思维，问题解决思维，决策与学习能力。第二是具有沟通、合作的工作能力。第三是掌握信息技术，信息处理能力。第四是具有公民应该具有的品质，会自己设计自己的生活和职业生涯，具有个人与社会责任感。[1] 未来社会对人才的需求已从碎片化的知识转向了更为深层、内在的思维方式和核心素养。而自主创新能力无法从国外引进，只能依靠自主培养高素质的技术人才。中国大学处于政府主导之下，主要依靠政府拨款来维持运转，对市场的反映相对弱化，对于现代产业的需求处于脱节状态，培养出来的人才缺乏个性和创造力，基本不能推动产业升级。衡量人才培养结构是否适应产业结构的一个标准，就是劳动力供求结构是否平衡。实现产业链和人才链的对接，将会增加教育对经济的人力资本贡献作用。相对有限的教育资源，就需要有所侧重，从部分宽泛且不实用的理论教育转移到精英型的技能教育更符合经济转型

---

[1] 顾明远：《第三次工业革命与高等教育改革》，《教育学报》2013年第6期。

的需要。① 在目前中国的市场需求中存在严重的供需矛盾,一方面大学生面临失业;另一方面高素质的技术人才又奇缺,尤其是新型科技人才以及能够运用新技术来进行市场分析、研发、服务的人才十分缺乏。比如中国人力资源市场信息监测中心 2013 年第四季度部分城市公共就业服务机构市场供求状况分析表明,在对全国 104 个信息统计中,从供求状况对比看,各技术等级的岗位空缺与求职人数的比率均大于 1,劳动力需求大于供给。其中,技师、高级工程师、高级技能人才的岗位空缺与求职人数的比率较大,分别为 1.89、1.79、1.66。② 由此可见,中国目前的高级技术人才存在严重供不应求现象。

中国大学注重经院式的培养模式,学生是通过严格的高考来选拔的。而在千年官本位影响下报考公务员热不断发酵,追求科学发明练就创新本领却鲜为人关注。教育成为贩卖文凭的象征,国家的整个教育体系还没有从投入供给模式向产出需求模式转变。大学培养的人才如果能够与社会产业结构相匹配,达到通过技能型人才的培养促进产业结构转型升级,更好体现出大学对于社会的存在价值。中国目前经济发展是主流,培养能促进经济发展的技能型应用型的人才是主要需求。中国目前的发展还是在依靠第一次人口红利,劳动力成本低廉。中国因为人口众多,具有大量廉价劳动力储备,成为世界制造业中心、世界工厂。随着中国目前劳动力的价格快速上涨,廉价劳动力优势日趋丧失,在不能获得更大利润的前提下,制造工厂就会离开中国,转移到劳动力低廉的越南、孟加拉国、印度等国家。大学能否发挥基础作用,推动社会发展,也同样需要改革。改革开放后,中国经济保持持续高速增长,从数量指标来看,2012 年 GDP 总量达 51.9 万亿元,按可比价格计算比改革开放初期增长约 24 倍,年均增长约 9.8%,按现行汇率折算已近 8 万亿美元,居世界第二位,占世界 GDP 总量的 10% 左右;人均 GDP 达 3.8 万元,按可比价格计算比改革开放初期增加了 17 倍左右,年均增长 8.7% 左右,按

---

① 王家庭等:《第三次工业革命视角下的教育与经济转型》,《经济社会体制比较》2014 年第 1 期。

② 《2013 年第四季度部分城市公共就业服务机构市场供求状况分析》(完整版),http://www.chinajob.gob.cn/DataAnalysis/content/2014 – 01/22/content_879534.htm。

现行汇率折算达5800美元，超过世界中等收入国家3400美元的平均线。① 中国人均收入在世界排名落后，从1980年的第94位下降到2010年的127位。② 中国经济发展迫切需要转型，习近平强调不能再简单以GDP来论英雄。中国经济发展转型过程中最需要的是技术创新、产品创新。中国人的思维定式偏于结论而缺乏实证，重归纳而不重演绎，这在一定程度上影响了创新思维的发展。在培养学生的个性，特别培养科学的思维方式上面中国大学任重道远。中国大学迫切需要培育自身的特色，服务中国现实，打破读书做官的传统，培养具有创新性的高素质科技人才，形成强大的科技教育体系，服务经济发展。

二 科技创新不足以及成果转化率低

以工业化为基础的现代化要求大学以能够推进现代经济增长为核心使命，现代经济增长在工业和后工业时期主要依靠科技创新的水平。研究与开发的水平成为衡量技术进步的重要标准，大学一方面通过培养人才传播科技知识；另一方面通过科学研究来促进科技进步。科学与技术不能混为一谈，科学的重要手段是发现，而技术依靠发明。经济真正的发展，需要生产率的提高。技术进步是使生产率不断提高的大多数创新的源泉。发展作为一个不断前进的过程，依赖于新技术的不断注入，以及产生和吸收技术变革的能力。③ 1980年以来以卢卡斯、罗斯为代表的新经济增长理论学家认为经济增长主要源泉之一是由知识或者人力资本积累引起的内生技术进步，而反映知识积累与创新取决于大学中研究与开发（R&D）以及教育与培训的投资。大学显示出一定的滞后性。目前，中国大学科技创新不足，是大学服务社会面临的一大瓶颈。

其一，作为科技创新重要指标的研究与开发（R&D）投入不足，在经费保障上面存在缺陷。大学研究与开发人员数量加大，但所占全国的

---

① 刘伟：《着力打造中国经济的升级版》，http://theory.people.com.cn/n/2013/0501/c40531-21333358.html。

② 冯增俊：《中国模式与二次教育》，http://business.sohu.com/20110513/n307494312.shtml。

③ [英]阿列克·凯恩克劳斯：《经济学与经济政策》，李琮译，商务印书馆1990年版，第140页。

比重却在下降。而且经费获取的渠道主要依靠政府拨款，获得企业等社会力量的支持能力缺乏；其二，大学服务社会领域失衡，科研价值导向偏差。在有限的财力上面，大学科研聚焦社会问题的能力偏差，大学的研究方向与社会的发展需求相结合不紧密。在中国创新型国家建设中，自主创新能力是关键，目前中国对国外核心技术的依赖程度高，迫切需要提高科技创新贡献率，减少对外国技术的依赖，增加产品知识含量。中国很多产业总量已跻身世界前列，但核心技术仍然受制于人，制造产业形成规模的背后是中国制造而不是中国创造。要引领技术创新方向占据产业链高端位置，催生新型经济增长；其三，侧重学术评价，而忽视社会评价。中国大学科技创新论文 GDP 现象严重，重视项目获得，而疏于对成果的评价。在学术评价标准上，主要以论文发表作为评价教师的科研水平。从 21 世纪开始，部分研究型大学开始改革以论文数量为主要标准的奖励政策，加大了对高级别刊物论文发表的奖励力度。应该引导教师减少短期行为，对高影响力的论文进行奖励，鼓励科研成果的转化；[1] 其四，定位不清晰，大学内部自身创新能力不足，缺乏高水平的研究成果。政府花费巨资建设一流大学，而一流大学却缺乏一流的成果。在扩招的问题上，既违反了经济规律又违反了教育规律，重点大学肩负提高的任务不应该扩招。中国大学没有很好地按照经济发展的速度和市场对人才的需要来发展，而盲目追求大学升格，办世界一流大学。刘道玉评价中国高等教育表现出高速度、高指标、高跨越等特征，却舍弃了真正意义上的高标准和严要求，导致进行评估弄虚作假和研究生教育的泡沫化。国外大学城是在历史中逐渐形成的，是大学服务辐射社会形成的社区。而中国的大学城却是人为建造的，是地方政府与开发商联手促成的。政府拨款较为充足，学术和科研水平领先，地处或靠近社会经济发展较快地区的高校除外，中国大多数大学尚不具备促进经济稳定和长期增长，推动社会开放和文明发展所需要的专门力量。

　　大学技术创新成果转化率不高，大多科研成果束之高阁。2008 年中国大学科研成果转化率不到 10%。绩效评价在中国高等教育经费投入增加后被采用，对高校经费使用效率，对高校内部质量提升的一种普遍评

---

[1] 刘道玉：《高校之殇》，湖北人民出版社 2010 年版，第 6 页。

价趋势。投入指标设定为人、财、务，产出指标为人才、科研、服务三类，假设相同层次的毕业生产出质量基本等质，运用投入产出法对教育部72所直属高校绩效评价显示，绩效值偏低28所，相当16所。① 没有形成通过科技教育、科技研发引领产业发展的战略格局。有研究者采用量化的方式，对2006—2009年中国33家国家级大学科技园进行分析，得出中国国家级大学科技园效率水平较低，整体效率呈现改进趋势，"追赶效应"有待提高。因大学科技园内的创业企业核心技术不突出，受到2008年金融危机的冲击较大。②

技术创新成果的一个主要产出形式是专利，大学专利申请数量快速增长，然而收益不佳。比如，就国内三种专利申请情况（职务）而言，1987年，大学获得授权数为441项，其中发明专利119项；1997年，大学获得授权数为6820项，其中发明专利256项；2007年，大学获得授权数为8675项，其中发明专利3173项；2011年，大学获得授权数为30428项，其中发明专利9238项。在专业出售方面，1997年，为362项，比例为5%；2007年，为711项，比例为8%；2011年，为2143项，比例为7%。专业申请大量处于闲置状态，没有转化成市场效益。专利技术转化实质收益不高，专业申请与市场应用脱节，是导致专利技术转化动力不足的原因之一。对专利技术转化的考核意识低于SCI等学术论文的发表数量。

三 大众化教育缺失特色化的服务

长期以来中国大学办学处于政府主导之下，这在一定程度上导致了大学在服务社会方面的趋同化，然而不同的大学层级，在使命和功能发挥上是有差距的。大学已经发展到大众化阶段，大众化的逻辑是培养各种行业精英，特色化和多样化才匹配大众化的发展。社会需求和地域需求的差异性，客观上也要求大学的回应具有差异，特色概括为一所大学在历史沉淀中长期积累的传统和风格，同时也是综合实力、核心竞争力

---

① 袁振国等：《2012年高校绩效评价研究报告》，《教育研究》2013年第10期。
② 吴文清等：《中国大学科技园动态效率评价》，《天津大学学报》（社会科学版）2012年第3期。

和社会影响力的重要表征，以此来达到吸引生源、形成社会地位和学术声誉的基础。大学发展的逻辑一方面以国家科技和教育发展的中长期规划等纲领性文件为依据，大学作为重要公共部门，不可避免要受到政府的监管；另一方面大学以国家和地方经济、政治、文化、社会发展的重大需求为动力，结合学校发展的实际，找准发展定位，明确提出学校的特色化发展战略。在这种层面上，大学与社会真正实现互动，大学提供具有适切性的、有特色的服务，从而推进国家和区域经济建设及科技创新，推进文化繁荣和社会进步。

社会对人才的需求是多样性的，分层次的。中国正处于大众化的起步阶段，而在这一阶段出现了大学教育与劳动力市场需求不匹配的现象。研究者通过实证研究表明中国理工科专业大学教育与劳动力市场严重不匹配。[①] 按照国际经验，理工科专业学生应该是更容易就业的，这也说明中国的理工科教育并没有培养对应劳动力市场的技能型人才。从学校类别来看，985、211 等重点学校毕业生就业率高于省属本科及以下的高校，具有极大的优势。普通大学肩负着普及的任务，为社会输送大量的职业和实用型人才。中国的经济决定于科学技术的进步，高新技术的发展又决定于这个国家科学理论的研究水平和储备。纵观世界的重大科学与技术发现和发明，几乎都是研究型大学所承担的。因此研究型大学在服务社会中发挥科学技术的引领作用，承担国家重大的技术攻克难关。对于重点大学而言，是要为 21 世纪知识经济培养富有竞争力的创造性人才。重点大学担负起提高的任务，为国家培养高质量的理论和研究型人才。

中国人口众多，因为地域差距，经济发展很不平衡，人均 GDP 相对落后，综合国力较之发达国家仍然较弱。现阶段，中国正面临着全球化、知识经济、工业化的境遇，表现为多种经济形态相互交织。全球化和知识经济已经成为世界发展的大趋势，然而中国"知识经济"却是初露端倪。除港澳台三地以外，个别发达地区如北京、上海、深圳、广州等已基本完成了工业化，正迈向知识经济。中国存在广大欠发达地区特别是中西部地区，工业化的任务仍然十分艰巨。同样，在欠发达地区，知识经济也已经渗透，所以中国目前很多地区将是农业经济、工业经济、知

---

① 张苏：《高等教育与经济发展关系的实证研究》，中国书籍出版社 2013 年版，第 135 页。

识经济并存。一方面，城镇化将是拉动中国经济的强大引擎；一方面，国际化的潮流锐不可当，知识经济已经卷席全球。中国已经建立起多层级的高等教育系统，经过百年的发展，已经成为高等教育大国，如何向高等教育强国迈进？需要把握不同类型大学的办学内涵以及不同的社会需求来分析服务社会的正确走向，坚持探索能创新自我"差异化模式"，凸显自身特色，在服务社会的同时，增强综合办学实力和发展后劲。[①] 因此，各类大学主动对接所在区域、属地行业、政府需求，寻求多方支持，拓展为地方经济发展过程中的各种问题提供智力支持的广度和能效度。围绕自身优势领域，提高科学研究的针对性和应用性，有效培养人才、提高科研成果的适用性和时效性，切实促进社会劳动生产力的提高，推动区域经济发展。中国大学服务就应该体现出层级化和适切性，服务于和促进所在区域经济发展，在服务中彰显特色，获得成长。

本章小结

通过中华人民共和国成立以来，大学服务社会历史的考察，可以概括为"政府主导功用"模式。这种模式从大学的成立，到大学的行动指向都是在政府政策导向下的结果，大学服务社会转型也是在政策导向下的行为结果。从历史的演进中，清晰展现出大学朝向更为切合社会需求和全面发展的人的需求的行为轨迹，表现为新中国成立初期高度计划地培养又红又专的人才加工厂，到服务社会主义市场经济体制下的科教兴国战略。中间经历开始引入市场，探索尝试服务现代经济建设，面向实际应用培养人才，开展科研转化为生产力。在政府的主导下，中国已经发展为高等教育大国。政府从重点大学政策，到实行"211 工程""985 工程"，再到中国的世界一流大学的倡导，强调办符合中国社会实际的大学，为本国和本民族服务的大学。

这种模式在每一个发展阶段都带上浓厚的行动主导色彩，在主观努力上大学与国家的政治、经济、社会发展趋向同步，而在实践当中却呈

---

① 刘晓平：《试析高校服务社会的新路径——合肥工业大学"差异化模式"的创新性应用》，《合肥工业大学学报》（社会科学版）2013 年第 5 期。

现出一定程度的滞后。从服务政治到服务经济建设，从培养又红又专的社会主义建设者到培养创新型人才都是在政策的驱动下进行。在改革开放之前，服务模式受到高度计划，含有被动性。改革开放之后，以宏观调控和市场机制相结合，实际上计划的色彩仍然很浓烈。由此就形成了政策导向决定大学行为的特征，政府通过政策来规范大学的行为，目的是促使大学更为切合地服务社会。而在实际的效果上，政府对大学的权力边界不明晰，造成对大学的过多干涉。政策导向与真正的市场需求之间并不能画上等号，反而传递了一种自上而下的官僚文化，大学作为高级社会化的场所，无形中传递这种文化，以至于迎合上级指标压倒了回应真正社会需求。由此一来，大学"同质化"和"千人一面"就显而易见。

正是这种模式的行政本位而非社会本位，使得中国大学人才培养不能很好契合行业需求，虽然具有强烈的功用却还不能推动和引领产业升级。科技创新不足以及成果转化率低，成为大学服务社会面临的一大瓶颈。而在大众化的教育背景下，缺乏各具特色的服务。

第 六 章

案例分析一：Z大学服务社会模式

Z大学是国家重点建设"211工程""985工程"高校，具有上百年办学历史，是人文社科和理医工多学科综合性研究型大学。不同类型、不同层次的大学应对的社会需求不同，服务模式应该也是不相同的。本章以Z大学作为案例，分析作为研究型大学如何来服务社会。

第一节 Z大学服务社会实践历程

Z大学经过一段曲折的历史发展成为国内名校，在服务社会中成长，立足国家需要和地方需求，突出表现岭南文化中的务实作风。通过基础研究服务国家创新，通过应用研究来推促省域产业升级，面向市场与企业广泛开展合作，但是距离推动地区和国家产业发展的基础性作用还有差距。地处经济发达的珠江三角洲，属于教育部直属高校，得到教育部和广东省的支持，被誉为学术与文化中国南方重镇和人才培养南方高地。

一 应社会需求而生的Z大学（1924—1948年）

Z大学由民国总理孙中山手创，应当时革命救国的社会使命而创建，具有鲜明的实用目的。历次革命失败的教训使孙中山深感建立革命军队和培养革命理论建设人才的重要性。于是有了一文一武的举动，在军队上创办黄埔军校，在文化上改建国立广东大学，倡导三民主义理论。在人才培养上面，强调人尽其才，突出学以致用、学用结合、用其所长。孙中山强调大学的创建就是要吸收和传播世界最新的学理和技术，并结合中国国情，加以推广应用，推动社会进步和提高社会生产力。

1924年国立广东高等师范学校、广东公立法科大学、广东农业专门学校合并改组而成国立广东大学。1925年接收广东公立医科大学为医科。合并组建的四所学校都有悠久的历史，前面三校均由清政府应当时培养教师、法律，以及农林业人才和试验的场所建立。广东公立医科大学最初由宣统元年广州40多名名医创建，当时3校合并经费不过50余万元。在当时财政极为困难之时，保证国立广东大学经费增加，并独立使用，目的就是为了宣扬三民主义，开启民智，为革命事业培养高级专门人才。从学校建校起Z大学就融入了"科学、民主"精神和"开放、进步"传统，初期创办的35名筹备委员中31位具有海外留学经历。邹鲁为了支持创建大学，辞去广东省财政厅厅长职务，专心治学，担任第一届国立广东大学校长。孙中山委托胡汉民题写校训："博学、审问、慎思、明辨、笃行"。同年夏天，招收372名预科生。11月11日，国立广东大学成立典礼。在组织构架上面，本科分设文、理、法、农四科，预科分设文、理、法、农、工五科。文科包括中国文学、英国文学、史学、哲学、教育学五个系，以及高师中文史、英语、社会三部；理科设数学、物理学、化学、生物学、地质学五个系以及高师的数理化、博物两部；法科设法律学、政治学、经济学三个系以及法政专门部；农科设农艺学、林艺学、农艺化学三个系以及农业专门部；医科不分系，附设第一、第二医院及护士学校。预科分为文、理、法、农、医五科组，修业两年后升入本科。文科采用单位制，课程分必修与选修，在校必修满160学分。理科为选科制，科目为必修和选修，本系课程为必修，别系为选修。注重学生科学研究训练，毕业都必须有论文，医科各科安排门诊实习或临床等。为了培养高深人才，设立了法国里昂大学海外部，派遣留学生。孙中山多次在国立广东大学宣讲三民主义，一再勉励学生"立志要做大事，不可要做大官"，勉励学生潜心学问，为国家服务，为社会服务。

1925年，孙中山病逝，为了纪念，1926年国立广东大学改为Z大学。1926年戴季陶任校长，国民政府采纳了经亨颐和戴季陶关于改校长制为委员制的建议，强调党化。1926年6月学校特别区党部设立政治研究班，按三民主义来培养骨干人才。广东是中国革命的发源地，Z大学学生读书不忘革命，革命不忘读书。学校一级组织机构分为学校行政机构和政治训育部。国民政府立志把Z大学办成全国最高学府。1932年邹鲁复当校长,在孙中山的遗命下开始组建石牌新校区,在政府资助和董事的募捐下1933年动工组建新校区。1933年,评议会改为校务会议,分别设文、法、理、农、工、医六个学院。1934年7月,正式成立工学院,设土木工程、化学工程、机械工程、电气工程四个学系。1935年,教育部核准成立国立Z大学研究院,分设文科、教育和农科三个研究所。

Z大学发展与中国社会共命运,发挥对社会的积极引领作用。20世纪20年代反对西方奴化教育,20世纪30年代投身抗战,比如1937年成立抗日救亡组织战地服务团,邹鲁校长为名誉团长,为抗日募捐大批资金、物资和药品。抗战后积极参加"反饥饿、反内战、反迫害"等爱国民主运动。① 在抗日战争中几经迁移,但都不忘教学和科研,取得了一系列的成果。在科学研究上面,在农业教育家、土壤学家邓植仪带领下开展了广东蚕丝、蔗糖、化肥一系列农业调查,发展蚕桑等应用技术,创建稻作试验场、农林植物研究所、土壤调查所等研究机构,与农林业生产紧密结合开展试验,为振兴农业服务。在医学方面,在梁伯强教授带领下病理学研究所成为国内有一定影响的学术机构,并在鼻咽癌研究中取得开拓性成果等等。

二 政治风云中艰难生存时期(1949—1976年)

中华人民共和国成立之后,Z大学被纳入国家高等教育发展总体规划当中,办学处于国家的调整与计划当中,办学自主权受到限制。经受政治风波的历次冲击,表现出非理性与社会的偏离,但是在政治运动的夹缝中坚守务实的传统。

中华人民共和国成立前17年中,Z大学与历次国家大事紧密联系,比如抗美援朝、土改运动、"三反""五反"、知识分子思想改造等。1949年10月,广州市军事管制委员会接管Z大学。1950年,招生工作恢复,文、法、理、工、农、医、师范学院共招收新生1550名。为了密切配合国家建设计划,改变了以往毕业生自谋职业的局面,开始统一分配工作,向最需要人才的东北地区倾斜。同时配合发动群众配合接管工作,产生了Z大学团委会,发展团员的核心和带头作用。教学科研工作逐步恢复,

---

① 李延保:《李延保教育文集》,中山大学出版社2006年版,第150页。

并关注现实问题开展科研。社会学系和农学院的师生开展社会调查。为解决广东缺粮问题，稻作试验场研发和改良稻种，经过改良的稻种从一季300斤增产到600斤，蚕桑系接受广东农林厅的支持，开展蚕桑技术研究，蚕种生丝产量从3720担增加到3790担。[1] 在抗美援朝中，大学生有200多名参加国防建设，医学院组建了手术医疗队，外语系选派两拨学生共13人赴前线工作。

在全国院系调整的浪潮下，Z大学历经两次大的调整。1952年国家学习苏联实现专业教育模式，培养工业发展所需的理工科人才，Z大学的工学院、农学院、医学院和师范学院、天文系、地质系、人类学系、哲学系调出，Z大学与岭南大学的文、理学院为基础组成新的综合性大学——Z大学。调整后的Z大学设有中文、历史、外文、语言、数学、物理、化学、生物、地理、政治、法律、经济、社会、财经、金融、会计、贸易、企业管理共18个系，俄文、会计、金融、企业管理4个专修科，中国语言文学、历史、植物3个研究所。全校教授共300人、副教授114人，讲师111人，助教242人，职员414人，工人639人，学生3443人。在1953年，又开始中南地区高等学校院校第二次调整，新大学师生来自岭南大学、华南联合大学、广东法商学院等9所不同的院校。1953年的院系调整之后，除财经学院之外，基本教学单位为数学、物理、化学、生物、地理、中文、西语、历史、语言9个系下设11个专业。1954年语言系调入北京大学。经过两次调整，主要成为文理两大学科，一些历史悠久的专业如天文、地质、人类学等被调出，同时也增加了一批图书仪器和调入了一批学者。

以当地需求为主要导向，结合社会实际问题，来开展教学和科研。配合当时社会思潮，开展批判资产阶级学术思想运动。在科研上，与科研机构和有关业务部门加强联系，与厂矿企业联系，取得明显社会效益。因为当时的学科主要是文、理方面，中文系联系中国科学院语言研究所、广东文史馆、广州市文广会等开展学生实习、共同交流研究。化学系、生物系等都与相关科研院所加强联系，对华南地区的植物、防虫害、海洋生物等开展研究。1954—1956年，共举行三次科学讨论会，促进科学

---

[1] 吴定宇：《中山大学校史》（1924—2004），中山大学出版社2006年版，第248页。

研究，并于1955年成立学报编辑部。

1957—1977年，Z大学参加了历次政治运动，教学和科研工作频受影响。为落实教育与生产劳动相结合，以及贯彻阶级路线，向工农开门。各院系工农学生至少达到60%以上。教师与学生纷纷参加生产劳动。因为当时不理性的社会造成大学对不理性社会的回应，这种服务模式偏离了正确的轨道。在专业建设上面表现为盲目设置新专业，1958年为11个专业，1959年为19个，1960年为29个。1961年又调为24个专业。比如海洋专业在不充分的条件下建立又撤销。课程设置上政治课大量挤压专业课、基础课。比如历史系五年学制中，政治课达891个学时，占到33.5%，而专业课为31.3%。科研方面表现出盲目性，物理系学生研究利用红外线养猪，生物系学生研究如何喂养"五千斤"大猪。调查表明这几年的教学效果并不好，1961年，学校采取应急措施，停止生产劳动，在《高教六十条》的指导下，开展工作反思，教学和科研活动一定程度上恢复。但紧接的"四清运动"再度政治升温，打乱了正常的教学科研秩序。

1958—1960年，招收了110名研究生和进修老师。1960年复办哲学系。受到当时的政治运动影响，专业学习时间被劳动时间挤占，Z大学在1961年后，提出严格经过入学考试、学期考试和毕业论文，提高研究生质量，在1963年和1965年没有招生，1959—1965年招收84名研究生。基本分配到高等学校或者科研单位工作。

即使在这种条件下，许多教师在强大的压力下开展教学与科研，在1960年的群英会上涌现出一批成果。在科研选题上面，注重基础研究，同时关注社会现实中的重大问题，服务地方经济建设。比如在1963年和1964年，承担了一定国家科学研究项目，试制科学研究设备和新产品、新材料37件。力学方面试制出来当时比较先进的电子模拟计算机。1962年，全校289项科研项目中，基础研究占55.7%，其中有关国民经济重大问题占4%，新技术占2.7%。1964年后，集中力量建成三个重点实验室，红外光谱实验室、电子显微镜实验室、昆虫生态实验室。不完全统计，这一时期著作达80部。

1966年，阶级斗争升级，影响到学校工作秩序。Z大学忙于各种运动，对知识分子进行改造。比如，1968年，师生员工下放"五七"干校，接受贫下中农再教育。1968年，知识青年下乡，1969届、1970届部分学生下放生产队。1972年复办了地质学专业。这一段时期，全校产出科研成果240多项，主要在激光、电子技术、造船设计、生物防治、作物育种等与国防和生产密切相关的领域。比如在昆虫学方面防治病虫害方面，利用平蝮小峰防治荔枝害虫，为贫困湘西黔阳地区解决柞蚕放养问题，打破柞蚕不能过江的神话。

三 恢复正轨探索革新时期（1977—1990年）

"文化大革命"结束，中国开始拨乱反正，国家重点转移到现代化经济建设上面。Z大学获得新的发展契机，开始探索与社会经济发展相切合的发展方式。这个时期，Z大学并没有得到国家重点支持。随着社会重心转移，社会开始尊重知识、尊重人才，教育提到重要地位。中央落实知识分子政策，对于冤假错案得以平反。1978年，恢复招收研究生，招收108名学生入学。

Z大学地处改革开放的前沿广州，Z大学抓住国家经济建设的机遇开展教学和科研。为了激发教师的热情，营造教学和科研良好氛围，教师的职称和待遇得到提升。1977—1980年三年内提升了三批教职工职称，全校教职工都加了工资。并创造条件加强了对外交流，扩大办学的视野，开展国际合作。在这种氛围下，1977年，召开科学讨论会，全校教师积极投入教学科研，1978年，有24个项目获得广东科学大学奖，1979年，有58个项目获此奖。

为了适应科技发展趋势和经济建设需要，Z大学进行了一系列改革。1985年成立了校务委员会，由校长领导，作为学校建设的咨询机构。首先扩大办学规模，改革学系和专业不合理的局面，调整和改造一批老专业，将口径窄的基础专业合并为宽口径专业，课程体系和知识结构随之改革。1981年，在全国首批复办了人类学系、社会学系。适应社会主义商品经济的需要，新办了一批应用性较强的专业，比如企业管理、经济法学、应用化学等专业。并利用综合性大学的优势，发展边缘交叉学科，成立了一批跨学科研究机构，比如材料科学研究所、港澳研究所等。

为改善学校管理，学系制逐步向学院制过渡。广东省最先实现改革开放，高层次管理人才缺乏，为了培养社会高素质的职业经理人和企业家，1985 年，被批准设立管理学院，属于国内最早开展工商管理和研究的学院之一。1988 年，成立地球环境科学学院。1989 年已有了研究生院、岭南（大学）学院、成教学院等 5 个院，中国语言文学等 23 个学系 43 个专业。

应改革开放对人才需求的多样性，Z 大学从单一的本科层次转向为多层次多规格的办学模式。除本科、研究生外，发展专科、夜大学、干部专修等类型。比如，1985 年，经教育部批准，开办夜大学。当年招生专业有历史、哲学、数学、无线电技术和分析化学。其中历史、数学学制五年，属于大学本科，哲学、化学学制三年，无线电技术学制四年，均属于大学专科。这五个专业共招生 220 人。[①] 1986 年，国家教委同意 Z 大学与中山市人民政府共同办理 Z 大学孙文学院，开展专科层级教育。在培养模式上，采用学分制和导师制相结合。在人才培养上更为灵活，原则上允许学生转专业和院系，少数学生可以获取双学位。

加强基础研究的同时，强化应用研究，进行科技开发，转让技术成果。"六五"期间承担了国家及省部级项目仅 88 项，经费 104 万元，"七五"期间并没有得到国家重点支持，项目为 993 项，经费为 2896 万元。1988 年，中共中央办公厅、国家科委、国防科委、国家教委、中国科学院组成的高技术产业调查组来 Z 大学了解高技术为产业服务情况。1986—1994 年，理科科研经费共 9091 万元，人文社会科学获得各类经费 364 万元。

四　深化改革服务社会时期（1991—2014 年）

20 世纪 90 年代，随着社会主义市场经济体制的确立，国家经济和社会发展全面提速。Z 大学获得国家教委和广东省重点支持，树立服务社会的意识和拓展服务社会的渠道。1993 年，国家教委、广东省人民政府共建 Z 大学，要求学校主动适应市场这一经济体制的需要，学校各项事业服从和服务于经济建设中心，发展任务是不断提高教育质量和科研水平。1993—2000 年，广东省投资 Z 大学 2.6 亿元。Z 大学凭借文理基础学

---

①　易汉文：《Z 大学编年史》（一九二四—二〇〇四），中山大学出版社 2005 年版，第 100 页。

科实力，1995年，通过"211工程"部门预审。1996年，申报的9个学科（学科群）全部通过"211工程"预审。1999年，在"211工程"中期检查中，整体良好，Z大学在"211工程"的支持下学科建设提升了一个台阶。1999年被列入"985工程"建设学校。为了建成"211工程"服务体系，在"九五"期间，获得中央专项投资5000万元用于中国高等教育文献保障体系（CALIS）建设。CALIS华南地区中心设在Z大学。

研究型大学指标之一是研究生与本科生比例相等。为了达到这一目标，Z大学扩大办学规模，2000年，教育部正式批准Z大学建立珠海校区，成为国家正式批准异地办学唯一一家大学。2001年，教育部批准原Z大学、中山医科大学合并组建新的Z大学。2001年，教育部与广东省人民政府签署协议重点共建Z大学，协议规定，2001—2003年，除对学校正常投入经费外，教育部每年投入1亿元，广东省每年投入3亿元。2004年，在广东省、广州市政府支持下，Z大学东校区在广州大学城落成。

随着师资力量和科研能力的加强，扩大办学规模，成立新的院系、研究所和研究中心。以学科为依托，实行学院制管理。比如，1991年，成立生命科学学院、外国语学院，1994年，成立法政学院，1995年，成人教育学院改名为Z大学高等继续教育学院，1996年，成立信息科学与技术学院及物理科学与工程技术学院等。随着社会对于高等教育的需求增加，进一步拓宽了办学形式，1999年，在校园网络和数字化教育的基础上开始建设教育部第一批网络教育学院，开展现代远程教育。在做强存量、做活增量的原则下，21世纪，成立了一批社会所需的学院，比如传播与设计学院、药学院、工学院等。统计至2013年，全校设有本科专业121个，21个人文社科类院系，15个理工科类院系，5个医科类院系。包括临床医学教师在内，全校有博士生导师1173人，具有正高级职称的1478人，具有副高职称的2625人。学校现有4个校区，广州南校区、北校区、东校区、珠海校区。这一时期，Z大学按照"国家需要、地方需求"来服务社会。

第二节 Z大学服务社会模式生成

从上述历史实践中可以看出Z大学历来强调服务社会,每个时期都突出务实的精神。从20世纪90年代开始,尤其是Z大学进入国家高水平大学甚至是一流大学建设行列以来,是如何与社会产生互动的,将是要阐述的主要问题。Z大学为广东省的经济社会发展做出重要贡献,成为广州的名片、广东的名片。立足国家尤其是广东省的经济建设和社会发展的战略要求,结合自身学科优势和传统,不断改革探索切合社会需求。

一 培育高水平人力资本

(一)立足社会需求培养复合创新型人才

作为教育部与广东省共建的综合性研究型大学,Z大学本科教育人才培养目标定位为"培养具有国际视野、满足国家与社会需求的高素质复合型拔尖创新人才和领袖型精英人才",以"通识教育、大类教学、复合创新"为本科教育理念。以适应就业市场需求的思路,从经济的角度来讲,复合型专门人才更切合市场需求。为使人才培养更好地满足国家和地区社会经济发展需要,Z大学在基础学科上着重培养具备交叉学科知识结构、具有创新精神和创新潜能,目标聚焦为成为相关领域领军型研究型人才。在面向应用学科上侧重培养具有鲜明专业特色和国内国际竞争优势,富有领袖气质的行业精英人才。学校进行了一系列的人才培养改革,复合型人才需要实施跨学科教育。2002年,在教学工作会议上提出面对扩招后专业调整,开设适合复合型人才培养的专业。比如,电子商务专业涉及管理学、信息科学与技术、经济学、法学四个传统专业,属于跨学科、跨专业的交叉型专业或者是宽口径专业,这种专业培养的人才属于复合型专业人才。

在拔尖人才培养上,创建跨学科平台,开展教学实验。跨学科平台主要有逸仙学院、中法核工程与技术学院、Z大学—卡耐基梅隆大学联合工程学院、超级计算机学院、移动信息工程学院、诺贝尔大师系列讲座等。比如逸仙实验班,2006年,为探索培养优秀本科生的新机制，以物理、化学、生物国家理科基地为依托，从理科类经济学专业选拔30名学生组建120人的逸仙班。采取"2＋2＋N"培养模式，一、二年级大类培养，增加对学科整体认识，三、四年级结合专业训练和科研志向进行科学素质和能力培养，N是多种形式，可以直博、攻读硕士学位或者分流。2006—2010年，招收5届逸仙班学生，培养了物理科学与工程技术学院、化学与化学工程学院、生命科学学院、岭南学院四个院系527名学生。2009年，Z大学入选教育部"基础学科拔尖学术培养试验计划"，2012年，成立逸仙学院，协调管理全校本科教育各类拔尖创新人才和卓越人才的培养。以数学、物理学、化学、生命科学四个基础学科为基础启动该培养计划，从上述学科二年级本科生中选拔60名学生组建"基础学科拔尖学生培养实验班"，推动拔尖人才培养。逸仙班是Z大学在拔尖性人才培养上的尝试，目标是为能推广到本科生培养当中。

在创新人才培养路径上，重视课堂教学和实践训练两个环节。注重建立适合学生学习的制度和机制，重视对于学生个性的培养，加大科学实验与社会实践环节。实践证明，大学生参与社会实践或者研究生志愿服务等活动，有利于学生更好地认识社会和国情，从中发现真实的科学问题。为了保证实践训练时间，2009年，开始实行三学期制，短学期主要用于学生实践教学、通识教育、辅修跨校区专业课程等，在短学期，应用性专业学生参与更多的实习实践，有助于学生的个性培养和实践能力提高。自1999年以来，Z大学根据团中央组织开展的研究生支教团扶贫接力计划，每年选派具备保送研究生资格、有奉献精神、德才兼备的学生赴青海、西藏等偏远地区支教。2005年开始，Z大学研究生支教团主动提出申请赴西藏林芝地区支教。秉承"到最艰苦的地方去，到最需要的地方去"的理念，统计至2012年，已有8届共70名学生进藏支教。Z大学毕业生在市场激烈竞争中保持良好的就业率（表6—1），在就业行业分布上，本科生近年来更趋向企业和公司就业，研究生更趋向于事业科研单位就业。

表6—1　近年来Z大学本科生、研究生毕业就业率（2009—2013年）单位：%

年份	2009	2010	2011	2012	2013
本科生	90.76	92.84	94.99	93.64	94.12
研究生	95.19	96.85	97.72	96.13	96.93

资料来源：据《Z大学年鉴》整理。

（二）聚焦行业需求以职业为导向培养人才

社会经济的发展，需要高水平的职业人才，结合行业需求，以职业为导向培养高层次人才。随着改革开放深入，Z大学开始与地方政府以及企业开展广泛的合作，联合办学培养所需专业人才。比如，从1991年起与广州中医药大学合作开始中医药七年制本科——硕士连续班。与广东省司法、广东省财政厅、石油总公司、国家旅游总局等合作开展委托培养或在职培养。在医科人才培养上，为了更好地与国际主流医学生培养模式接轨，在医科五年制和七年制的基础上，推进八年制医学博士（MD）培养模式。

推行研究生中学术型和专业学位分类培养机制改革，学术型研究生中以科研为导向，实施"优生优培"计划。面向行业需求，发展专业学位教育，增加专业学位研究生培养比例。从1999年开始，设立专业学位授权点，到21世纪，专业学位授权点增速很快（表6—2）。

表6—2　Z大学研究生学位授权点发展情况（1998—2013年）

年份	博士学位一级学科	博士专业学位	硕士专业学位
1998	5	0	0
1999	5	0	3
2000	9	0	5
2001	11	1	7
2002	11	1	7
2003	17	1	7

续表

年份	博士学位一级学科	博士专业学位	硕士专业学位
2004	17	1	15
2005	17	1	15
2006	22	1	18
2007	22	1	22
2008	22	1	22
2009	22	2	25
2010	22	2	40
2011	42	2	41
2012	42	2	41
2013	42	2	41

资料来源：据《Z大学年鉴》整理。

二 团队攻关推动科技创新

Z大学紧密结合国家、行业和区域的重大需求和战略发展重点，以应用基础研究为主要任务，结合国际前沿研究，开展先导性基础研究。理工科在1995—2000年来都没有承担国家自科基金重大项目。从平台和制度保障上面力促高水平科研团队形成。第一，搭建高水平科研平台（表6—3）。科技发展扎根在基础研究中，Z大学通过重点实验室等高水平科研平台建设，凝聚一批优秀科技创新人才，开展国家需要的原创性研究。学校围绕广东省汽车、造船、重大装备等先进制造业以及发展新一代信息技术、工业设计、生物医药与生命健康等战略性新兴产业的需要，与广东省、广州市、国防科技大学共建广州超级计算中心，超算中心拥有的"天河二号"超级计算机系统，峰值计算速度每秒5.49亿亿次、持续计算速度每秒3.39亿亿次，位居世界超级计算机榜首。

表6—3　　Z大学国家级科研创新平台一览（2004—2013年）

机构名称	类别
光电材料与技术国家重点实验室	国家重点实验室
有害生物控制与资源利用国家重点实验室	
华南肿瘤学国家重点实验室	
眼科学国家重点实验室	
南海海洋生物技术国家工程研究中心	国家工程研究中心
国家数字家庭工程技术研究中心	国家工程技术研究中心
水生经济动物繁殖营养和病害控制国家专业实验室	国家专业实验室
植物基因工程国家专业实验室	
国家高技术研究发展计划——海洋生物功能基因组开放实验室	开放实验室
数字家庭互动应用国家地方联合工程实验室	国家地方联合工程实验室
半导体照明材料及器件国家地方联合工程实验室	
河口水利技术国家地方联合工程实验室	
物联网芯片与系统应用技术国家地方联合工程实验室	
临床医学分子诊断国家地方联合工程实验室	

资料来源：根据《Z大学年鉴》整理。

第二，依托高水平的科研平台，抢占科研制高点承担重大项目攻关。学校强调抢占科研制高点，制高点表现为解决重大科学问题和掌握核心技术。科研作为大学的基本活动形式，都会有成果出现，但是要产生重大标志性成果需要组织科研团队，集体攻关，尤其以理、工、医科为突出。[1] 科研发展态势良好，重大项目有所突破（表6—4）。

表6—4　Z大学承担的国家重点、重大科研立项数（2004—2012年）

年份	2013	2012	2011	2010	2009	2008	2007	2006	2005	2004
国家科技重大专项	7	6	0	1	26	0	0	0	0	0
国家自然科学基金项目	28	45	19	20	19	24	30	16	26	18

---

[1]　黄达人：《大学的观念与实践》，商务印书馆2011年版，第99页。

续表

年份	2013	2012	2011	2010	2009	2008	2007	2006	2005	2004
国家社科基金重大重点项目	16	5	3	8	5	5	2	0	0	0
教育部、卫生部重大项目	13	14	13	29	12	15	33	16	31	20
"937"项目	13	12	14	10	8	2	9	8	13	10
国家高技术"863计划"项目	3	0	0	1	2	18	17	20	16	24
国家科技支撑计划	5	11	1	0	0	2	0	0	0	0
广东创新团队	0	2	0	0	0	0	0	0	0	0

资料来源：根据《Z大学年鉴》整理。

学校鼓励教师联合攻关，争取重大项目，出重大成果。在科研立项上面学校为了保障科研团队集中攻关，在制度上面促成科研团队形成。"导师+学生"的科研模式比较普遍，高水平的研究团队缺乏影响到社会重大问题的解决。比如在2002年，《Z大学科技计划项目管理办法》中规定，重大、重点课题的完成，纵向以批准经费为准，横向课题以进账经费为准，在100万元到200万元以上的项目负责人可推荐一人，200万元以上的项目负责人可推荐两人在学校职称评定、科研业绩考核中视同为一般项目负责人。

以国家需要为科研的立足点，建设目标定位为"国际水平，国家需求"。在各个学科的研究方向上向国际水平看齐，立足点在于解决国家尤其是广东省地方经济建设和社会发展的需求问题，以提升广东省产业水平和社会发展为科研聚焦点。科研项目的获取在某种程度上是创造成果以及成果向应用转化的基础，服务社会的能力很大程度上体现在科研实力上面，科研的学术水平将会决定社会实践运用的价值。2002年，科研经费首次突破1亿元，2002年，突破2亿元，2008年，突破10亿元。理科、文科、医科都获得增长（图6—1）。

在国家级科技奖励上面，主要指国家自然科学奖、国家发明奖、国家科技进步奖、国家科学院重大科技成果奖、国家级星火奖，1985年地理学系"腾冲区域航空遥感应用技术"项目获得国家科技进步奖一等奖。到1989年，再次获得国家科技进步奖一等奖，材料研究所的项目为"异步电机分层多目标优化设计软件系统"。20世纪90年代，获得最高国家

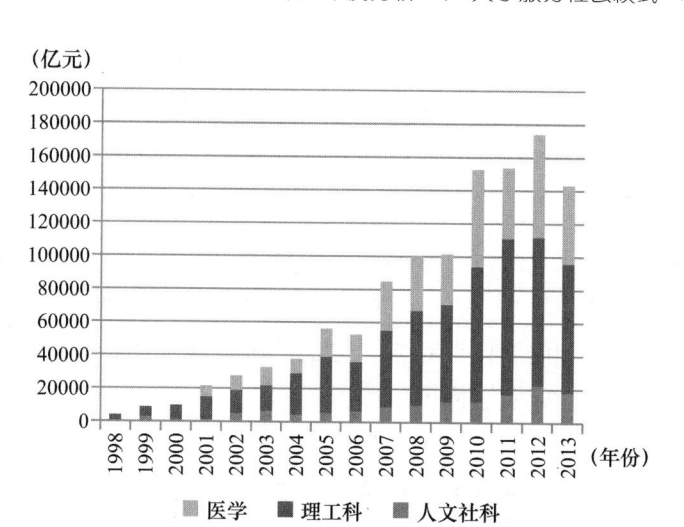

第六章 案例分析一：Z大学服务社会模式 / 157

图6—1　Z大学近年来所获科研经费

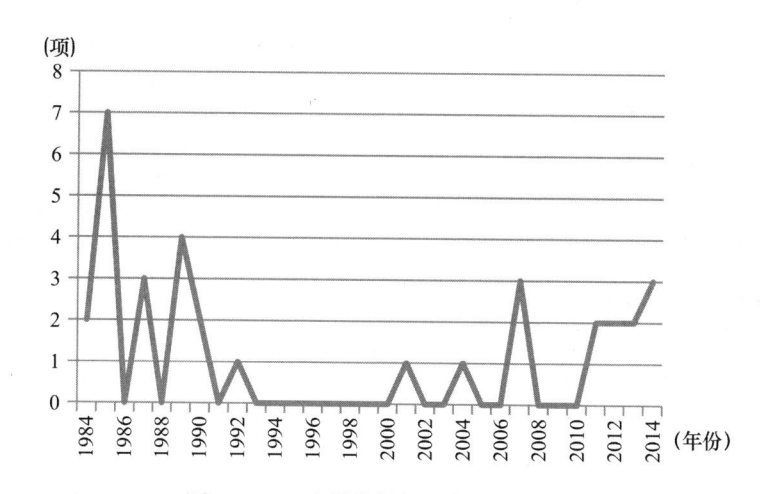

资料来源：根据《Z大学年鉴》整理。

图6—2　Z大学获得的国家级科技奖励

资料来源：Z大学科学研究院资料。

级奖项为国家自然科学奖二等奖和国家科技进步奖二等奖（图6—2）。说明在重大成果突破和科技创新方面仍然任重道远。

三　产学研合作服务省域经济

Z大学在组建团队开展科技攻关的同时，十分注重应用研究。从

1993年省部共建，到2001年重点支持，广东省都给予了Z大学经费支持。服务所在省产业发展，解决省域社会问题，也是Z大学在发展中的导向。与地方政府、行业企业广泛产学研合作，在平台和制度上面力促科研成果转化成为现实生产力。

途径一：搭建合作研究平台

以"地方需求"为导向，学校与地方政府广泛合作，开展地方产业发展急需的科研和成果转化工作。Z大学与地方政府合作遍及所属省各县市，分别为广州、韶关、佛山、顺德、东莞、湛江、清远、揭阳、始兴，以及广西玉林等地。举措之一，搭建合作平台，以地方研究院的模式开展集研究、承担政府和企业委托项目、专利转让授权、成果转让、企业孵化于一体的产学研合作（表6—5）。

表6—5　Z大学历年与政府、研究机构共建研究平台情况

序号	研究院名称	共建单位	成立时间	主要研究方向
1	Z大学珠海创新科技研究院	珠海市人民政府	2001	海水养殖、信息技术、电力电子新能源、医药、环境
2	Z大学佛山研究院	佛山市人民政府	2003	LED照明关键技术与产业化
3	Z大学湛江海洋生物实验室	湛江市人民政府	2006	海洋生物技术
4	Z大学深圳研究院	深圳市人民政府	2006	数字生活网络与内容服务、数字家庭及三网融合终端产品、集成电路、软件工程
5	广州开发区Z大学生物工业研究院	广州市开发区管委会	2008	生物产业
6	Z大学花都产业科技研究院	广州市花都区人民政府、国光电子股份有限公司	2008	汽车、物流、皮革皮具、电子信息、生物医药
7	东莞Z大学研究院	东莞市人民政府	2009	生物技术、新能源汽车、电子信息

续表

序号	研究院名称	共建单位	成立时间	主要研究方向
8	顺德Z大学太阳能研究院	顺德区人民政府	2010	太阳能技术开发与研究
9	Z大学惠州研究院	惠州市人民政府	2010	功能性精细化学品、绿色化学工艺、印制线路电子化学品方向以及传热节能、安全和环境保护
10	Z大学南沙科技创新产业基地	广州市人民政府、广州市南沙区人民政府	2011	新能源、新材料、节能减排、海洋生物、环境工程

资料来源：根据《Z大学年鉴》整理。

地方研究院基本依托 Z 大学高水平的实验室和研究中心建成，通过合作研究平台建设，使得科研聚焦产业需求，基础研究与应用研究相互促进，从而体现基础研究的价值，以及基础研究对产业的支撑作用。通过研究院的建立，为基础研究向应用研究转化建立了通道，加速成果转化进程，为产业链提供技术支撑。研究院或者研究基地功能主要是开展技术研发，成果转化，孵化高新技术企业，同时在技术研究的同时培养科技人才，实现大学的科研功能向经济社会扩散，同时又促进教学功能。

途径二：拓展横向课题研究

进入 21 世纪，Z 大学产学研合作开始拓展。2000 年，Z 大学与东莞市塘厦镇签订校镇合作协议，开全国校镇合作先河。2000 年，在广东省首届珠江三角洲地区与山区经济技术洽谈会上，Z 大学带去 110 个项目涉及农业、医药、食品和信息、电子、机械及环保、化工、材料，签约技术项目合同金额共计 10.86 亿元，占广州市总合同金额 12 亿元的 89%。[①] 明确合作指导思想"市场导向、企业主体"，聚焦市场需求，由市场来定项目、选择成果转化方式、成果转化主体。近年来，企事业单位横向课

---

① 易汉文：《Z 大学编年史》（一九二四—二〇〇四），中山大学出版社 2005 年版，第 168 页。

题经费呈现上升趋势,1998 年为 691 万元;1999 年为 1653 万元;2001 年为 3742 万元;2007 年为 11685 万元;2012 年为 22816 万元(图6—3)。在所占总科研经费的比重上,稍有起伏,可见在经费上面有所突破。随着政府科研经费投入的加大,所获企业增幅相对较小(图6—4)。

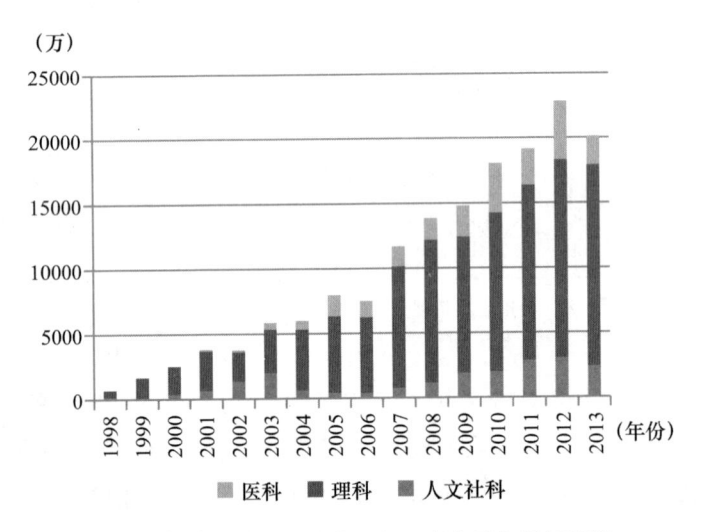

图6—3　Z大学近年所获企业、事业单位科研经费

资料来源:根据《Z大学年鉴》整理。

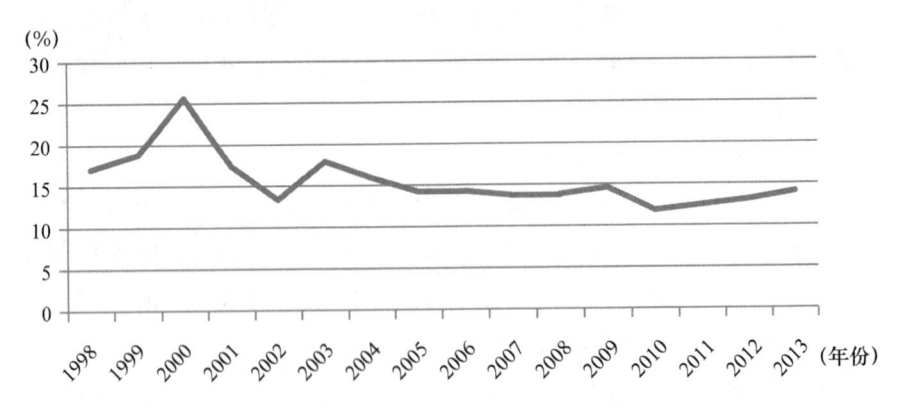

图6—4　Z大学所获企业、事业单位科研经费与总经费比例

资料来源:根据《Z大学年鉴》整理。

途径三:组织机构力促成果转化

为搭建科技成果转化推广平台,在组织制度上面予以配套。为了落实"科教兴国"战略和教育部、科技部《关于加强高等学校科技创新的若干意见》，促进科技成果的转化，2003年，学校颁发《Z大学关于促进科技成果转化的若干意见》。2005年，Z大学成立技术转移中心，归口管理全校技术转移工作。2006年，为了推进、规范科技成果转化，制定《Z大学科技成果转化规定》，明确成果转化程序和厘定利益分配。

技术转移中心依托学校各院系可以实现成果转化的技术和资源，优化整合科研成果、人才和信息，组织和服务技术转移。科学研究直接作用于社会的形式主要表现为技术，Z大学强调科技成果的转化，教授们的主要精力放在教学、科研和技术创新上，科技成果转化后就实现了服务社会的功能。学校不主张"产业化"，产业化的过程应由企业去做。① 学校技术转移中心通过市场调研，收集技术需求信息，除了广东省外，还辐射到云南、山东、湖南、江苏等省外企业。掌握市场需求信息之后，对接学校科研成果，实现技术转化。学校综合类科技成果主要包括电子与信息领域，化工、新材料领域，生物技术、医药及医疗器械领域，海洋领域，现代农业领域，资源环境、节能领域，光机电一体化及先进制造领域等技术成果。

促进科技成果转化的另一途径是创建科技园，以科技园为载体联系大学与产业。科技园依托Z大学的科技、人才等资源优势和学科特点，采用现代资本运营方式，进行技术成果的孵化、商品化、产业化，开展技术贸易、技术中介和高级管理人才培训等业务。同时引入创业风险投资基金，扶持园内企业的发展，形成科研成果向产业转移。2003年，Z大学与海珠区政府共建海珠Z大学科技园，并被认定为广东省大学科技园。海珠Z大学科技园分为"一园三区"，即新港西孵化园区、敦和创业园区、琶洲产业园区，总占地面积12.9万平方米。自2006年10月被认定为国家大学科技园，按照"一校多园"的模式，先后与省内多个市、区签订了全面合作协议，在全省各地建立分园区，搭建产学研合作平台，共同促进高新技术产业发展。经过近年来的建设和发展，目前已基本形成六个园区，即海珠园区、大学

---

① 黄达人：《国家的发展与大学的责任》，《中国高等教育》2004年第1期。

城园区、越秀园区、广州科学城园区、珠海园区和深圳园区。2005年，组建了广州Z大学投资控股有限公司，拥有50余家全资、控股、参股企业。投资领域涵盖Z大学国家大学科技园、生物医药、IT电子、化工环境、文化产业五大行业。依托Z大学的科技、人才等资源优势，同时通过社会资源整合，正在逐步形成具备自主创新能力的高科技产业群。

四　人文社会科学发挥智库作用

人文社科一向被认为是"象牙塔"的守护者，远离社会。Z大学人文学者具有强烈的社会使命，关注和研究社会现实问题，为地方社会发展建言献策。在人文社会科学研究方面关注社会现实，以学科建设为依托，建设高水平智库型研究平台。以平台为依托，对国家与社会发展、国际社会普遍关注的重大问题开展研究。与政府部门共建研究平台（表6—6），既开展应用研究、组织社会调查和决策咨询，又通过平台建设培养专业人才。研究平台集应用研究、人才培养、学术交流和智库建设为一体，如广东决策科学研究院主要为各级政府和企业提供决策思路，设计实施方案。各研究中心已经为省内广珠城轨、广州荔湾"恩宁路—荔枝湾涌"、顺德龙江镇、花都梯面镇、花都国际珠宝城、韶关浈江区丹霞山等提供了一系列调研和规划策划实施方案。珠三角改革发展研究院建立博士后科研基地，建有访问学者基地，为研究珠三角改革发展培养储备人才。Z大学广东省地方立法研究评估与咨询服务基地旨在加强广东省地方立法工作的理论研究，为广东省地方立法提供参谋咨询，为提升广东省地方立法质量提供智力支持。

表6—6　　Z大学人文社会科学与政府部门共建研究机构

序号	研究院名称	共建单位	成立时间	主要研究方向
1	广东决策科学研究院	广东省委政策研究室	2009	创意设计、教育产业、文化地产、旅游产业
2	珠三角改革发展研究院	广东省规划纲要办	2011	珠江三角洲改革发展研究

续表

序号	研究院名称	共建单位	成立时间	主要研究方向
3	Z大学岭南文化研究院	佛山市南海区政府	2011	岭南文化研究
4	国务院侨务办公室侨务理论研究广东基地	广东省侨办、暨南大学	2011	侨务理论研究
5	信息安全与电子文化研究院	广东省委办公厅	2011	信息安全与电子文化研究
6	Z大学中国文化研究院	湖南省郴州安陵书院	2011	中国传统文化教学和研究
7	Z大学广东省地方立法研究评估与咨询服务基地	广东省人大常委会共建	2013	地方立法

资料来源：Z大学社会科学处。

密切结合国家需要和广东社会发展需求开展决策研究，产生了一批有影响力的成果。比如，产生《珠三角区域发展报告2012》《中国非物质文化遗产保护发展报告2012》《公益蓝皮书2012》《大洋洲区域发展报告2012》《中国劳动力动态调查：2013报告》《中国城市政府公共服务能力评估报告》《广东民生发展报告2012》《广东大众富裕阶层财富白皮书》《广东农村金融发展白皮书》等一系列成果，具有较大学术影响与社会影响。人文社会科学部分研究成果得到国家、省委等部门采纳批示。2008—2013年，Z大学国家社会基金研究成果有10余项被编入《成果要报》，上报给中央政治局委员、中央书记处书记、国务院总理、副总理、国务委员等领导以及中央办公厅、国务院办公厅等有关机构参阅。主要研究问题集中在中国民生保障体系、社会医疗保障制度、城市残疾人就业安置与社会保障制度、养老金债务偿还、科举停废与中国社会、"一国两制"下的香港民主制度、澳门立法会选举等方面。2012年，已共有7项成果入选《国家哲学社会科学成果文库》。学校主张教授广泛参与政府与社会管理，如管理学院M教授作为广东省人民政府参事，积极为国家和广东省政治、经济、民生发展建言献策，《关于广东工业强省建设的几点建议》得到省委批示，为省经济和信息化委作为政策参考。2012

年 6 月 30 日以 Z 大学、南方日报社、省扶贫办三方名义联合发布《广东扶贫"双到"三年报告》，得到中共中央政治局委员、广东省委书记汪洋同志重要批示，指示有关部门就此"认真研究，提出扶贫工作长期化、机制化的意见，为'双到'工作转型升级创造新的条件"。

　　社会转型，社会问题接踵而来，尤其是改革开放的前沿阵地广东。Z 大学历来就有关注社会现实的传统。聚焦社会问题，开展横向课题研究。比如，2003 年广东省重大决策咨询研究课题第一次向社会公开招标，Z 大学岭南学院 C 教授获得一项重大决策咨询研究课题——推动广东企业"走出去"研究，获得资助经费 10 万元。教师们积极承担社会建设和管理横向项目，比如政务学院、中国公共管理研究中心 N 教授领衔主持的《天河区推进政府职能和工作事项转移委托问题研究》成果引起国内各大媒体的关注与讨论。2012 年管理学院与广东电网公司教育培训评价中心战略签订合作框架协议，依托管理学院师资力量及丰富的中高层培训经验，发挥科研和人才培养优势，优化和整合双方资源，加强校企间的合作与交流，为企业及社会培养更多高素质、高技能的应用型人才。近年来，人文社会科学方面承接企事业单位横向课题呈上升趋势，经费 50 万元以上的项目增多（图 6—2）。

五　公共服务辐射全国扶贫帮困

途径一：积极开展医疗帮扶

　　Z 大学利用医疗科技水平积极开展拓展服务，直接运用知识参与到社会实践当中。比如，Z 大学在 2003 年救治"非典"、2008 年汶川地震救援中都发挥了医疗救治的重要作用。2003 年国家人事部、卫生部、解放军总政治部追授 5 位抗击"非典"勇士"白求恩奖章"。支持山区医疗卫生事业，广东省委组织部和省卫生厅 2005 年共同启动《卫生人才智力扶持山区计划》，Z 大学每年选派医生专家赴蕉岭、云浮、龙门等山区县进行医疗扶持，并传授优良管理经验，为基层医院造血。主要包括义诊送药、新业务新技术推广、医院管理等方面内容。2005 年始，Z 大学组建了一支由学校各附属医院相关科室的专家和博、硕士研究生组成的高水平医疗服务队，先后开赴西藏林芝、云南澄江等西部边疆地区开展"健康直通车"活动,为当地群众提供高质量的医疗卫生服务。2011年Z大学中山眼科中心对口援疆项目"健康直通车"免费白内障复明手术仪式启动,两天时间共完成白内障复明手术50例。2012年7月20—26日,Z大学校友会联合Z大学附属第三医院、青海省苏曼竹巴慈善基金会前往青海玉树地区开展慈善义诊。Z大学附属肿瘤医院秉承着"公益拓服务、助力促发展"的理念,对帮扶医院进行技术专业指导、示范带教手术等操作技术指导。第一周期帮扶工作从2009年12月开始,历经了3年,横跨了湖南、福建、广东、江西"四省八家医院",帮扶从解决实际问题出发,取得了很好的社会效益。第二周期从2013年开启,帮扶时间3年,横跨"五省十一家医院"。为具体落实广东省委、省政府新一轮扶贫开发"双到"工作任务,为扶贫开发帮扶点开展义诊活动。2011年Z大学孙逸仙纪念医院与番禺区政府签订合作建设三级甲等综合医院协议。

途径二:对口支援西部高校

Z大学支持教育部计划,开展对口支援工作。2001年6月,教育部启动了"对口支援西部地区高等学校计划"。2004年教育部下文确定Z大学对口支援湖南J大学。Z大学从师资队伍培训、科学研究、图书资料建设等方面援助J大学,2013年接收J大学入选"质量工程"的青年教师59人到Z大学进修课程或访问学者,11名图书管理人员做短期培训,6名教师到校短期课题交流、培训,在职培养47名教职工攻读硕士、博士学位,4名教师做博士后研究。Z大学在科研方面也给予了J大学支持。两校侧重于开展跟湘西区域发展有关的旅游规划、民俗研究、湘西生物资源的研究和开发等合作项目,包括教育部重点基地重点项目的子课题、2007年底J大学"化学实验教学示范中心"成功申报国家级化学实验教学示范中心等。与此同时,Z大学通过图书资源共享开展援助,在J大学图书馆开通了5个VPN端口,满足了J大学进行科研检索、开展科研的需求,并向J大学捐赠了价值近22万元的9800册图书。

2006年Z大学与广东省教育工会应邀赴新疆高校,包括新疆大学、新疆师范大学、新疆医科大学等进行学术交流,Z大学派出由8位知名青年教授组成专家组进行14场学术演讲、手术、会诊与义诊等交流。

Z大学分别承担了对口支援西藏民族学院和新疆医科大学的任务。与西藏民院签订对口援建协议书。重点扶持新疆医科大学基础医学、眼科学、肿瘤学3个学科的学科建设。提高受援学校的师资队伍建设水平。Z大学将对口支援的着力点放在支持受援高校加强师资队伍建设上，采用在职攻读硕士或博士学位、访问学者、进修培训等多种形式和层次为受援高校培养师资，提升受援高校师资水平。

途径三：开展科技扶贫

Z大学履行社会责任和使命，响应党中央关于扶贫开发工作精神，根据国务院扶贫办等八部门《关于做好新一轮中央、国家机关和有关单位定点扶贫工作的通知》和教育部《关于做好直属高校定点扶贫工作的意见》要求开展定点扶贫。Z大学结合扶贫地区的特点，结合学科实力，在科技和文化资源上开展扶贫。在全方面扶贫的同时，突出产业扶贫和科技扶贫。比如2010—2012年，连续三年对口扶贫河源市紫金县龙窝镇琴口村，确定"两个结合"工作思路，结合琴口村山区特征开展相关科研，将贫困户的种养意愿与扶贫开发工作相结合。进村公路、红肉蜜柚种植果园、灵芝与花卉产业化培养基地、贫困户楼房等项目取得明显成效。学校对紫金县、龙窝镇和琴口村开展智力扶贫、科技扶贫和医疗扶贫，使全村贫困户全面脱贫致富，同时通过大学文化精神渗透，全村民风、村风转变明显，真正起到了通过智力提升人整体素质的作用，也实现了大学服务社会的意义，促进人的发展。

2014年筹集资金300万元为凤庆二完小学新建教学楼，学校与凤庆县签订Z大学凤庆书院建设意向书。2014年为增加定点帮扶连州市种田村经济水平，发挥重点依托生态农场项目，引进专业农业科技公司带领村民进行种植养殖，通过基地+农户的方式进行生产收购一条龙服务，切实提高整体村民的收入水平，改变贫困户贫穷面貌。在扶贫当中结合学校科研优势和当地特色资源，积极推进西部边疆地区产业化。

第三节　Z大学服务社会实践启示

Z大学服务社会实践中可以发现已经开始理性按社会需求，并结合自身学科势力来选择发展道路。学以致用、用其所长是 Z 大学的优良传统，观念和制度都属于顶层设计，形成服务社会的观念需要制度来保障。

一 "教授就是大学"以研究能力为本位

对于研究型大学而言，富有创造力的研究者是创造知识的基础条件。Z 大学秉承大学是一个学术共同体的思想，把学术作为最重要的指标，大学以学术为本，"教授就是大学"。提到应用研究，应用开发，产学研合作，逻辑起点仍然是以高水平的知识生产为支撑。Z 大学提出"教授即大学"的思想，高水平的师资意味着有可能出高水平的成果。拥有一批大师级的对学术满怀敬畏、对社会满怀责任的学者是大学服务社会的前提。大学是否一流需要衡量大学有多少一流学科，而一流学科，归根结底的衡量标准是多少一流乃至大师级的教授。在 Z 大学，黄达人校长常说名教授的地位高于校长，大学的声誉靠一代代名教授努力积累下来。[①] 在 Z 大学历史上，涌现出文科陈寅恪、理科蒲蛰龙、医科陈心陶等一批学术大师。Z 大学具有"养士"的胸怀，对于有潜力的学者在制度上面予以倾斜，创造自由的研究氛围。

制度加大高层次人才引进力度，比如 2001 年，学校制定"百人计划"分层次引进人才，并规定"985"学科经费中人才引进的比率保证 20%。[②] 具备良好科研能力是 Z 大学教师的生存条件，同时学校通过创设民主的科研组织制度来促进科研。并且倡导团队集体攻关，注重培养科研团队。引进高层次人才队伍通过引进高水平人才来发现新的学科增长点。产业的需求和社会问题的解决日益复杂，跨学科和团队攻关有利于提高效率。相应改革科研组织形式，2006 年提出组建大的科研团队，专注创新性科学研究。在科研制度上体现出民主倾向，为广大具有创造力的科技人员提供足够的发展空间，从而聚集起一批高素质人才（表6—7）。

---

① 黄达人：《大学的观念与实践》，商务印书馆 2011 年版，第 209 页。
② 黄达人：《优化环境 更好地发挥人才资源作用》，《中国高教研究》2004 年第 3、4 期。

表6—7　　　　　　　　Z大学高层次人才（2013）

类别	人数	类别	人数
中科院院士	11	中国工程院院士	2
国家"千人计划"专家	34	国家"万人计划"青年拔尖人才	5
国家有突出贡献的中青年专家	15	政府特殊津贴专家	558
教育部"长江学者"	45	"973"首席科学家（含重大科学研究计划首席科学家）	15
国家杰出青年科学基金获得者	65	人社部"百千万人才工程"国家级人选	24
教育部"跨世纪优秀人才培养"计划	19	新世纪优秀人才支持计划	179
全国高校教学名师	9	卫生部突出贡献专家	22

资料来源：根据《Z大学年鉴》整理。

重建人文社会科学的评价体制和荣誉制度，2010年，启动"Z大学卓越人才计划"，此计划是2003年开始学校高层次人才资助政策的延续，制度上"为中才立规矩，给天才留空间"，建设具有国际竞争力的高水平师资队伍。在2003年基础上扩大"特殊津贴"的入选范围，优秀副教授可以入选。在服务区域经济发展中有突出贡献的学者可以入选"特别资助计划"，明确支持优秀团队。在评价制度上，突显综合性大学特征，文理科并重，实施同等奖励制度。承担文科重大国家级项目与承担国家重大科技项目的首席科学家同一待遇。

研究型大学服务社会能力的提升，归根到底是科研水平的整体提高。高水平的实用研究依托基础研究成果，在实用研究中发现新的问题，促进基础研究的深入。依托项目申报，团队科研创造出一批科研成果，为成果的应用和转化奠定了基础。比如，Z大学在医学科学研究上成果突出，获得包括中华医学科学技术奖、高等学校科学研究优秀成果奖（自然科学奖）、广东省科学技术奖、广州市科学技术奖等各项奖项。这些成果的取得为Z大学医疗服务社会创造了条件。

二　切合社会需求培育优势特色学科专业

培育优势特色学科是提升服务社会能力的基础，Z大学具有深厚文理学科传统。在学科发展上结合社会需求和自身传统，在巩固和提高基础学科的同时，侧重于应用和技术学科发展，加强发展应用和交叉学科。在关注社会现实问题中寻找新的学科生长点。1979 年，Z 大学在学科专业设置上提出既要重视基础学科，又要注重新兴学科、边缘学科的发展，根据"全面安排，突出重点"的原则，根据国家需要和学校、地区条件、特点，有计划、有重点的办好一些带头学科、新兴学科、边缘学科专业，逐步形成学科专业特点。近年来，调整校内学科布局，强调应用学科的发展，提升应用研究的能力。广东省重点投入 12 亿元大部分用于学科建设，并且用于学科建设的 20% 用在人才引进上。注重学科之间的融合，以高新技术为导向，建设跨学科的研究中心。比如在生物和医学学科上建立了多个高水平技术平台。2002 年，从"985 专项资金"中拿出 3.5 亿元用于学科建设。剩下经费中 80% 用于固定资产投资，其他 20% 可用于日常开支。建设有国家重点一级学科 2 个；国家重点二级学科 23 个；国家重点（培育）二级学科 6 个；广东省重点一级学科 20 个；省重点二级学科 17 个（表6—8、表6—9 和表6—10）。

表6—8　　　　　　Z 大学国家重点一级学科（2 个）

学科专业	批准时间	学科专业	批准时间
生物学	2007	工商管理	2007

资料来源：根据《Z 大学年鉴》整理。

表6—9　　　　　　Z 大学国家重点二级学科（23 个）

学科专业	批准时间	学科专业	批准时间
马克思主义哲学	2007	逻辑学	2007
人类学	2007	思想政治教育	2007
中国古代文学	2007	英语语言文学	2007
中国古代史	2007	中国近现代史	2007
基础数学	2007	凝聚态物理	2007
无机化学	2007	高分子化学与物理	2007

续表

学科专业	批准时间	学科专业	批准时间
人文地理学	2007	内科学（内分泌与代谢病）	2007
内科学（肾病）	2007	神经病学	2007
外科学（普外）	2007	眼科学	2007
耳鼻咽喉科学	2007	肿瘤学	2007
卫生毒理学	2007	药理学	2007
行政管理学	2007		

资料来源：根据《Z大学年鉴》整理。

表6—10　　Z大学国家重点（培育）二级学科（6个）

学科专业	批准时间	学科专业	批准时间
中国哲学	2007	社会学	2007
马克思主义基本原理	2007	光学	2007
地图学与地理信息系统	2007	病原生物学	2007

资料来源：根据《Z大学年鉴》整理。

学校发展与国家发展方向结合，密切结合行业需要发展相应学科。比如，以"做强存量，做活增量"为指导思想组建Z大学工学院。利用珠三角高新技术产业密集优势，开拓高技术研究领域。在电子信息技术方面，软件研究所研制的知识工程开发系统和多媒体数据库等均达到国际先进水平，并与加拿大、美国以及中国广东省等国内外有关部门合作，开发出"电讯网络智能系统""省级电话网智能管理系统"等，在国防、电讯、保险、政府、自来水公司等方面获得应用。

Z大学学科建设取得了新的突破，2003—2013年，有16个学科领域进入ESI（Essential Science Indicators）前1%的学科领域，仅次北京大学，与浙江大学和上海交通大学并列国内高校第2。分别为临床医学、化学、物理学、生物与生物化学、植物与动物学、材料科学、工程学、分子生物与遗传学、农业科学、数学、社会科学、环境学/生态学、药理学与毒理学、微生物学、神经与行为科学、社会科学总论和计算机科学。

2014年已有7个学科领域的ESI收录论文总数进入国家"985工程"建设高校的前5。实力强的学科,创办学术刊物,建立学术阵地。拥有国家高等学校特色专业建设点19个,包括微电子学、网络工程、临床医学、工商管理、汉语言文学、数学与应用数学、化学、生物科学、资源环境与城乡规划管理、软件工程、历史学、预防医学、会计学、哲学、人类学、生物技术、法医学、护理学、行政管理。

学校以优势学科为依托,以政府、企业构建合作研究平台,组建科研团队,开展合作研究和合作人才培养。比如,网络教育上面整合相关优势学科,注重给企业人员提供高层次职业培训。网络教育毕业生从2003年185人持续增加到2013年5692人。

三 创新管理体制强化服务社会政策导向

Z大学作为支撑广东重大基础研究和高新技术产业发展的重要科技创新基地,科技成果转化水平却较低。比如在国家授权专利上面,1997年为5项,2006年为111项,2013年为336项,获得的数量在增加而专利转化率极低,大部分都没有转化,这里缺乏统计数据。在面对市场时,科技成果会出现待价而沽的现象,而一旦因价格而找不到买主,科技成果只能留在实验室,造成极大的浪费。科技成果产生都是用的纳税人的钱,面对这一现象,2003年黄达人校长提出"零代价"转让,前提是保障教授的知识产权利益,而学校少要甚至不要回报,首先关注成果转化的社会效益,回馈社会。① "零代价转让"带动了科技成果转化的热潮。在"零转让"的过程中,首先厘定教授利益,课题组最高享有70%利润,其中第一发明人、项目主持人在其中最高分得70%。Z大学在广东高校中率先确保教授利益,明确课题组最高可从利润中分得70%。在成果转让过程中,利益分配影响到转让的意愿和科研合作的方式,制度的规定使得单一合作转变成为学院、学科团队形式的整体合作,提高重大攻关和创新能力。② 科技成果转化的理想模式是以知识产权的形式在企业中占有股份,而不是教授去直接经营企业。

---

① 黄达人:《大学的观念与实践》,商务印书馆2011年版,第109页。
② 梅志清:《"零代价转让"铸南粤创新引擎》,《南方日报》2006年9月14日A04版。

Z大学从搭建公共服务平台入手，开创科技致富、扶植产业发展的路子，为当地经济社会发展尽力，体现大学应有的责任和使命。"顶天立地"成为中大的目标，"顶天"意味基础研究具有国际科研水平，"立地"指研究服务民生，满足广东社会需要。

　　完善科技成果的评价体系，尊重研究者的差异，提出给横向项目以"国民待遇"。把科研与国家重大、急需的问题结合起来，体现出创新的价值。重视和强调学科之间的交叉和融合，包括文、理、工、医的融合，也包括医科内部临床医学和基础医学的融合。以行业背景来寻找科技创新的突破切入点，选择若干行业，以行业为背景，紧紧依靠企业，来寻找自主创新道路。

第四节　危机与挑战

　　Z大学在服务社会实践中形成了自己的发展模式，突出务实创新的特点，在观念和制度层面形成了理性自觉。但是仍然存在许多的不足，目标是建设世界一流大学，因为国家在"985工程"创建时对一流大学并没有明确的界定，Z大学目标也存在模糊性，正如黄达人校长所评价的Z大学离卓越还有一段距离。

一　人才培养质量与特色

　　Z大学推出一系列的举措来培养复合型创新型人才、具有行业领袖气质的精英人才。比如，组织专门学院、创新平台、创新基地开展培养，与行业、企业合作进行培养，与国际合作联合培养，取得一定成效。虽然提出"善待学生"的理念，如何做到人尽其才，在跨学科学习、学生转专业、提高实践能力等方面还需要进一步进行制度的厘定。比如，卓越人才培养计划实验成果如何推广。研究生专业学位培养切合了社会对于高层次职业人才的需求，但在实际培养过程中与学术型研究生培养目标混淆，在培养环节上注重学术培训和科研论文的发表，轻实践训练。比如临床医学专业学位研究生培养。真正的社会需求如何来应对，社会和行业需要的人才与学校培养之间存在差距。

二 科技创新能力面临考验

Z大学立足地方和国家需求开展科学研究，在科研经费方面取得突破，获得国家和广东省的支持，但是在基础研究方面缺乏具有重大影响力的原创性成果，以致缺少能推动地方和国家产业发展的支柱性能力。工科、新兴学科在整体水平上偏低，无法适应广东经济发展需要。面向行业、面向企业开展科研，获取资金的能力都有待提高。学科上面特色仍然不是很明显，国际影响力的学科缺乏，还没有形成稳定的学科优势。需要加强与国家和地方新兴产业密切相关的学科群建设，通过学科的发展，提升推动产业的作用，提升面向行业培养高层次应用型创新人才的能力。在人文社会科学方面，缺乏能指导社会实践的重大理论成果。因此，聚焦现实社会问题、聚焦地方产业发展问题来组建学科，开展研究的能力，以及培育这种研究能力科研组织形式都需要进一步探索。

三 科研成果转化率问题

大学传播高深学术，进行高深研究目的是担任社会高度智化功能，为社会生产服务，使科研成果转化为现实生产力。2012年提出学校发展主要结合两个战略机遇，一是国家和广东扩大教育对外开放；二是"加快转型升级、建设幸福广东"。需要Z大学在技术支持和思想贡献方面发挥综合性大学作用。学校与地方合作搭建平台，促进科研成果转化。整体而言，面向市场，面向行业、企业开展重大攻关的机制还不成熟。目前Z大学科研经费中绝大部分还是依靠政府投入，即通过各级各类课题申报获得。而真正依靠企业的科研经费虽然有所上升，但是分量不大，Z大学鼓励学者从市场中获取学术资源，与企业、社区合作。真正密切结合社区、结合行业、企业来获得学术资源，研究社会现实问题，产学研合作的深度需要探索。

本章小结

Z大学具有服务社会的优良传统，应社会需求而生，经历曲折，始终保持务实的精神。在服务社会实践中，跟国家的政策导向保持一致，这印证了中国大学服务社会模式是政府主导的特征。Z大学为切合社会需求做出各方面的努力，仍然在体制和机制创新上面存在瓶颈。比如国家层面存在"宏观放权、微观收权、大方向同意、具体不同意"的障碍，资金使用方式限制过多，办学自主权需要进一步扩大。再结合大学内部治理结构，在制度上面力求按社会需求，解决社会问题，推动地方产业等方面同样存在制度上的瓶颈，在目标上面存在泛化，而具体的研究不够。比如在创新型人才培养上面，无法做到能够上下流动的机制。社会进入改革的深水区，社会评价将会对大学发展起到重要作用，通过市场获得资金的能力考验大学服务社会能力。作为研究型大学，Z大学在服务社会实践中逐渐形成了自身的特色，在学风上营造一种宽松的、能以学术为志业的氛围，给创造性的研究提供制度保障，通过研究推动产业升级和社会进步还任重道远。

第七章

案例分析二:J大学服务社会模式

不同类型的大学因所处社会环境的不同体现出不同的服务模式,本章选择欠发达西部地区本科院校J大学作为案例分析。J大学是湘西地区唯一一所综合性大学,湘西被划分为武陵山片区,2011年武陵山片区人均GDP为11858元,为全国平均水平的33.8%,按照2300元的最低标准计算贫困率达45%。其地域特色可以概括为"老少边山穷","老"指革命老区;"少"指少数民族聚居区;"边"指湘鄂渝黔四省(市);"山"指大山区(云贵高原东端的武陵山片区);"穷"指深度贫困区。J大学主动对接国家西部大开发战略和武陵山片区区域发展与扶贫攻坚战略,在21世纪获得较大发展,曾被朱镕基称赞为"J大学是湖南的骄傲"。提炼出"平民大学"办学理念,类型定位上面由教学型、地方综合大学向教学研究型大学转型。

第一节 发展历程

J大学在曲折中艰难成长,1958年,国家调整院系的大潮中周恩来总理批复成立J大学,按综合性大学属性办学,校舍是原湘西苗文学校的三栋破旧小楼改造,是一所凭着艰苦奋斗用板车推出来的大学。当时仅有23名老师和189名学生,中文系和数学系两个系。在1961年和1963年,湖南省两次高校调整当中,改为师范专科,J大学校名保留。"文化大革命"期间,学校工作基本停滞。1978年,国务院批准复办J大学,为省属综合性大学。并整合湘西州的教育资源,将当时湖南医学院湘西分院并入J大学组建医疗系,湘潭大学湘西分校并入组建体育系。1979年,开始招收本科生，1994年，成立民族预科部。2000年，吉首卫生学校并入J大学，与医疗系合并组建成医学院。2002年，武陵高等专科学校并入，成为张家界校区。合并进入的两所学校一所为中专学校、一所为专科学校，按照国家合并高校政策所为，当时并没有增强J大学实力。此后系全部改成学院制管理，部分院校几经更名。

随着改革开放深入，J大学主动适应新形势，开展各项改革。比如1988年进行人员聘任制改革。1998年全面启动内部管理体制改革，实行全员聘任制。2001年，启动以分配制度改革为核心的第二轮内部管理体制改革。2004年，启动第三轮内部管理体制改革。办学之际地处偏僻，基础薄弱，经费不足。J大学资金来源渠道比较单一，主要靠财政拨款，也在开始与当地企业合作的尝试。比如，建校前40年整个学校的基建费，国家累计投入仅6500万元，其余全靠师生自己动手。新校区标准田径场和校园树木栽种主要靠师生义务劳动，生物系动植物标本室12000多份动物标本、11000多份植物标本，全由师生利用节假日自己采集和制作。

进入21世纪国家实行西部大开发战略和武陵山片区扶贫攻坚战略。J大学成为国家西部大开发支持高校、国家"武陵山片区区域发展与扶贫攻坚规划"重点建设高校、国家"中西部高校基础能力建设工程"高校。2003年获得硕士学位授予权，2012年获得"服务国家特殊需求博士人才培养项目"。2006年通过本科教学工作水平评估并获得优秀。2014年民族学被批准为博士后科研流动站。有14个一级学科硕士授予点，3个专业学位硕士授予点。2014年，获得民族学、工商管理2个"博士后科研流动站"；2015年，设立了"博士后科研流动站协作研发中心"，建立了首个院士工作站。当前，学校形成了从本科、硕士、博士到博士后完整的人才培养体系。在国家西部大开发以及武陵山片区扶贫开发的背景下，主动立足武陵山片区，开始自觉服务社会。抓住民族和区域特色优势资源来发展，各项服务都是立足武陵山片区经济社会发展需求。

第二节　J大学服务社会模式生成

J大学服务社会经历了一个自发阶段到自觉阶段的过程，21世纪之前，除了人才培养自觉性较强外，其他方面没有形成自觉意识和行动。主要是学校办学实力不强，履行大学服务社会功能的能力较弱，教师的主要精力集中在教学上。当时科研成果转化体现在湘西独特资源的研究开发上，主要是农产品猕猴桃系列成果产业化的初步尝试。进入21世纪，随着办学规模扩大和市场经济的兴起，学校开始理性思考自身的使命和作为，提出了"平民大学"的办学理念，不仅让区域更多的平民百姓接受高等教育，还要通过全面履行现代大学社会功能，为区域内的平民百姓带来更多实惠。

一　培养面向基层的高级应用型人力资本

路径一：紧扣民族地区需要，培养基层人才

因地域差异，20世纪，湘西州人才奇缺，国家采取"智力支边"等各种政策来解决高素质人才奇缺问题，收到一定效果，但无法从根本上解决地区人才缺口。J大学作为湘西地区唯一一所综合性大学，担负培养湘西地区应用人才的主要任务，长期坚持招生政策向贫困地区倾斜，为地方社会培养人才。J大学在人才培养上面具有不可替代性，55%生源来自贫困的中西部地区。2000年，据湘西自治州统计，J大学毕业生占据了80%的初中教师、60%的高中教师、50%的党政干部、45%的医疗卫生人才。毕业生被基层单位评价为"下得去、用得上、留得住、干得好"。毕业生以大学生村干部、特岗教师等形式在基层发挥才智（表7—1）。

表7—1　　J大学毕业生特岗教师数量（2011—2013年）　　单位：人

年份	2011	2012	2013
人数	513	620	618

资料来源：J大学招生就业处。

随着办学规模的扩大，招生范围扩大到全国，以及大学生自主择业等的转变，J大学人才培养目标设定为具有"人文精神、科学素养、创新能力、国际视野、务实作风"的高级应用型人才。2012年，本科教学质量报告把服务面向定位为立足湘西、面向湖南、辐射全国、服务基层。2012年，设有本科专业67个，涵盖除军事外的11大学科门类，形成以文理为基础，多学科协调发展的学科专业格局。注重将科研成果转化为课程资源，比如，2012年比2011年新增课程198门，其中136门课程为科研成果向教学转化生成，占新增课程资源的68.7%。J大学毕业生就初次就业率而言，从2008年开始低于90%，说明在人才培养上面与社会还存在一定程度的脱节（表7—2）。

表7—2　　　　近几年毕业生就业率统计表（2007—2013年）

年份	2007	2008	2009	2010	2011	2012	2013
毕业生总数（人）	5385	4554	3929	4322	4741	5213	5301
初次就业率（%）	92	79	85	85	76	82	89
最终就业率（%）	94	92	95	93	94	92	95

资料来源：J大学招生就业处。

路径二：社会实践服务偏远乡村

J大学把社会实践与学生的专业和就业对接起来，一方面提高学生专业实践能力；一方面以社会实践项目为载体来服务偏远乡村，在社会实践中有针对性解决具体实际问题。在湖南省"四化两型"建设和"武陵山经济协作区"建设、张家界"建设世界旅游精品"发展思路下，J大学暑期社会实践注重五结合，结合思政教育、国家和地区战略部署、专业教育、就业教育和创新教育。针对不同年级和专业的学生设定实践内容与形式，纳入教学计划，设立必修学分，规定实践学时，配备指导老师，制定考核标准，考核成绩记入学生成绩档案。根据"按需设项、据项组团"原则，采取项目立项招标的方式，面向全校发布或征集大学生暑期社会实践项目，按照校级、院级和班级三个层次组建团队，并以项目化的方式实施和验收，参与面广达100%。

表7—3　　　　J大学暑期"三下乡"统计（2006—2014年）

年份	学生数（人）	指导老师（人）	组团数（个）	学院参与数（个）	实践时间（天）	地点
2006	30	4	6	19	7	吉首市社塘坡乡
2007	29	5	5	21	8	保靖县复兴镇和平村
2008	32	4	4	21	10	湘西州花垣县吉卫镇
2009	32	4	5	20	10	古丈县坪坝乡
2010	35	4	8	20	10	吉首市纪略乡
2011	51	5	14	20	12	张家界永定区合作桥乡
2012	40	10	12	20	12	花垣县边城镇
2013	44	4	7	20	12	龙山县洗车河镇、吉首市矮寨乡、泸溪县潭溪镇
2014	200	9	27	20	12	保靖县夯沙乡；重庆秀山县梅江镇、凤凰县、黔东南州、恩施州、张家界、花垣县、泸溪县等地，遍及武陵山区

资料来源：J大学团委。

在团中央的号召下，J大学开展"三下乡"社会实践活动成为常态化。每年暑假组织开展政策宣讲、教育帮扶、医疗服务、科技支农、文化宣传、法律援助、社会调查等实践活动，促进青年学生成长，进行拓展服务。每一名学生在校期间至少参加一次为期一周至两周以"三下乡"为主的社会实践活动。深入农村、农户开展调研活动，对新型农村合作医疗的参保情况、农民的知晓程度、满意程度等进行调研，为解决制定新的方案提供数据和相关信息。从2006年以来，"三下乡"参与的学生和指导老师数都不断增加，参与院校已经拓展到全校，服务乡镇辐射到湘西自治州以外，面积更广（表7—3）。

路径三：校企合作培养应用人才

建校初期J大学培养的人才主要分布在基层党政机关和事业单位。随着社会对人才需求的变化，J大学开始面向行业、企业培养人才。专业与产业对接，一方面提高大学生就业能力，提高人才培养的适切性；一方面，提升了专业建设水平，专业是与职业对应的，专业的调整按照社会需求，特别是产业的需求来调整将会与职业需求保持正相关，避免人才培养资源的浪费和专业建设不实用。本着"合作共建、双向受益、就近就便、相对稳定、建用结合"原则，J大学在桑植县、永定区、凤凰县、吉首市、武陵源区、长沙等地建立社会实践基地60余个，各学院各专业都建立了实践基地。在实践活动内容上，紧紧围绕基层经济社会发展和生产生活中的实际需求，紧贴时代发展脉搏，力求实践活动供需对接，形成合作共赢的局面，多渠道整合社会资源，开展校校合作、校企合作、校地合作、校军合作、校村合作等形式培养人才。

校企合作培养人才一开始由政府牵头，以校企合作人才培养示范基地项目形式启动。湖南省教育厅根据国家教育部关于实践创新人才培养的要求，为引导和推动全省普通高校切实加强专业实践教学工作，进一步强化大学生实践能力培养，全面提高人才培养质量而启动建设。J大学重视校内外实践教学基地建设，近年来开始注重校企合作培养人才，建设了一定数量的省级以上校企合作基地（表7—4）。

表7—4　　　J大学省级以上校企合作人才培养示范基地

基地名称	级别	年份
J大学第一附属医院临床技能综合培训中心	国家级	2013
J大学——北京中软国际信息技术有限公司工程实践教育中心	国家级	2013
新闻传播学类专业校企合作人才培养示范基地	省级	2014
土木类专业校企合作人才培养示范基地	省级	2014
J大学湖南纽瑞孚软件系统有限公司校企合作人才培养示范基地	省级	2013
J大学—湘西州丰达合金科技有限公司化学化工类专业校外实践教育基地	省级	2013
湖南省服务外包人才培训基地	省级	2011
湖南省非物质文化遗产保护人才培养基地	省级	2010

资料来源：J大学教务处。

J大学软件服务外包学院是按示范性软件学院模式兴办的实施校企深度合作办学的新型学院，与中软国际联合开办了软件工程（服务外包）专业"IT订单式"教学班、对日外包软件工程师定制班，与苏州软件园易康萌思联合开办了商务智能软件工程师园区定向班,与青岛软件园海尔软件联合开办了智能制造软件工程师园区定向班,与联想、上海博辕、深圳市软酷网络科技、成都软件园等多家知名企业与园区合作建立了高层次人才培养基地,形成了多元化、多样化的办学格局,专业与产业的无缝对接保障了学生高质量就业和企业所需的高素质人才培养,为国家经济结构调整、产业转型升级和高等教育转型发展在人才培养模式改革和人才培养机制创新等方面做出了积极探索,取得了可喜成效。软件学院通过教学改革培养学生创新能力,主要表现为:一是"微创新"教学体系,将企业微创新理论应用于教育界,提出以满足学生需求为中心,通过对教学管理不同层次、不同细微领域的工作内容、业务流程、管理服务与方式等进行微小创新、持续改进与累积整合,不断提高教育教学质量,进而提升学校的竞争能力;二是试行"翻转课堂",通过知识传授与知识内化的颠倒安排,让所有学生获得个性化教育,提高学生的积极性与主动性;三是极力推行研讨式教学、项目驱动式教学,大大提高学生的实践操作能力、创新能力;四是积极探索慕课(MOOCs)。软件学院作为J大学校企合作的教育教学改革实验新区,积极与全球顶尖软件外包企业联合开展软件工程与软件外包高级人才培养,实施IBM—ETP、印度NIIT—MCLA、中软国际—ETC等人才培养计划,取得了显著的办学成效,彰显了鲜明的办学特色。

二 依托本土资源开展科研助力区域脱贫

路径一:立足地方资源,组建科研平台

长期以来办学定位为教学综合性大学,对科研不注重,同时也因为科研条件缺乏,师资薄弱,教师科研能力较弱。21世纪,J大学以强烈的使命感,主动服务区域经济发展,围绕地方经济发展需要开展科学研究。J大学党委书记在访谈中说,"从服务社会的角度看,现代大学开展科学研究,服务社会是基本的价值取向,科研不为社会服务,就毫无价值。科学研究,一方面可以不断提高教师水平,不开展科研,不了解知识前沿的教师,不太可能成为高水平的教师;另一方面教师通过科研形成系列新认识、新体会、新成果、新知识,这些可以有效地转化成新的教学资源,应用于人才培养,从而又能提高人才培养质量"。

J 大学紧密结合区域特征和山区丰富植物、矿产资源，建成五个省级重点实验室（表7—5）。比如，林产化工工程湖南省重点实验室始建于1995年，依托日本政府无偿援助原武陵大学价值约1400万元的仪器设备组建。下辖有林产资源化学与林化产品开发、特色资源植物保护与利用、天然产物与功能食品研究、植物药与中间体研究、生物质能源五个研究分室，以及农产品检验检测中心和林产化工中试车间，建有"林产化学加工"湖南省产学研合作示范基地。实验室以基础研究和应用研究与技术开发相结合，已获转化的项目有杜仲环烯醚萜类化合物的提取纯化、游离叶黄素的制备、栀子黄色素类物质的提取、桐油改性涂料产业化、南方红豆杉愈伤组织培养工业化生产紫杉醇、丹参提取丹参酮IIA项目、显齿蛇葡萄提取分离98%二氢杨梅素项目、杜仲叶提取高纯绿原酸项目、枇杷叶提取分离熊果酸项目。

表 7—5　　　　　　　　　　J 大学重点实验室

序号	名称	批准单位	批准时间
1	林产化工工程湖南省重点实验室	湖南省科技厅	1995
2	（武陵山区）植物资源保护与利用湖南省高校重点实验室	湖南省教育厅	2008
3	生态旅游重点实验室	湖南省科技厅	2010
4	杜仲工程实验室	湖南省发改委	2012
5	武陵山区生态文化与居民健康促进重点实验室	湖南省教育厅	2014

资料来源：J 大学科技处、社会科学处。

国家实施"武陵山片区发展和扶贫攻坚国家战略"，J 大学积极抓住这一发展契机，围绕解决武陵山片区科学发展的基础性、前瞻性、战略性问题，开展科研。首先建设一批切合武陵山片区经济、社会发展的研究平台。在人文社科方面，设立了19个省级科技平台（表7—6），依托社科基地开展相关研究。社科研究基地建设主要是在2010年开始增多，主要应对国家实施武陵山片区发展战略需求，围绕生态扶贫、民族文化、旅游、经济、历史等领域开展研究。

表7—6　　　　　　J大学承担省级社科研究基地

序号	基地名称	批准单位	批准时间
1	湖南省民族学研究基地	省委宣传部 社科规划办	2002
2	国家民族体育重点研究基地	国家体育总局	2003
3	人口发展战略研究基地	省计生委	2004
4	差异与和谐社会研究中心	省教育厅	2005
5	湖南西部经济基地	省社科规划办	2006
6	湖南省自然与文化遗产研究基地	省教育厅	2008
7	湖南非物质文化遗产保护研究与人才培养基地	省文化厅	2009
8	湖南省湘西民族语言研究基地	省委宣传部 社科规划办	2010
9	湖南省中国特色社会主义理论体系研究社科重点基地	省委宣传部理论处	2010
10	武陵山区扶贫开发研究中心	省教育厅	2012
11	武陵山片区区域发展研究中心	省科技厅	2012
12	民族经济研究基地	省民委	2012
13	民族历史文化研究基地	省民委	2012
14	武陵山区高等教育研究中心	省教育厅教育科学研究院	2012
15	民族文化旅游研究重点基地	省民委	2013
16	湖南省高校军事训练理论与实践研究基地	省教育厅	2013
17	湘学研究基地	省湘学研究院	2013
18	国家民委生态民族学研究基地	国家民委	2014

资料来源：J大学社会科学处。

自然科学方面，学校借助中央财政支持地方高校建设的项目和资金，优先保证科技创新和产业化平台建设，建有四个省级创新团队（表7—7）。

表7—7　　　　　　J大学承担省科技创新团队

序号	团队名称	批准单位	批准时间
1	"区域旅游发展与管理"省科技创新团队	省教育厅	2008
2	"林产资源化学与林化产品开发"省科技创新团队	省教育厅	2010

续表

序号	团队名称	批准单位	批准时间
3	（武陵山地区）特色生物种质资源保护与可持续利用研究	省教育厅	2012
4	环境能源材料与武陵山区矿产资源精深加工	省教育厅	2014

资料来源：J大学科技处。

路径二：聚焦武陵山片区问题，开展应用研究

学校办学价值上认为"北大、清华要解决的是'卫星上天'问题，J大学要解决的是'当地老百姓的脱贫致富'问题"，在科研取向上面，各级科研课题80%以上为研究湘西或武陵山片区问题。科研经费来源渠道比较单一，主要靠争取政府资金投入。比如，2002年横向课题经费不足9万元，而当年的科研经费收入为653万元，比例为1.4%。

为适应湘西州发展绿色食品、建立生态州的战略需求，发展了一系列与湘西自治州及周边地区经济建设相适应的特色研究领域。如农产品深加工方面的绿色食品生产研究；特色生物资源利用方面的杜仲、黄姜、桐油、莓茶等开发利用研究；生物制药方面的药物效价的提高和产业化发展研究；矿产资源开发与利用方面的发展矿产业所急待解决的降低污染、能耗，提高矿产品产量和品质，矿产资源深加工以及对尾矿综合治理等研究，已在这些领域中取得了一批科技创新成果，为当地资源的合理开发提供了理论与技术支持。专利发明数量大幅度增长（图7—1），为成果转化提供了基础。由国家知识产权局授权的专利为：2009年发明专利1项；2011年5项；2012年6项；2013年16项。实用新型专利数：2009年4项；2010年5项；2011年12项；2012年12项；2013年21项。外观设计专利：2012年1项；2013年68项。

路径三：产学研合作帮助湘西老百姓脱贫致富

J大学致力于解决湘西老百姓脱贫致富问题，科研主要聚焦当地文化、资源做文章。同时，开展产学研合作，积极转化科研成果。J大学开展产学研合作一开始源于政府推导力，同时也是J大学服务地方经济的理性自觉。根据《中共湖南省委、湖南省人民政府关于促进产学研结合增强自主创新能力的意见》，颁布了《J大学加强产学研合作管理的指导意见》，并在制度方面予以保障。学校重视产学研合作工作，注重科研成果

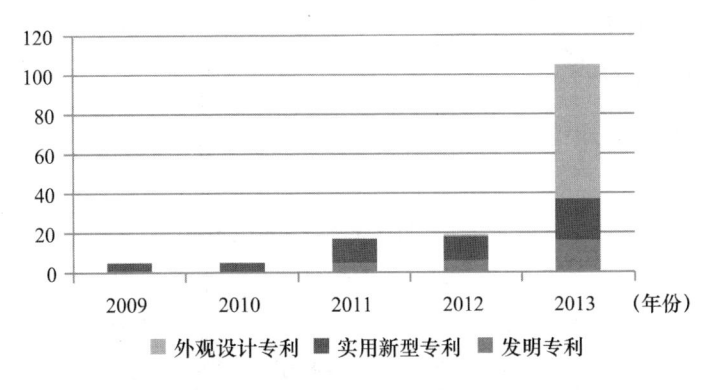

图7—1　J大学专利授权明细（2009—2013）

资料来源：J大学科技处提供，均由国家知识产权局授权。

转化。强调产学研不仅仅是自然科学领域科技工作者的事，也是社会科学工作者的事。产学研参与对象是学院或者是教师，主要与地方政府或者企业开展技术合作，以合作项目的形式开展产学研。学校用文件形式规定产学研合作的工作内容，计入学校科研考核范畴，鼓励产学研结合（表7—8）。

表7—8　J大学出台促进产学研合作政策

序号	年份	文件名称
1	2000	加强产学研合作　推进湘西猕猴桃产业化项目建设——湘西猕猴桃果汁、果酒产业化应用汇报
2	2009	J大学加强产学研合作管理的指导意见
3	2010	关于设置产学研与知识产权办公室的报告
4	2012	J大学产学研管理办法
5	2012	J大学产学研工作年度评奖及奖励办法
6	2012	J大学产学研工作量计算办法
7	2012	产学研项目合同书（格式）
8	2012	J大学产学研项目登记表

资料来源：J大学科技处。

武陵山片区文化资源、旅游资源、生物资源、食品资源、矿产资源等极为丰富，J大学充分利用当地资源，以满足地方政府和企业需求为导向，在资源利用方面为突破口和重点开展产学研合作研究。分别与老爹公司、湖南湘泉制药有限公司和张家界奥威科技有限公司合作建立了三个省高校产学研示范基地（表7—9）。

表7—9　　　　　　J大学承担省产学研合作示范基地

序号	基地名称	批准单位	批准时间
1	植物资源开发与利用产学研合作示范基地	省教育厅	2008
2	"湖南中药与天然药物"湖南省高校产学研合作示范基地	省教育厅	2009
3	"林产化学加工"湖南省产学研合作示范基地	省教育厅	2010

资料来源：J大学科技处。

湘西州的经济要发展，企业的技术装备要升级更多地依赖于科技进步和科技创新，而本地大部分企业的创新能力严重不足，无法成为技术创新的主体。J大学科研人员通过研究，已在农产品加工、生物制药等领域中取得了一批科技创新成果，并以技术服务的方式，直接向地方企业转移，直接服务于地方经济。J大学先后与湖南湘泉制药有限公司、湘西自治州保靖县、张家界市慈利县、怀化市洪江区签订了产学研合作协议（图7—2）。根据学科建设和课题研究的需要选派部分教师到企事业单位实践，期满后，有重大研发成果的，经学院鉴定，学校产学研办公室审核，按学校有关科研管理制度规定计发科研工作量和奖励。

"湘西大型经济真菌资源调查与开发研究"科研成果先后以"真菌对农林加工副产品的生物学再利用""利用真菌对酒糟的生物学再利用""真菌对农林废料、食品及工业废渣液的生物学再利用"应用于张家界市蔬菜食品厂、湖南酒鬼股份有限公司、凤凰县食用菌开发公司。"牛肝菌的人工驯化""黄姜的综合利用""桐油加工新工艺""葛根素提取分离纯化工艺""脱咖啡因茶叶技术""培养苔藓植物，提高五倍子产量技术研究""高容量氧化锡基锂离子电池负极材料的制备技术与表征"等研究也已经用于指导相关产品的开发生产。如林产化工实验室对杜仲综合开发利用研究，与泸溪晓园生物、张家界恒兴生物公司合作进行成果转化，2012年新增产值1.4亿元，产生较大的社会经济效益。具有武陵山区特色的中国大鲵养殖技术与张家界市慈利县象市镇进行成果转化，2012年

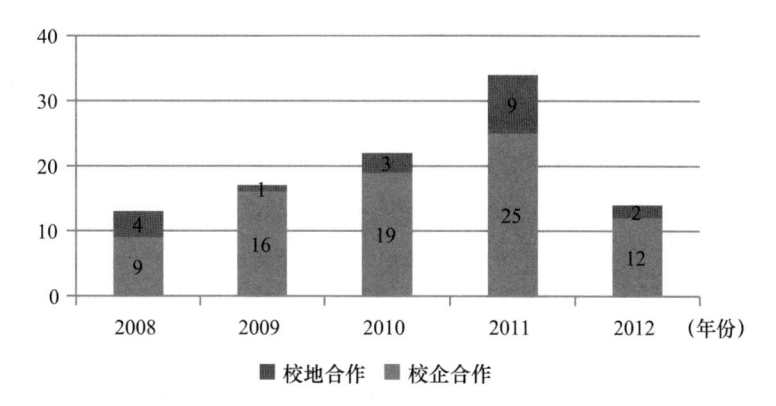

图7—2　J大学产学研合作（2009—2012年）

注：校企合作指已经开展实质性合作的企业数，校地合作指与县级以上政府签署的全面战略合作协议数。

资料来源：J大学科技处。

示范性养殖 10000 尾，新增产值 1.5 亿元。

随着产学研合作的深入，开始承接横向项目研究。2007 年横向课题 8 项，经费 99 万元；2008 年横向课题 8 项；2009 年横向课题 10 项，经费 61 万元；2010 年 8 项，经费 30.5 万元；2011 年横向项目 19 项，共计 147.58 万元；2012 年横向项目 18 项，共计 235.55 万元；2013 年签订合同的横向项目增加到 23 项，共计 129.16 万元。[①]

路径四：开展科技服务，支撑区域产业

利用学校的科技资源，以科技特派员形式开展技术指导、科技咨询服务。根据湖南省委组织部、湘西州委组织部的要求，J 大学每年委派科技特派员进行技术指导（图 7—3）。

武陵山片区产业目前主要集中在生物资源利用和矿产资源开发方面，由湘西州人民政府批准，2005 年，J 大学与湘西州科技局联合组建了"湘西州高新技术创业服务中心"；重建了 J 大学分析测试中心并通过了资质认证；为保护与利用武陵山区丰富的生物资源，促进湘西生物产业发展，与老爹生物公司合作成立了"生物产业科技开发研究院"，已纳入湖南省科技厅的支持范围；"锰锌钒资源综合利用"湖南省重点实验室或

---

① J大学科技处资料。

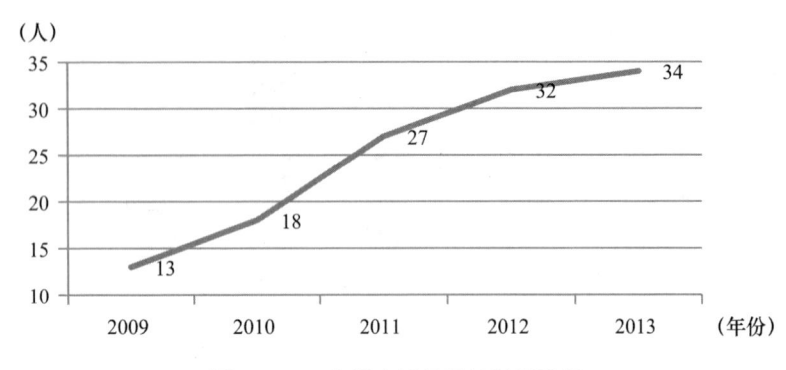

图7—3　J大学省派科技特派员数量

资料来源：J大学组织部。

工程技术研究中心建设进入了科技厅的"十二五"规划，列入科技部"湘西国家锰深加工高新技术产业化基地技术创新服务中心"。湘西矿产资源和植物资源的研究成果已经孵化出近10家高新技术企业。产学研示范基地立足湘西丰富的药用植物资源，以"土家药""苗药"的现代开发为切入点，进行系统而深入的研究与开发。通过"以产业选题材，以题材定项目，以项目凝人才，以人才出技术（成果），以服务助转化，以转化求效益，以效益促办学"的新模式促进政府、百姓、企业、高校的多赢，已在"妇炎康""肠康片"等民药开发以及杜仲、土茯苓等提取物产业化开发方面取得了显著成效。

湘西植物资源丰富，是多样生物带核心地区之一。但是资源开发滞后，主要靠出售原材料为主。野生猕猴桃资源的选优培育是J大学科研服务地方经济的一个代表，科技成果产业化的典型。2008年，J大学与湖南老爹农业科技开发股份有限公司合作建立了"（武陵山区）植物资源保护与利用湖南省高校重点实验室"产学研合作示范基地，是湖南省首批产学研合作示范基地。示范基地主要围绕武陵山区的特色优势植物资源，比如猕猴桃、显齿蛇葡萄开展基础和应用研究，发挥高校的科研优势和企业的生产优势，实现区域优势资源产业化、商品化、效益化，促进和带动地方经济和社会发展。主要通过产品研发、高校科技成果转化、高校科技成果产业化等方式进行合作研究与开发。

J大学在猕猴桃产业化开发等方面取得了显著的成效。以生物系为首的科研人员经过8年攻关，成功培育出良种猕猴桃"米良一号"。以J大学科技成果为支撑的猕猴桃产业化已形成国内外有较大影响的"一个品牌、一大产业，一道景观"，带动湘西州10余万农民脱贫致富。据2010年统计，湘西州种植面积达15万亩，中高海拔近20万农户脱贫致富。猕猴桃果极难保存，亩产达2000公斤，10万亩就是20万吨，湘西200多万人口无法在果期成熟个把月内消费掉如此多的鲜果。1997年，果农开始自毁果园。迫切需要提供新的技术攻关解决鲜果保存问题。J大学科研人员组成科研团队攻关，开始猕猴桃深加工，研制的保健品"果王素"，填补国内空白，达到国际领先水平。2002年国际猕猴桃大会在J大学召开。J大学依托科技力量与中国乡镇企业投资开发有限公司合作，建成了猕猴桃加工为主的老爹农业开发股份有限公司。大学把技术扩展到农户，既指导农户种植又指导老爹公司生产，形成了"公司＋大学＋农户"的产学研合作模式。

在食品资源方面，酒鬼酒、湘西腊肉、河溪香醋、保靖酱油、龙山大头菜等是本地区颇具盛名的食品资源，学校食品科学研究所承担了相关企业的技改项目和基础研究。比如，M教授主持"河溪酿造香醋产香机理及产香调控技术研究"，与边城醋业有限责任公司合作、重点攻关"无盐香醋加工新技术"，为实现河溪酿造香醋产业化、打造湖南西部"醋城"奠定坚实的技术基础。研制成功了"发酵型椪柑营养果醋饮料"，对于突破困扰大湘西地区多年的椪柑产业发展瓶颈，促使湘西椪柑产业走上科学发展的路子，使果农真正增收发挥了实实在在的作用，三年实现销售收入逾8000万元。

三 挖掘利用少数民族文化价值

路径一：少数民族历史文化研究成果转化成经济效益

J大学在加强湘西及周边历史文化和经济社会发展问题研究的同时，十分注重研究成果向现实生产力的转化。人文社科研究几乎涵盖了湘西及周边地区民族历史、民族文化以及现实经济社会发展的各个方面。湘西的历史文化研究，不仅向外界推介了湘西优秀的独特的民族文化，还带动了湘西文化旅游的蓬勃兴起，当前凤凰旅游业的发展又带动了相关产业的发展。其中承担旅游类课题数量居全校人文社科课题的主要地位，

2009年，J大学承担国家社会基金旅游类课题在全国高校排名第一[①]，人大复印报刊资料全文转载的旅游类论文在全国与暨南大学等高校并列第四。[②] 比如，W教授主持完成《凤凰县旅游资源开发与旅游业可持续发展研究》，其成果被凤凰县政府采纳，经有关专家评估，为国家增加税收2630万元。

J大学注重推介和弘扬少数民族文化，面向百姓，围绕民生，传承文明、丰富百姓精神家园。2009年，适应民族地区文化市场需求，设置了文化产业管理专业。加大对湘西神秘文化的研究和传播，实际上也是对湘西地区旅游的宣传。2009年，湘西州文化旅游产业总收入为50.6亿元，约占全州GDP的20%。J大学教师认为依靠门票收入对经济的促进不大，正在加大对湘西旅游高端形式的研究，促使湘西民族的文化优势转化为经济优势。比如，Z教授策划的"张家界·魅力湘西"大型演艺节目，集中诠释演绎湘西神秘文化，获得文化部"国家文化产业示范基地"称号，进入文化部、国家旅游总局"国家演艺重点名录"，其中2011年收入近亿元，带动了张家界和凤凰的大湘西旅游业的发展。

路径二：参与政府咨询发挥人文社科智库作用

J大学围绕武陵山片区经济社会发展的重要问题开展研究，积极建言献策，为各级党委政府提供强有力的决策支持。积极对政府部门和企业开展咨询决策服务，研究机构以应用为主，加强同地方政府、企事业单位联系，充当智囊团和专家库的作用，为地方政府决策和企事业单位提供有价值的对策建议。其中关于区域经济及开发模式研究等多项成果被各级政府和企业采纳。比如，中共湘西自治州委、湘西自治州人民政府文件出台《关于加快推进旅游产业发展的若干意见》《关于加快推进农业产业化的若干意见》《关于加快推进文化产业发展的若干意见》等政策文本的制定，均采纳了J大学专家的政策建议。就企业而言，"湘西酒文化研究"理论成果为湖南以"湘酒鬼"作为文化酒的引领者定位做了充分的理论证明。"湘西'十五'时期国民经济发展的基本思路和政策取向"

---

① 郑柳青等：《国家社科基金旅游项目研究的回顾与展望》，《旅游论坛》2010年第3期。
② 张凌云等：《2009年旅游管理理论研究现状与热点问题窥探》，《旅游科学》2010年第2期。

"湘西'十五'时期第三产业走势及结构调整思路"等研究成果被湘西州政府、怀化市政府和张家界市政府采纳并写入其"十五"计划、2015年规划和"张家界'十一五'经济社会发展规划"中。

J大学办学势力最强的民族学学科在湘西及周边地区建立了17个田野调查点，这些调查点在促进民族学学科建设的同时，还起到了宣传先进文化知识，服务当地群众脱贫致富等作用。Y教授团队的"利用文化制衡作用控制水土流失的可行性研究"，通过实地田野调查和详细的数据分析，从文化的角度提出治理水土流失的对策，对我国政府治理水土流失问题提供了非常有价值的参考。T教授团队的湘西非物质文化研究，使湘西州成为全国第一个被国家确定的少数民族地区非物质文化保护示范单位。Y教授团队的土家语与汉语接龙教学研究解决了非汉语地区使用汉语教学的难题，被联合国教科文组织推介。"抑制宗族势力巩固村民自治制度推行成效的实施方案研究"课题以湘西土家族、湖南通道侗族、贵州苗族、广西瑶族等地的村寨为田野调查点，对该地区的宗族势力和村民自治的关系进行了深入研究，为少数民族地区村民自治提供借鉴和指导。"湘西土家族地区家族村社与民族地区新农村建设研究"课题为少数民族地区新农村建设与和谐社会的建构提供理论指导。

第三节 J大学服务社会实践启示

J大学立足区域发展，得到了社会的认可，被湘西民众赞誉为"我们自己的大学"。在同类高校中服务社会的观念比较突出。也因为关注湘西和武陵山片区的建设问题，增加了办学实力，成功竞争到"中西部高校基础能力建设工程"重大建设专项，获得专项资金1亿元，获中央财政支持地方高校发展专项资金1.38亿元，获上级政府部门其他专项资金1.93亿元。在对时任校长的访谈中认为集中构建"以产学研为核心的社会服务模式"，集中在区域特色资源、文化产业开发、社会发展的智力支持等方面。这种模式试图概括为"民族资源开发利用助贫"模式，即通过挖掘少数民族文化优势和区域特色优势资源，服务少数民族地区。可以从服务社会模式中得到以下启示。

一 "平民大学"办学理念引导服务地方社会

J大学在顶层设计上面把服务社会作为大学应有使命,认为服务既包括科研成果的社会转化,也包括基础研究、人才培养的长远服务。大学服务社会是全方位、立体化和多样化的,不仅服务于社会的经济增长,也服务于社会的精神文明、政治文明和社会文明。大学以往服务社会偏重于科学技术对经济增长的拉动,而忽视了人文社会科学对社会和文化的熏陶,今后学校在这方面还需加强。J大学服务社会目标定位为服务国家战略层面的"武陵山片区区域发展与扶贫攻坚"战略和湖南省委、省政府"富民强省"战略,以及新一轮大湘西开发工作中做出新贡献,继续保持在四省市边区高等教育的领先地位,为推动区域经济社会发展发挥更大作用。① 多年来的办学实践,J大学得出了"北大、清华要解决的是'卫星上天问题',J大学要解决的是'湘西老百姓脱贫致富问题'"。在《J大学中长期改革发展规划(2011—2020)》中有关于学校服务面向定位的描述:立足湘西,面向湖南,辐射边区,服务基层。

J大学根据高等教育大众化的时代要求,结合自身的使命提出"平民大学"办学理念。其内涵就是,把J大学办成一所贴近普通民众、造福大众百姓,直接服务和引领区域经济社会发展的大学。这种理念有三个维度:一是思想理论维度。即它的理论基础主要是"以人为本"的现代教育理论、高等教育公平理论和高等教育大众化理论,追求的是使更多的平民百姓从大众化高等教育中受益,强调的是高等教育的人本性、公平性和普惠性;二是使命与功能维度。"精英学府"是以少数社会精英为教育对象、探究高深学问的大学,而"平民大学"则更加关注解决社会生活中的现实问题。从自身的实际出发,不断满足区域内平民百姓对高等教育的迫切需求,直接为区域经济社会发展服务,是存在的价值所在;三是人才培养维度,"精英大学"实行的是"精英化教育",培养的是"研究型、创新型"人才,研究的是高深学问,而"平民大学"实行的是"大众化教育",主要是面向当地、面向基层培养"复合型、应用性"人才,研究的是解决地方经济社会发展的现实问题。高等教育大众化包括

---

① J大学时任校长访谈内容。

类型的多样化、层次的多样化、质量标准的多样化，这样才能满足多样化的社会需求。因此，J大学认为这种办学理念符合高等教育发展的客观要求，既反映了时代精神，又体现地方特点，更突出了自身特色。①

正是在这种理念的引导下，J大学密切切合区域发展特征，在内部管理体制上通过内部政策调整逐步形成共识，2011年，成立产学研合作办公室，负责产学研管理工作。在国家武陵山区扶贫开展战略颁布后，2012年，专门成立了"武陵山区经济社会发展研究院"。并建立联络机制，与地方政府企业建立服务的联络机制，加强与社会联系和沟通。

二　调整学科专业结构切合区域社会发展需求

紧扣区域发展需要，调整办学结构，特别是学科专业结构，初步建构起满足区域需要且与区域联系紧密的学科专业结构。20世纪90年代，开始加大学科结构调整，设置一批适应地方需要的新专业，比如旅游管理、食品科学与工程、生物科学、环境科学、植物科学与技术、舞蹈学。

J大学利用地区特色的资源和少数民族文化资源，建成了一批有特色的学科。对区域资源的研究和开发基本依托特色的学科势力。省重点实验室、省社科重点研究基地建设是学科建设的重要平台，通过平台起到聚集人才、凝练学科方向的作用。按照省级重点实验室管理办法、省社科重点研究基地管理办法，聚集优秀人才，打造学术团队，培养学术梯队。省重点实验室、省社科重点研究基地设立开放研究基金，鼓励和支持教师参与研究，重点培养高水平的学术带头人和方向带头人（表7—10）。

表7—10　　　　J大学各类高层次人才情况（2013年）

类别	人数	类别	人数
享受国务院特殊津贴	16	湖南省学科带头人	15
"新世纪百千万人才工程"国家级人选	1	湖南省级青年骨干教师	108

---

①　J大学时任党委书记访谈内容。

续表

类别	人数	类别	人数
全国先进工作者	1	全国先进个人	2
教育部新世纪优秀人才支持计划	7	湖南省优秀教师	19
湖南省政府特殊津贴	1	全国优秀教师	9
湖南省"百人计划"	2	全国模范教师	1
湖南省新世纪121人才工程	22	全国师德先进个人	1
湖南省教学名师	4	国家级教学团队	1
湖南省优秀中青年专家	3	湖南省优秀青年社会科学专家	2

资料来源：J大学人事处。

三 立足地区资源开展特色研究

J大学处于的武陵山片区，具有丰富的自然资源，自然资源的开发和利用是武陵山片区脱贫致富的重要途径。J大学应对这一需求，以特色资源开发利用为核心来凝练科研方向，形成有特色的应用开发研究领域，为将地方资源优势转化为产业优势和经济优势，加快山区人民脱贫致富提供基础。J大学立足学术标准基础上成就长远的社会标准，认为一流的大学必须有一流的学术成就和学术大师，最终成就更好服务社会的声誉。[①] J大学各种服务协作都是立足武陵山片区经济社会发展需求，不是简单的跑项目、拿课题、搞开发，而应该有更丰富的内涵，是一个系统工程。

作为地处偏远山区地方高校，J大学科研成绩排名在湖南省属于靠前位置，实属不易（表7—11、图7—4）。2014年，立项国家社科基金18项（含西部项目5项），平均立项率为15%，高出全国平均立项率1.4个百分点，立项经费为360万元，在湖南省高校中排名第三，仅次于"985工程"高校中南大学和"211工程"高校湖南师范大学。

---

① J大学时任校长访谈内容。

表7—11　　　　J大学各级科研立项情况（2009—2013年）

年份	国家社科	国家自科	教育部	省社科	省自科	教育厅	科技厅	其他	合计
2009	14	3	5	38	5	63	18	42	188
2010	15	3	15	34	5	63	15	60	210
2011	16	12	14	40	7	68	21	60	238
2012	19	24	12	45	8	71	24	49	252
2013	11	18	5	42	15	59	9	33	192

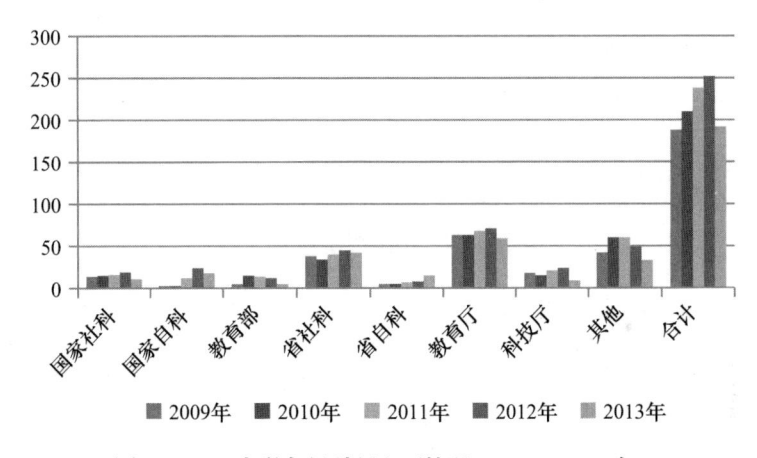

图7—4　J大学各级科研立项情况（2009—2013年）

资料来源：J大学科技处、社会科学处。

在获得课题立项的基础上，涌现了一批科研成果。学校在职称评定、年终绩效考核等方面侧重科研指标，制定了科研奖励制度，教师开展科研积极性提升。发表论文的数量和质量都不断提升，尤其是核心期刊数量呈现上升趋势（图7—5）。比如，2010年，获得湖南省科学技术奖励7项，其中自然科学奖一等奖1项，科技进步二等奖2项，三等奖4项。

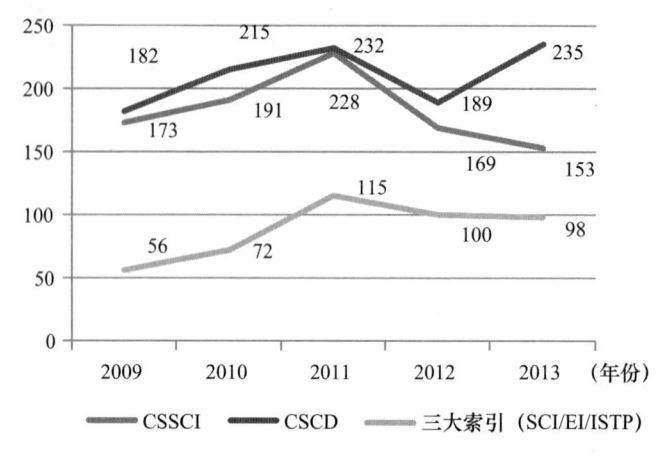

图7—5　J大学科研论文统计（2009—2013年）

资料来源：J大学科技处、社会科学处。

第四节　危机与挑战

J大学立足于区域社会以贡献求发展，已经具有理性的行动自觉，但是还没有达到和社会良性互动的程度。应对社会需求的能力与观念都需要提高。

一　人才培养适切性问题

每所大学都致力于增强办学实力，没有办学实力和水平，就没有服务社会的能力。J大学在服务区域经济方面整体显出了成效，但是服务效益和服务能力还比较薄弱。现有学科、专业结构迫切需要调整升级，高水平学术骨干和学术领军人物在整体上十分缺乏。J大学曾经立足湘西偏远山区为湘西州培养大量的实用人才，获得社会的赞誉。随着社会需求的变化，招生规模的扩大，复合、实用性的人才培养不仅需要学校层面的顶层设计，更要落实到实际操作层面。比如软件外包学院开展了教学改革和试点取得了良好效果。而其他院系应对市场对人才需求的能力较弱。在访谈中发现，教师的自身能力素质的缺乏是一个重要原因，教师本身不具备对行业、企业前沿发展的知识储备和研究水平，知识体系陈旧，很难在人才培养上面实现突破。目前学校学科齐全，而富有竞争力的学科专业欠缺，一些传统专业比如文学、数学在应用改造上面比较滞后。因此教师对于人才培养改革的认同感需要加强，在转化观念方面需要加强。否则复合型、应用型人才就会停留在口号上面，而不是通过制定设计付诸教学改革之中。

二　面向区域社会开展研究能力提升问题

J大学立足当地资源开展科研这种模式具有参考价值，但是还没有内化为多数教师的自觉行动。在研究的能力上面还比较欠缺，学校在搭建服务平台上面还需加强。成果与社会脱钩现象严重。在访谈中发现，学校虽然成立了专门机构武陵山研究院负责产学研合作服务，但是在全校的认同上面缺乏机制保障。拿到项目无人愿意承接，或者愿意承接者属于低职称讲师，教授积极性不高。团队攻关的观念淡薄，高水平的研究团队急需培育。因为学校在激励措施上面偏重纵向课题的获得，教师们大都不愿承接横向课题，在学校的评价体系上面，理论性成果的评价高于社会评价，在职称评定、年终绩效等方面横向课题体现不出优势。同时，因为高水平成果的缺乏，在产业的转化方面局限于低层次，激烈竞争中面临市场占有的危机。在服务社会的政策支持和教师们潜心学术服务社会的氛围营造上都需要加强。

本章小结

J大学是国家为了培养少数民族地区建设人才而设立，因区位劣势，资金短缺，地方贫困，地方政府缺乏财政支持。长期以来按照国家和省级部门政策导向发展，扎根湘西地区，曾为当地社会培养了一大批人才。发展过程中主要依靠国家和省级部门对西部少数民族地区高校的政策倾斜，并凝练出了"平民大学"办学理念，贴近民众、服务民众。服务社会模式从单一的人才培养向多元服务区域社会转型，初步形成了"资源开发利用助贫"服务模式。这种密切结合区域发展的理念切合大学服务社会的本质，并在湖南省同类地方高校中成绩比较突出。但应对市场能力比较弱，人才培养基本停留在文凭主义阶段，毕业生理论不是很深厚，技能比较缺乏，缺乏市场竞争力。虽然在办学层次上面有所突破，获得博士后流动站，但还没有体现出社会成效。产学研合作方面初显成效，但还不具备能够引领区域产业发展的能力，部分教师观念依然停留在教书匠的阶段。在内部管理体制和组织文化的培育上面需要强化，以增加服务社会的内生动力。

第八章

研究结论与政策启示

大学为何要服务社会，如何服务社会是一个有争议的学术命题，比如纽曼就对大学直接服务社会持反对观点。大学发展历史表明，大学服务社会是大学与社会实现高度互动的基础，也是大学走向现代大学本质功能的体现，大学将以更卓越的服务来引领未来。本章节将总结研究结论，并对中国大学服务社会未来走向进行展望。

第一节 研究结论

一 大学服务社会理论回应

通过历史的分析，具体案例研究，可以得出目前大学生就业困难、大学被批评培养不出创新型人才、国家部分核心技术受制于人、国家长期依靠资源消耗和人口红利获得GDP增长、中国已经成为高等教育大国却不是高等教育强国，种种经验问题背后的逻辑是中国大学尚未形成与社会的良性互动，没有更好发挥服务社会的作用。不论是经典理论大师，比如纽曼、洪堡、克拉克·克尔，还是普通研究者对大学服务社会都存在不同的见解，各种争论的实质是大学的本质属性、大学的合法性问题。借用人类学家对教育本质的界定，以及人力资本理论对于受过教育的劳动力对经济贡献的量化研究，进一步论证了服务社会是大学的本质特性这一论点。这一论点不仅仅是理性的认识，同时也是大学历史发展的逻辑，是由实践所证明的。

（一）大学从来都不是象牙塔，将来也不会是

纽曼认为职业训练或者是专业教育与理智训练是一种互斥关系，因

为专业知识是狭隘的，将会有害于整体知识的习得，从而影响到理智的培育。研究发现专业教育和理智训练是一种互补的关系，是一种部分与整体的关系。专业跟社会职业相联系，理智训练也就是心智水平的提高给专业教育提供了基础，专业教育更好发挥理智的作用。工业革命的迅速发展和自由资本主义的发展，推动社会分工更细化，社会需要掌握专门技能的人才，受限于社会经济基础的大学为适应社会需求提供专业教育，培养具有一定实用知识的专门人才。随着自然科学的发展，自然科学的成果渗透进大学，打破了古典课程的传统，扩大教学内容，知识在实践运用中产生价值。社会职业历经了一个分化和整合的过程，最初的社会分工，同时也是专业分化适应了大工业生产的需要，提高了生产率。社会分工日益专业化，需要大学进行职业培训，根据产业发展要求来培养人才。但随着知识经济和信息社会的到来，专业分化存在整合趋势，需要普遍的理智水平才能在更高程度上实现融合。

传统的老牌大学，往往垄断了高深知识的生产，因为其声望得到更多的社会支持，往往一味追求学术的造诣，培养精神上的贵族，逐渐远离了大学的初衷而走向脱离社会生产实践，在一定程度上是远离社会的。而这种大学也是具有高选拔性或者为部分贵族所垄断，往往采取赞助性而非竞争性的筛选机制。比如纽曼欣赏的牛津、剑桥就曾日益保守。现代大学观念与制度上都得以创新，不再仅仅培养"以学术为志业"的人才，要求大学更能切合社会需求，通过知识的运用，进行职业培训和专业训练，提供社会所需人力资本。美国建立赠地学院，直接运用知识为工农业服务，开展拓展课程等多种形式与社会高度互动，直接促进生产力提高。像威斯康星大学就由一所赠地学院在服务社会中成长为著名大学。大学讲究社会功效，但不是功利主义。大学注重功效与大学追求理性不矛盾，大学通过服务社会来达到对高深学问和真理的探究。

（二）大学与社会互动中丰富服务内容

大学服务社会不是与生俱来的，而是大学在与社会经济生活不断互动中逐渐形成，服务内容不断扩大。中世纪大学作为知识的团体，一开始就是与职业相关，满足当时社会医生、律师、教师、牧师等职业工作需求。但是只提供几门固定职业的培训，在整个知识体系中趋于形式，比如逻辑、文法和修辞，与社会实际保持一定的距离，对于社会变化反应迟钝。从应对社会职业需求走向推崇经典论道，大学日益封闭。19世纪大学是民族化的产物，洪堡把大学作为振兴民族精神和为国家服务的力量。大学单纯的传播经典知识以及对于经典的无休止的争论不能满足民族国家的需要，也扼杀了大学的生机和活力。大学担负起维持庞大的基础知识库的作用，虽然不是创造知识的唯一场所，但是能提供独特的角色。学术的专门知识通过训练新的学者得以获得再生产，大学通过教学、研究和应用知识达到与社会的互动。大学发展科学研究的功能，科学是解决问题、技术发展以及企业家经营企业的基础，通过培养科技人才和运用科学技术为社会服务。

大学成为一种培训各种专业的专业，根植于社会的土壤和自身的传统。大学本身也是一种社会的文化制度，取决于社会观念和制度来厘定大学的作用。而大学通过创造和运用知识，传递文化遗产来服务社会。随着大学发展与社会发展的互动程度增加，大学服务社会的内容不断扩大，由培养人才、提供科技服务，扩展到产学研合作、咨询服务。大学提供社会所需要的技能，培养社会所需人力资本，促进社会生产力的提高。同时，随着社会生产力的进步，展现出新的需求，对于更高技能和更具创新的知识需求，促使大学不断创新来获得社会的认同。当社会缺乏促使大学适应和互动的机制时，大学的作用往往不能发挥，变得保守。马克思论述到某一地域创造出来的生产力，特别是发明，能否在往后的交往中失传，完全取决于交往扩展的情况。可以借用这一论证，大学创造出来的新知识，特别是现代大学的科研成果，如果只能在学者之间不断再生产，知识的价值是不能得到实现的，只有科研的产物主要是技术通过渗透到生产力中发挥作用，转化为现实的生产力，才能实现价值，也才能得以传递。大学作用不断被认识，大学功能不断发挥出来。技术的进步促进生产发展，对于人才提出新的要求，就需要改革旧有的服务模式，培养能适应和促进生产所需的人才。大学承担人的高级社会化功能，马克思主义指出人在本质上是一切社会关系的总和。培养什么样的人，必须切合社会发展需要，当大学只能获得有限资源时，也就决定了只能提供相应的服务。

（三）大学服务社会不是世俗化，也非功利化

作为社会机构的大学既是服务社会的，也是批判社会的；既需要社

会支持,也是社会所需要。大学同时也是文化的生存机制,在保持文化遗传的基因时,通过自身的开放性和创新性来实现文化创新。大学随着社会功能的扩大,服务社会形式不断更新,随着社会形态的变迁,大学越来越倚重提供教育和技能以及强大的科研功能为社会提供服务。现代科研水平在一定程度上依赖不断攀升的科研经费和昂贵的设备来保持运转,大学的声誉在很大程度上又会影响到政府或者社会机构的经费投入,反过来获取更多经费的大学将可能取得更好的成绩,从而进一步提高声誉。同时大学趋向于通过市场来竞争资源和声誉,为获得生存空间为社会提供人力资本、技术转让、合作研究来服务社会。这样大学为了世俗的利益与商业和市场全面结盟,不少研究者呼吁大学将面临精神失落甚至再次被边缘化的危机,表现为学与商的博弈,大学精神的失落等等论断。大学在与商业和产业结盟获得资源与支持时,前提条件是强大的科技和智力资本支撑,因此大学服务社会不完全是世俗化,也不完全是功利化,大学仍然遵从高深知识的传播和创新以及运用。

　　大学不断应对社会需求,而不是满足社会的欲望。阿什比(Eric Ashby)曾提出大学生存需要两个基本条件,一是忠于中世纪形成的追求高深学问的传统;二是适应所处的社会。也就是说大学既要保持足够的稳定性,来支持创建时的理想,同时也要对充分支持它的社会做出回应,以便保持与社会的联系。[①] 按照这个逻辑,那么大学生存的条件就是通过知识的生产和创新来服务所处的社会。高深知识是一个相对概念,在不同时期和文化中,内涵是不同的,边界的界定和价值观念都处于变化之中。大学作为智力资本的源泉,服务社会主要通过知识生产方式,知识生产是大学服务社会的逻辑起点,通过知识的传播、生产和运用来实现服务。不论大学被隐喻为"象牙塔""发动机"还是"知识工厂",大学服务社会的主要途径是知识生产。知识生产的特点与社会发展密切相关,知识生产随着社会发展需求不断变化,从而影响到大学服务社会模式的变迁。古代社会知识生产呈现出整体性发展特征,大学主要注重人格的培养。工业社会呈现出学科发展特征,专业教育兴起。信息社会呈现出

[①] Eric Ashby, *Universities: British, Indian, African*, Cambridge: Harvard University Press, 1982, p. 152.

跨学科和问题解决特征。农业社会通过传授知识服务贵族阶层，工业社会通过科学研究服务劳动生产，信息社会大学与产业界关系日益密切，展现出合作服务新模式。

（四）大学服务社会是分层级的，具有多样化、特色化特征

大学从精英向大众化的过渡加剧了大学之间的竞争，高等教育将更加具有综合性，标准更加多样化。在讨论大学服务社会模式时，不可避免也是十分有益把大学进行分层处理，这种分层并非一种权力等级区分，也是根据社会需求展现出的分化。因此大学的结构层次是否适合社会需求应趋向一种生态平衡，不同层次的大学结合自身的办学传统，优化学科结构，学科结构与当地产业发展相结合，发挥自身的特色，以个性来代替共性，真正实现不同层次、不同种类的大学都具有创新。现代知识社会表明，不是所有的大学都能通过基础研究发挥知识社会中的基础作用，不是所有的大学都能招聘到一流的学者和拥有昂贵的研究设备和研究经费。大学只能是一个生态系统，有些大学专注基础研究创造知识，有些大学专注于运用知识。克尔认为现代美国大学系统是在回应国家需要中形成的，表现为两大力量影响，赠地学院，以及始于第二次世界大战期间联邦对科学研究的资助。国家的发展来自于技术进步和劳动生产率提高，正规教育促进两者的进步。美国加州大学道格拉斯教授（John Aubrey Douglass）在综合威廉、舒尔茨和卢卡斯等人有关人力资本研究的基础上，将人力资本细分为文化资本、经济与教育资本、社会资本、认知资本和抱负资本五种。这五种资本都存在明显的代际效应，大学教育在直接积累人力资本的同时，通过有效的代际效应影响国家人力资本的沉淀，对国家经济发展以及社会转型产生深刻的影响。[1] 大学具有共同的历史渊源，同时又根植于各自生存的国家之中。[2] 大学服务社会必须立足本国的传统与实际。不同国家发展阶段不同，同一个国家之间地区发展阶段也不相同，不同国家的大学，以及同一个国家不同地区的大学之间的作用认识和发展是不相同的。比如 Z 大学地处发达的珠三角地带，立

---

[1] 张苏：《高等教育与经济发展关系的实证研究》，中国书籍出版社2013年版，第99页。
[2] ［美］菲利普·阿特巴赫：《比较高等教育：知识、大学与发展》，人民教育出版社教研室译，人民教育出版社2001年版，第2页。

足国家需要和地方需求，开展基础研究服务创新型国家，并带动产业升级。而地处贫困武陵山区的 J 大学具有明显的地域性，立足武陵山优势资源和少数民族文化资源来开展相关应用研究，帮助片区脱贫致富。

从整体来看，中国教育经费的投入主体单一，而且总量不够。国家财政性教育经费比例，部属高校为 65.69%，省属仅为 55.13%；民间捐赠的比例，部属高校为 1.14%，省属仅 0.39%。即政府资金和社会资金都更倾向部属高校，省属高校更加依赖学费生存。大学在服务社会方面表现出一种自上而下的高度政府主导模式，造成趋同和效率低下，无法应对真正的社会需求。竞争和效益是大学服务社会走向市场的两个重要因素。市场对大学发展的最积极意义是加深了大学与社会的联系，使得大学提供的教育和服务更加符合社会需求，从而提高大学对社会发展的促进作用。① 同时，通过市场的自动筛选迫使大学根据社会需求提高办学的特色和效益。大学组织行为很大程度上由资源的内部分配方式决定，市场机制可以不断地刺激大学，使其适应不断变化的经济社会状况。② 学术发展与社会需求并不矛盾，缺乏学术深度的实际研究无法产生重大成果，脱离实际的学术研究也行之不远。培育特色对于有限的资源来讲，极为重要，一所大学不可能承担所有的学科功能，没有精力穷尽所有的服务，结合地方经济社会特征，通过关注资源的有效使用来培养特色。

（五）大学服务社会是主动服务，而不是被动服务

满足社会需求是大学生存的唯一理由，大学历史演进中经历了被动适应社会需求到主动满足社会需求到积极引领社会需求的过程。大学作为基础知识库的作用，其产生之初就是主动对应社会需求，保持社会文化。社会结构的变迁，使得大学成为精英贵族阶层所把持的阵地，大学在丧失与社会互动的基础时也逐渐趋于被动和保守。知识社会中，大学动力站形象被广泛接受，大学不仅仅是为了应对社会需求而处于被动服务状态，大学精神的颓废遭受社会各界的批评，需要恪守大学的社会责任。然而大学并非能解决所有的社会问题，大学并非全能组织，大学作

---

① 赵婷婷：《大学市场化趋势与大学精神的传承》，《高等教育研究》2001 年第 5 期。
② ［美］伯顿·克拉克：《高等教育新论——多学科的研究》，王承绪等译，浙江教育出版社 2002 年版，第 92 页。

用的发挥依赖于社会整个的文化制度。国家对于大学却不能采取过多干预，洪堡在1810年撰写《论柏林高等学术机构的内在和外在组织》中倡导国家对大学的职责就是提供促使其繁荣发展所需要的物质条件和保障，而不是对大学提出实际的要求。国家不应直接要求于大学，而应该抱定信念，大学若能实现自身目标，同时也就是在最高层次上实现了国家的目标，由此带来的收益远非国家之力所及。[1] 国家所能做的就是为大学发展创造良好的条件。洪堡认为大学并非不关注国家目标和社会需求，而是在更高的层次上服务于国家和民族整体和长远的利益与目标。大学在服务国家和社会同时，国家要创造良好的环境，使得大学能够以其自身的发展规律和内在逻辑来办学，从而来完成社会担当。国家对于大学不应发号施令，大学的价值追求和行为应当由大学的主体，教授和学生自己去选择和取舍。国家给予大学的应该是更多的经费支持，更大的自主发展空间以及发展个性办学的空间。

服务社会是大学在应对社会的需求中形成的一种发展理念，通过具体的形式来实现。大学服务社会，主要是从大学与社会的视角来看大学对于社会的促进作用。不单纯指大学的某种职能，主要是大学对于社会需求的主动回应与贡献，对于潜在社会需求的发现，从而促进和引领社会发展。按照社会的经济发展水平来办大学，整合其功能，与当时当地社会发展达到合理互动，促进社会发展和人类进步。实践证明，大学服务社会是大学发展的内在逻辑，是大学成为大学走向现代大学的本质特征。其服务模式受限于资源获取和社会需求，并没有固定的模式。服务社会主要紧跟社会主流，与社会生产力紧密结合，那么发展科技、培养能促进产业发展的科技人才，推动产业升级是大学服务社会的主要模式。模式的形成主要依靠市场的导向，在市场竞争中发挥服务社会的优势和特色。

二 研究结论

历史表明，一些国家办大学获得发展，而另一些国家办大学却没有

---

[1] 陈洪捷：《德国古典大学观及其对中国大学的影响》，北京大学出版社2002年版，第44页。

得到发展。即使同样因为大学发展，而促进社会发展的国家，其服务也并非采用同一路径。什么样的大学服务模式是切合大学服务社会本质特性的。答案不是固定的。前提是社会需求不同，大学服务社会的特点不尽相同。即使是具有相同的需求，也因为整个社会政治、经济、文化的差异体现出不同的模式。案例分析更为详尽说明不同的社会需求之间大学如何来服务社会，其中有价值的服务模式为政策制定提供借鉴。同时案例分析也为大学为何偏离社会需求提供了经验教训，从而发现影响大学服务社会的主要因素。在理论的分析和历史的研究视角中，结合具体的案例分析，可以得出以下结论。

第一，服务社会是大学本质特性，大学只能遵循这一本质特性，推动社会发展，大学才能获得生存。大学作为最高形态的教育，受社会矛盾运动规律所支配，承担人的高级社会化的功能，历史逻辑证明大学没有任何的中间道路可以选择，否则大学将只有走向平庸和衰落。大学服务社会模式历经古典神学模式到现代实用模式再到创新合作模式的演进过程，这一过程是与社会生产力疏离到结合的过程。大学作为文明社会里保存、传播、创造高深知识的机构，本身并不是生产力，并不能成为社会发展的动因。社会分工日益精细，科学从劳动中分化进入大学，大学就是通过再生产从事脑力劳动的物质生产者来为社会提供生产力。大学发展科学一方面通过再生产劳动力的作用；另一方面通过科研成果的转化、利用直接促进生产力发展。因此，大学按社会生产力的需求培养高度智化的人，在生命遗传机制上面获得人种进化的意义，这种人才是具有创新意义，能够改变社会人，从而获得自由的人。而且，在教育加速发展机制的作用下，引领社会进步。

第二，大学转型始终是时代转型的症候，大学服务社会模式可分为自发内生型和被动外生型，社会需求成为驱动大学服务社会的最初动力。案例分析表明，大学往往在政策和危机驱动下走向与社会互动。政策的执行主体主要是政府，政府一般通过资源分配来构建大学行为价值指向。前提必须是政府完全代表社会利益，并且掌握大学所需核心资源。政府往往基于政绩采用行政程序来配置资源，评价标准缺乏严谨科学论证，造成大学倾向于迎合政府喜好，盲目趋同和程式化，而不关注真正的社会需求。随着社会的发展，这种全能政府日益破灭，政府不能完全代表社会需求时，市场机制起到调节大学行为的主要力量。政府对大学从控制模式转变成为监督以及服务模式，有助于培育大学的内生力量，形成自下而上地服务社会的理性自觉，从"身份走向契约"，在制度的规范下面履行服务社会的责任。

第三，影响大学服务社会的一个重要因素是观念，以"学术为志业"和专家型人才培养是传统大学与现代大学的主要区别，同样形成了大学对自身角色认同的强大定势。反映在现代大学中存在两大根本对立，即以贵族自由教育为导向的古典大学和以职业为导向的实用主义大学的对立。表现为国家办大学是为少数特权集团服务，还是为广大民众服务。任何特权阶级不会轻易放弃自己的利益，认同大学应该是自由教育，一般人不能享受，因而大学对社会生产发展不起作用。中国的大学已经进入工业时代，甚至是后工业时代，大学的文化观念在某种程度上停留在封建农耕社会，没有完全转移到服务现代社会中心上来。中国具有浓厚的封建传统和等级观念，现代大学依然具有农耕时代的积锢，以"学术"为借口而拒绝社会，以理论为圭臬而轻视技能。实际造成，大学之间上下无法融通，学理论与学技能脱钩。大学教育成为制造文凭的场所，不同大学层次制造不同层次的文凭，同时文凭贬值造成社会对于大学的不信任和资源浪费。学术上制造论文 GDP，理论上知识创新能力不足，以至于科研成果转化率低下的同时又缺乏重大创新成果。学术发展与社会需求并不矛盾，缺乏学术深度的实际研究无法产生重大成果，脱离实际的学术研究也行之不远。

第四，任何一个国家大学发展都趋向于分层与分化，不同层次的大学服务社会模式应不同。"研究与开发"能力在后工业社会成为替代钢铁的重要指标，成为大学能否推动产业升级的基础。社会职业历经了一个分化和整合的过程，最初的社会分工，同时也是专业分化适应了大工业生产的需要，提高了生产率。社会分工日益专业化，需要大学进行职业培训，根据产业发展要求来培养人才。但随着知识经济和信息社会的到来，专业分化存在整合趋势，需要普遍的理智水平才能在更高程度上实现融合。学科与学科的交叉点容易产生创新点，局限在狭窄专业领域里的人才培养不利于综合能力养成，通过学科交叉融合，更能适应日益复杂的社会需求。目前结合区域经济发展能力不足，主要是应对市场需求和研发能力的不足。大学缺乏分层定位和有序竞争也造成服务社会效率低下。切合区域社会特点，发展相应的优势学科，集中解决区域社会问题从而获得当地社会的认同是大学能够成长的基本，也是大学摆脱盲目趋同构建特色的根本。大学在宏观政策和内部制度两个方面都将影响服务社会需求的能力。

第二节　中国大学服务社会模式展望

展望大学服务社会模式，需要从几个方面来分析。首先，切合大学发展的规律，回归大学服务社会的特征。其次，切合本国经济社会发展的背景以及大学服务社会中面临的问题，从本国的教育实际出发来设计模式。同时，借鉴国际经验，以及总结本国现有模式中的有价值的成分进行未来模式展望。模式展望理论定位为遵循大学服务社会的规律，始终贯穿促进社会生产力发展，促进经济发展的主流来进行。建立与现代社会经济发展互动，为了未来社会培养人才的理念。那么在现代社会，主要是促进人的创新能力和产业的转型升级，促进中国实现从依靠资源消耗型转变到依靠科技进步和高素质人才的发展轨道上来，通过大学支撑起中国产业的转型发展，培养一流的中国人。

一　分层发展提高服务适切性

中国大学在服务社会中突出存在的问题是趋同，盲目升格而漠视真正的社会需求。21世纪的大学已经高度分化，所有的大学不可能具备完整和同样的功能。美国大学分层发展上下流动的模式给予政策上的启示，聚焦社会需求更新教育结构，建立能够上下流动的大学层级结构。这既需要国家的政策支持，也需要大学内部管理制度的革新，比如课程实行学分制，制定上下流动的标准等。实现大学分层次服务社会，需要大学发展定好位。研究型大学定位为创造知识，并推动产业升级。一般本科院校具有应用研究能力，能够掌握知识发展的前沿运用到人才培养当中。职业院校具有对整个社会职业培养的功能，掌握行业所需最新技术的能力，并能对整个社会职业技能进行终生培训。

社会创新需要创新型人才，如何创新、创新的标准众说纷纭。克鲁格曼（Paul R. Krugman）认为东亚没有什么奇迹，东亚实现快速经济增长的原因，全是靠资本和劳动要素的投入，没有生产力的进步。[①]《经济学人》预测，在今后40年里，中国人口将会减少，并加剧老龄化，劳动力人口将会减少15%。[②] 随着劳动力的短缺，民工荒的到来，靠生产要素投入拉动经济发展的传统方式难以产生创新，需要转型到依靠生产力提高的新方式上来。世界银行的最新标准把人均GDP 975 美元以下的国家叫低收入国家，976—3855 美元的是中等偏下收入国家，3856—11905 美元的是中等偏上收入的国家，在11906 美元之上的叫高收入国家。据国家统计局的官方统计，按2013 年人民币对美元年平均汇率6.1932 计算，2013 年中国GDP 约合91849.93 亿美元，人均GDP 约为6767 美元。中国已经跨入中等偏上收入国家。中国目前面临的一个最大的挑战是中等收入陷阱，如何摆脱中等收入陷阱，一个重要因素依靠要素投入的传统经济发展方式转变到依靠技术进步、生产力提高的新的经济增长模式。经济学家把未明确的因素称为"全要素生产力"（total factor productivity），简称TFP，从长远角度来看，决定新兴经济体命运的不是劳动力增加或者资本的积累，而是全要素生产力的提高。诺贝尔经济学奖获得者埃德蒙德·菲尔普斯（Edmund S. Phelps）在1966 年论文中指出，劳动人口教育水平较高的国家，其提高生产力的知识和技术传播速度更快，并把这一现象称之为"教育加速技术传播过程"。中国经济发展的一个途径就是拉动国内内需市场，形成新的人口红利。

  大学实现教育加速技术传播过程，积累创新所需的人力资本。一个重要途径就是根据产业界的要求更新高等教育结构，并能通过知识创新，支撑国家高科技产业链。中国大学高等教育结构是一个多层次和多维度的综合体，大致可用宏观结构和微观结构来形容。宏观结构主要包括形式结构、层次结构、科类结构、布局结构等；微观结构主要包括学科专业结构、课程结构、师资队伍结构等。社会发展的形势需求产业结构和技术结构进行战略性调整，相应的所需人力结构和提供人力资本和技术的主要场所的高等教育结构进行调整。按社会需求和经济要求重组和优

[①] 吴敬琏等：《中国中长期经济增长与转型》，中国经济出版社2011 年版，第356 页。
[②]《经济学人》：《大转变2050 年的世界》，中华工商联合出版社2013 年版，第178 页。

化教育内部结构,根据地方经济社会发展的需求,调整优化学科专业结构。同时在大学内部,知识爆炸使得知识不断分支,一方面以学科分化为主导的趋势促使专业化的增进,学科分化从19世纪晚期开始,产生了专门知识和技术,更加适应社会职业的需求;另一方面知识的弥散性使得学科之间不断融合,跨学科来解决知识创新和社会问题趋势日增,知识经济和信息时代对人才要求的趋势更具综合性高素质。

大学机构与知识发展密切相关,大学只能处理内部机构的发展问题,比如学科与学科之间的关系、课程设置、组织结构,但是整个大学系统却是国家创造的。[①] 知识经济发展需要大批拔尖的创新人才,中国已经进入大众高等教育阶段,同时也需要更多的具有高素质的技术人才来满足多样化的社会需求。目前大众化的高等教育结构实际上在很大程度上实行精英化的办学模式,主要表现为力争办学科门类齐全的综合性大学,力争上硕士、博士授予单位,不能结合自身发展的传统和实际的社会需求来办学,造成竞争力不强,缺乏办学特色和办学效率。高考制度严格按分数来分流学生,分数差的就进入职业技术学院,分数高的就进入办学层次高的大学,造成大学严重"标签化",缺乏自由选择的机制,导致学习技能与学习理论不能融通。流动机制缺乏也是造成大学盲目升格的原因,大学作为提供社会上升流动的手段,在大学的层次结构之间缺乏流动性也造成了对人才培养的桎梏,中国用统一的高考制度来进行分层流动,没有提供让学生能够在不同层级的大学之间再次选拔流动的机制,真正做到人尽其才。同时也造成了重学轻术传统陋习再次通过大学载体得以延续,造成对技能的漠视。

二 科技创新支撑产业转型

大学的科技创新能力在很大程度上决定了国家的科技竞争力,大学的科研和创新能力来自于学者的学术能力和潜力。斯诺(C. P. Snow)在1956年关于科学和人文两种文化的争论,指存在人文学者和科学家之间的文化割裂。中国曾一度提出科学挤压人文的命题,实际上中国大学科学远远没有达到挤压人文的地步。而相反是大学倾向于追求学术造诣,

---

① 史静寰:《构建解释高等教育变迁的整体框架》,《清华大学教育研究》2006年第3期。

科技创新能力薄弱，无法支撑产业的转型升级。科学的本质是革命，永远不满足现有生产力，不断创新来推进生产力发展。一方面，大学需要创设良好的制度和环境，为学者潜心学术科研提供物质环境保障；另一方面，学者们真正反思潜心学术、科研，而非停留在追名逐利上面。大学发展史表明，大学在走向功用的过程中实现现代化历程，现代化伴随工业化而来，促进现代经济的持续发展和工业化水平不断提高是教育现代化的核心任务。教育发展服从并适应现代经济发展，为现代经济服务。[①] 经济增长可以有两种模式，依靠资源扩大，或资源不变的情况下使用数量的变化。资源数量不变，采用新方法，生产新产品加大对资源利用的效率。而经济真正发展需要生产力的提高，即采用后一种模式，依靠新技术和产业结构调整产生创新。中国经济需要进行第二次转型，从制造经济转型到创新经济上来，技术进步成为生产力提高的创新源泉，大学通过提供科学和技术来促进现代经济发展。中国科技创新能力不足成为无法推动产业升级的瓶颈，加强科技创新能力，掌握核心技术，是成功应对互联网时代和信息社会，并培育强大产业能力的关键。

全球把研究和开发（R&D）的能力作为科技创新的主要衡量指标，中国在 2013 年 R&D 投入量占 GDP 总额超 2%，高校所占比例为 7%，日本 2012 年 R&D 投入量占 GDP 总额超 3.7%，高校所占比例为 20.6%。中国高校在整体研究经费投入比例上缺乏，需要政府加大对高校研发经费投入力度，并完善经费投入机制，营造有序竞争的氛围，以保障科研产出的效率。

知识经济的社会中，大学与社会之间的纽带之一就是科研。大学的技术创新、产学研成果转化、推动产业升级等都是通过大学科研功能发挥的。大学科研实力在国家创新系统中占据了重要地位。有研究者总结大学科研服务社会模式分为三种：主动供应模式、被动需求模式、政产学研互动模式。主动供应模式又分为无偿公开发表论文、有偿技术转让、创建校办企业和创办大学科技园四种。被动需求模式主要是承担政府、企业或其他社会机构的委托科研课题的"合同研究"或"科研承包"。[②]

---

① 冯增俊：《论教育现代化的基本概念》，《教育研究》1999 年第 3 期。
② 涂成林：《大学科研服务社会的模式与机制研究》，《教育研究》2011 年第 12 期。

不论是采用何种模式,在深层次上表现为大学实现科研功能向社会和经济扩散,达到服务社会的目的。在对中国大学服务社会实践分析以及案例研究中都发现,促进产业转型的内生动力是科技创新能力,而目前科技创新能力的缺乏将是最大的障碍。

单纯经费的投入并不能提升科技创新能力,需要拓展产学研合作的形式。大学作为保存和传播知识、创新知识的场所,运用知识来服务社会,而知识生产已经发生了变化,出现了知识生产模式2。吉本斯(Michael Gibbons)指出这种新的知识生产方式设定在应用环境中,以交叉性学科问题解决的方式来获得。这样就模糊了洪堡关于基础性研究和应用性研究的界限。因此,知识生产的动力产生了变化,对于大学来讲,重要的不在于研究是否能够积累以学科为基础的知识,而在于能不能对社会发展起到作用。

大学是新知识、新技术的来源地,大学通过技术转移来促进产业发展的过程中企业并没有增加创新能力,而通过知识弥散作用,企业成为创新的一个环节,参与到创新当中,比依赖一切齐全即可使用的技术转移更为重要。可用大学—产业—政府三螺旋来解释大学在创新动力学扮演的重要作用。现代社会知识的重要性不断增加,大学在高技术企业的孵化作用日益突出,这样大学按照创新的交互作用模式而非线性模式来运行,三方相互作用通过促进现有产业发展来改善当地经济。双向线性过程表现为研究扩展到市场,市场又延伸到研究,整个过程发生在产业内。创新由产业内双向线性过程转变为非线性过程。大学的创新力量是有限的,迫切需要协同创新。从知识生产模式的改变来看,知识已经具有社会弥散性的功能,同样需要协同创新来达到知识的创新。大学与企业协同创新的效率高于模仿企业的技术效率10个百分点,协同创新成为中国经济转型期企业提升效率和增加竞争力的最佳产品创新模式。①

大学科研成果转化率低是大学不能有效服务社会的障碍,从国际经验和现实案例来看,制度保障是前提。比如,美国联邦政府通过《莫雷尔法案》《哈奇法案》给大学赠地,规定大学向社会提供服务。20世纪80年代,美国出台《拜杜法案》等一系列法案,保护大学知识产权和技

---

① 吴延兵:《协同创新VS模仿:谁更有效率》,《经济日报》2012年1月4日第15版。

术商业化，促进大学科研成果转化。比如，Z大学对横向课题的内部政策。而中国在法律和制度的健全上存在缺陷，以至于出现行为失范。目前大学的学术评价制度偏向于对发表论文和纵向课题项目获得的评价，不少高校都建立有奖励机制。论文和课题作为教师晋级、评定津补贴的重要参考，而对于应用性的项目或者称之为横向项目在制度上缺乏保障和重视，甚至将之排斥在科研考核范围内。制度包括外部制度环境和内部制度理念。这就启示我们在外部制度上健全国家的政策法律，规范科研成果转化。在内部制度方面改善科技创新评价机制、以社会评价为主体建立相应激励机制。

三 大众化引领社会进步模式

大学之间根本对立就是精英大学与大众化大学之间的对立，精英大学可以称为古典大学，奉行健全个性的自由教育，为少数精英所用，在理念上面以纽曼最为突出。而大众化大学是服务广大民众，服务社会的大学。大众化不仅仅是一个量的概念，也是一个反映特性的概念，现代大学与社会疏离的原因都可以从这种根本对立中找到源头。高等教育大众化是一个从早期培养少数官吏及学术人才为主的高等教育体系转向以培养广大民众使之具有高深知识和技能的高等教育体系的过程。比如美国通过《赠地法案》全面摆脱欧洲文雅教育传统，建立以服务美国社会为主流的高教体系，面向广大民众开放。赠地学院全面实用，推进美国经济快速发展。同时建立社区学院，吸收高端科研成果，提升社区技能水平。通过研究型大学培养面向实际高端人才。

教育作为文化的生命机制，通过教育，文化才有可能延续，从而打破文化不连续的机制。大学担当社会制度中用以传播和创造高深知识的重要制度和社会机构，不同的社会投资者都会产生不同的需求，大学面临各方面的压力，被卷入多种关系之中。同时，社会要求大学扮演一个承担社会良知的批评者的角色，社会作用和社会责任不免造成紧张和冲突，这都是大学需要解决的问题。大学在重视服务社会时，反而得到社会的批评，批评大学象牙塔精神的丧失。然而，知识密集型社会将更加依赖现代大学提供知识资本，大学事实上已经没有了墨守成规的空间。大学不仅仅是一个知识加工的工厂，作用不仅限于教育和发现知识，还要把知识转化成智慧，追求理性和守护社会文化，以及向现存秩序发出挑战并促使改革同样是大学的社会责任，大学不仅要服务现实，更要创造未来。大学作为培养人才的场所，大学培养的人是能自觉对国家、对人类、对科学负责的具有科学素养和人文精神的人。1998年世界高等教育大会在巴黎召开，主题报告《21世纪的高等教育：展望和行动》强调高等院校及其师生担当起对立批判社会的责任，成为社会的良知，坦率发表对伦理、文化和社会问题的见解，担当社会知识权威，帮助社会去思考、理解和行动。

中国未来大学服务社会模式应是面向大众，培养高深知识和技能的大众高等教育。大学不仅服务社会，适应社会的变革，而且还要对世界的本性加以影响。[①] 或者也可以认为，国家的文明和性格在很大程度上受到大学发展方向的影响。[②] 如果大学的服务超过了增加知识和培养人才的界限，就会有害于大学，因此也对社会有害。大学培养什么样的人才，决定了社会将怎么发展。大学面临变化和高风险，随着竞争压力加剧，日益难于区分可接受和不可以接受的活动，这将会成为大学最危险的问题。并非所有社会需求都是合理的，大学在应对社会需求时应保持与社会生活的适当距离，审慎对待社会需求，为社会文化进行价值定位。专业知识和技术缺乏将会使社会陷入危险之中，如果缺乏社会发展目标和优先权的反思作为导向，社会同样会陷入危险当中。[③] 大学在提供科学技术时，对于社会的引领和批评作用不容忽视。大学在维护社会的公正和正义上担负起社会的良心，一旦公正性削弱，服务社会将不具备有效性。

大学服务社会，需要大学发挥文化引领作用。加塞特得出一个教育原理，作为国家职能机构的学校，与学校内部营造的教学氛围相比，更多地依赖所处的民族文化氛围。大学预测社会的变化，先于变化而赋予社会前进的方向。民族文化精神内化到国民的性格当中，其影响不容忽视，民族文化精神是组成大学"遗传"的素质之一，这种变化总是随着

---

① ［美］詹姆斯·杜德斯达：《21世纪的大学》，刘彤等译，北京大学出版社2005年版，第4页。

② 金耀基：《大学之理念》，生活·读书·新知三联书店2001年版，第6页。

③ ［美］弗兰克·H. T. 罗德斯：《创造未来——美国大学的作用》，清华大学出版社2007年版，第230页。

时代的发展，社会的变革引起人们的思想观念特别是价值观念的变化，但是这种变化十分缓慢。因此，在观念上建立起促进广大民众知识技能提高，从而促进整个社会生产力水平提高的大众化高等教育理念。

四 市场导向政府监管服务模式

教育在国家、民族的形成中起了关键作用，政府作为大学的主要投资者，无论从政治的角度还是经济的角度，或者是从道德的角度来讲都有理由通过政府权力来指导大学良性发展。霍布斯鲍姆（Eric Hobsbawm）认为学校教育是形成民族的最有力的武器，不仅是训练有能力的爱国士兵的途径，也为实现塑造新的民族认同感或独特的民族文化的民族主义愿望开辟道路。[1] 葛兰西（Antonio Gramsci）明确指出国家和社会各方面之间存在密切关系，国家是意识形态领域的教育者，也是生产的组织者和驱动者。因此在国家形成中，教育是一个关键工具。[2] 大学对于外部经费和声望的追求而依赖掌握关键资源的组织，政府通过经费和公共政策掌握了大学发展的关键资源，没有一所大学不希望得到政府的支持。政府干预大学是不可避免的，国际经验表明，不论是多具有自治色彩的国家，大学都不得不接受政府的调控。比如美国建立了高等教育的自由市场，仍然是通过国家监管来促使大学服务社会的。1862 年《莫里尔法案》通过，大批赠地学院建立，广泛为农业和工业服务。如果缺乏政府的这一有效政策驱动，美国大学直接服务社会的传统有可能要推后。

政府作为国家权力的执行者，社会委托国家来履行社会契约，大学作为社会机构以及社会制度，政府监管大学不需要争论，关键是政府如何监管，政府监管的边界如何来衡定。伯顿·克拉克（Burton R. Clark）把政府与大学的关系分为两类：国家控制模式（state control model）和国家监督模式（state supervising model）。克拉克认为高等教育存在政治的、官僚的、专业的和市场的 4 种协调类型。任何一种单一的形态都不利用大学的发展。20 世纪 70 年代以来，新自由主义对凯恩斯主义的"全能政

---

[1] [英]安迪·格林：《教育与国家形成：英、法、美教育体系起源之比较》，教育科学出版社 2004 年版，第 120 页。

[2] 同上书，第 107 页。

府"猛烈批评，主张利用市场力量来改善政府服务功能，把市场因素和企业家精神引入政府管理。新自由主义主张缩减政府规模、尊重市场机制，导致西方各国"以市场为取向"的高等教育改革，使得大学不得不面向市场，在其办学过程中引入市场机制。80年代，借助新公共管理理论，新公共管理的核心要素是以市场为导向，以3E，即经济（Economy）、效率（Efficiency）和效益（Effectiveness）为目标，导致了高等教育管理革命。在市场运行机制中，政府在大学中扮演供应者的角色将难以为继，只能是向服务购买者与协调者的角色转移。在实际上，市场在满足公众需求方面取得更好的效果，早在1944年美国颁发《退伍军人权利法案》时就开始了市场化的尝试，把资金直接发放到学生手中，再由学生来选择学校，这样学校只能通过吸引学生来获得资金。

中国在20世纪90年代中期政府对大学的高度计划体制才开始向市场需求转型，中华人民共和国成立开始建立起高度集中的计划模式，大学仅仅是高度集中的计划经济体制中的一个组成部分。大学体制借鉴苏联模式，大学主要是教学功能，科研功能主要在科研院所。国家重要的研究主要不在大学里面，造成科研与人才培养的割裂，严重影响了中国高校的科研能力，造成本来就缺乏的资源浪费。大学人才规划、学科设置以及科目与专业设置、招生数量等都由国家计委和教育部门制定。市场经济最基本的特征就是按照市场的供求规律来配置资源。因此市场经济条件下大学服务社会运行机制的逻辑起点不是按照行政主管部门的计划指令，而是反映社会经济发展客观需求，包括对劳动力市场的需求与供给、科学研究的主要方向等。当社会经济的发展产生对某种专业知识和技能的需求时，用人单位就会提高工资来吸引人才，从而刺激这类人才的供应。市场经济中，社会经济发展导致的人才需求是不断变化的，人才的供给状况也应不断变化。大学对供求做出灵敏反应的前提是具有高度的办学自主权，从而来适时调整专业取向，应对和引导市场需求变化。在以市场为导向的机制中，从创新的角度来讲，政府往往以隐形的方式在市场经济中扮演了重要的角色。政府角色从"袖手旁观型"或者是"全能干预型"的创新模式转变为"扶助型"创新模式。完全由政府主导能提供的只有有限的理念和行动，但仅仅来源于中央政府一个资源。这种模式对于重大的社会目标可能会有利于实现，但是不具有活力。大学作为知识创新的主体,作用应与产业和政府不相上下,大学不仅是知识和人力资源的源泉,同样是技术的源泉。

市场机制并非万能,价格机制之一的工资结构变化而实现的劳动力市场调节作用带有较大的自发性、盲目性和滞后性。同时,由于市场反馈的信息是滞后的,在信息不透明的情况下,市场这只看不见的手无法起作用。而且大学无法承担盲目市场造成的不利后果,因此需要政府提供保证市场高效运转的信息,需要政府的宏观调控、调节机制和激励机制。市场机制下,通过市场的驱动提高大学的办学质量和效益。效益分为内部效益和外部效益,内部效益主要是大学内部人、财、物等资源的配置和使用率。外部效益指大学的社会经济效益,主要指毕业生对社会需求的满足程度和大学对社会经济发展所做的贡献。

在高等教育大众化阶段,财政紧缩(budget retrenchment)将迫使公共机构重新聚焦大学功能的社会和经济理性,最能确定的是建立更加强大的公共绩效系统。市场力量将会在决定高等教育标准、规模和价格方面取代公共政策。要打造中国经济的升级版,必然要以中国高等教育的升级版为基石。尽管市场成为向高等教育提供资助的重要机制,把市场作为唯一调控手段也是有缺陷的。政府的行政管理权应与学校办学自主权分离,大学是相对独立的办学主体,大学的教学、研究以及内部事务都是大学自身职权范围的事务,应独立行使职权并承担相应的责任。尤其中国的学在官府、政教合一的传统思想,大学一开始就极端缺乏大学自治与大学自由的传统。中国缺乏独立、自由的科学研究政策,学术自由的法律保障体系也不健全。在科学研究中,计划经济的指导方式仍然占主导地位,缺乏具有活力的市场竞争机制,在重点实验室、重点学科、重点项目的申报和审批以及科研规划制定上表现突出。大学不是政府的附庸,政府不应以行政手段来干预学校内部事务,政府只能在政策上予以指导。大学服务社会不是以经济利益为驱动而导致商业化的急功近利。政府从"政府管理模式"向"政府监督模式"的转变。

参考文献

一　专著

［比］希尔德·德·里德—西蒙斯：《欧洲大学史（第二卷）近代早期的欧洲大学（1500—1800）》，贺国庆等译，河北大学出版社2008年版。

［比］希尔德·德里德·西蒙斯：《欧洲大学史（第一卷）中世纪大学》，张斌贤等译，河北大学出版社2008年版。

陈劲：《新形势下产学研战略联盟创新与发展研究》，中国人民大学出版社2009年版。

陈洪捷：《德国古典大学观及其对中国大学的影响》，北京大学出版社2002年版。

［德］恩格斯：《自然辩证法》，于光远等译，人民出版社1984年版。

［德］弗·鲍尔生：《德国教育史》，滕大春译，人民教育出版社1986年版。

［德］马克思：《机器、自然力和科学的应用》，自然科学史研究所译，人民出版社1978年版。

［德］马克思等：《马克思、恩格斯论教育》（上），华东师范大学《马克思、恩格斯论教育》辑译小组译，人民教育出版社1985年版。

《马克思恩格斯文集10》，中共中央马克思恩格斯列宁斯大林著作编译局译，人民出版社2009年版。

［德］马克思：《政治经济学批判》，中共中央马克思恩格斯列宁斯大林著作编译局译，人民出版社1976年版。

［法］皮埃尔·莱昂：《世界经济与社会史》，谢荣康译，上海译文出版社1985年版。

冯增俊：《教育人类学》，江苏教育出版社2001年版。

冯增俊:《现代高等教育模式论》,广东高等教育出版社1993年版。

何传启等:《知识创新》,经济管理出版社2001年版。

改革开放30年中国教育改革与发展课题组:《教育大国的崛起:1978—2008》,教育科学出版社2008年版。

谷贤林:《美国研究型大学管理——国家、市场和学术权力的平衡与制约》,教育科学出版社2008年版。

黄达人:《大学的观念与实践》,商务印书馆2011年版。

黄福涛:《外国高等教育史》,上海教育出版社2003年版。

[加]约翰·范德格拉夫:《学术权力 七国高等教育管理体制比较》,王承绪等译,浙江教育出版社2001年版。

金耀基:《大学之理念》,生活·读书·新知三联书店2001年版。

《经济学人》:《大转变2050年的世界》,中华工商联合出版社2013年版。

梁忠义:《战后日本教育研究》,江西教育出版社1993年版。

李工真:《德意志现代化进程与德意志知识界》,商务印书馆2010年版。

李延保:《李延保教育文集》,中山大学出版社2006年版。

刘道玉:《高校之殇》,湖北人民出版社2010年版。

郭咸纲:《西方管理思想史》,世界图书出版社2010年版。

[美]爱德华·希尔斯:《学术的秩序——当代大学论文集》,李家永译,商务印书馆2007年版。

[美]伯顿·克拉克:《高等教育新论——多学科的研究》,王承绪等译,浙江教育出版社2002年版。

[美]伯顿·克拉克:《建立创业型大学:组织上转型的途径》,王承绪译,人民教育出版社2003年版。

[美]查尔斯·维斯特:《一流大学 卓越校长:麻省理工学院与研究型大学的作用》,蓝劲松等译,北京大学出版社2008年版。

[美]丹尼尔·贝尔:《后工业社会的来临——对社会预测的一项探索》,高铦等译,商务印书馆1984年版。

[美]大卫·沃德:《令人骄傲的传统与充满挑战的未来 威斯康星大学150年》,李曼丽等译,清华大学出版社2007年版。

[美]达尔·尼夫:《知识经济》,樊春良等译,珠江出版社1998年版。

[美]弗兰克·H.T.罗德斯:《创造未来——美国大学的作用》,王晓阳

等译，清华大学出版社 2007 年版。

［美］菲利普·阿特巴赫等：《全球高等教育趋势——追踪学术革命轨迹》，姜有国等译，上海交通大学出版社 2010 年版。

［美］阿罗诺维兹：《知识工厂——废除企业型大学并创建真正的高等教育》，周敬敬等译，高等教育出版社 2012 年版。

［美］菲利普·G. 阿特巴赫：《比较高等教育：知识、大学与发展》，人民教育出版社教育室译，人民教育出版社 2001 年版。

［美］弗兰克·纽曼：《高等教育的未来：浮言、现实与市场风险》，李沁译，北京大学出版社 2012 年版。

［美］格莱夫斯：《中世教育史》，吴康译，华东师范大学出版社 2005 年版。

［美］刘易斯·布兰斯科姆等：《知识产业化——美日两国大学与产业界之间的纽带》，尹弘毅等译，新华出版社 2003 年版。

［美］罗杰·L. 盖格：《研究与相关知识：第二次世界大战以来的美国研究型大学》，张贤斌等译，河北大学出版社 2008 年版。

［美］罗杰·盖格：《大学与市场的悖论》，郭建如等译，北京大学出版社 2013 年版。

［美］乔尔·莫基尔：《雅典娜的礼物：知识经济的历史起源》，段异兵等译，科学出版社 2011 年版。

［美］克拉尔·克尔：《大学之用》（第 5 版），高铦等译，北京大学出版社 2008 年版。

［美］弗兰克·H. T. 罗德斯：《创造未来——美国大学的作用》，王晓阳等译，清华大学出版社 2007 年版。

［美］詹姆斯·杜德斯达：《21 世纪的大学》，刘彤等译，北京大学出版社 2005 年版。

［美］罗伯特·M. 赫钦斯：《美国高等教育》，汪利兵译，浙江教育出版社 2001 年版。

［美］希拉·斯劳特等：《学术资本主义：政治、政策和创业型大学》，梁骁等译，北京大学出版社 2008 年版。

［美］亚伯拉罕·弗莱克斯纳：《现代大学论——英美德大学研究》，徐辉等译，浙江教育出版社 2001 年版。

[美]詹姆斯·杜德斯达:《21世纪的大学》,刘彤等译,北京大学出版社2005年版。

齐鹏飞等:《当代中国编年史》(1949.10—2004.10),人民出版社2007年版。

[日]桥本健二:《战后日本社会阶级构造的变迁》,彭曦译,南京大学出版社2012年版。

[日]天野郁夫:《高等教育的日本模式》,陈武元译,教育科学出版社2006年版。

[日]永井道雄:《日本的大学——产业社会里大学的作用》,李永年译,教育科学出版社1982年版。

沈红:《美国研究型大学形成与发展》,华中理工大学出版社1999年版。

殷陆君:《人的现代化——心理·思想·态度·行为》,四川人民出版社1985年版。

[英]安迪·格林:《教育与国家形成:英、法、美教育体系起源之比较》,教育科学出版社2004年版。

[英]阿列克·凯恩克劳斯:《经济学与经济政策》,李琮译,商务印书馆1990年版。

[英]迈克尔·吉本斯等:《知识生产的新模式——当代社会科学与研究的动力学》,陈洪捷等译,北京大学出版社2011年版。

[英]阿什比:《科技发达时代的大学教育》,滕大春等译,人民教育出版社1983年版。

[英]玛丽·亨克尔等:《国家、高等教育与市场》,谷贤林等译,教育科学出版社2005年版。

[英]H.J.哈巴库克等:《剑桥欧洲经济史 第6卷 工业公民及其以后的经济发展:收入、人口及技术变迁》,王春法等译,经济科学出版社2002年版。

[英]约翰·亨利·纽曼:《大学的理想》,徐辉等译,浙江教育出版社2001年版。

王英杰:《美国高等教育的发展与改革》,人民教育出版社1993年版。

吴敬琏等:《中国中长期经济增长与转型》,中国经济出版社2011年版。

吴元训:《中世纪教育文选》,人民教育出版社1989年版。

杨德广:《现代高等教育思想探索》,人民教育出版社 2001 年版。

易汉文:《中山大学编年史》(一九二四—二〇〇四),中山大学出版社 2005 年版。

张苏:《高等教育与经济发展关系的实证研究》,中国书籍出版社 2013 年版。

中国教育年鉴编辑部:《中国教育年鉴》,人民教育出版社 2007 年版。

中国教育年鉴编辑部:《中国教育年鉴》(1999),人民教育出版社 1999 年版。

国家统计局:《中国统计年鉴》(1981),中国统计出版社 1981 年版。

中国教育年鉴编辑部:《中国教育年鉴》(1985—1986),湖南教育出版社 1988 年版。

《中国教育事典》编委会:《中国教育事典》,河北教育出版社 1994 年版。

改革开放 30 年中国教育改革与发展课题组:《教育大国的崛起:1978—2008》,教育科学出版社 2008 年版。

中山大学新闻中心:《黄达人演讲录》,中山大学出版社 2011 年版。

邹忠科:《21 世纪欧洲联盟高等教育整合与世界高等教育大趋势——兼论台湾高等教育问题及因应之道》,五南图书出版股份有限公司 2014 年版。

朱丽兰:《科教兴国——中国迈向 21 世纪的重大战略决策》,中共中央党校出版社 1995 年版。

二 期刊论文

陈时见等:《美国高校社会服务的历史发展、主要形式与基本特征》,《比较教育研究》2006 年第 12 期。

陈晓清:《学科融合研学共生提升国际竞争力——日本"COE 计划"的启动、运作与成效》,《清华大学教育研究》2013 年第 5 期。

陈学飞:《高等教育系统的重构及其前景——1990 年代以来中国高等教育管理制度的改革》,《高等教育研究》2003 年第 4 期。

丁亚金:《现代大学社会服务职能的反思》,《教育发展研究》2008 年第 13—14 期。

冯增俊:《论教育的现代演进》,《教育研究》2002 年第 12 期。

冯增俊：《论教育现代化的基本概念》，《教育研究》1999 年第 3 期。

龚放：《建设"重中之重"——中国高等教育发展的一个战略决策》，《高等教育研究》1992 年第 3 期。

顾明远：《第三次工业革命与高等教育改革》，《教育学报》2013 年第 6 期。

官鸣：《人才 知识 服务 论 21 世纪高校对科技和社会发展的贡献》，《厦门大学学报》（哲学社会科学版）1999 年第 1 期。

龚放：《试论现代大学的社会责任》，《北京大学教育评论》2008 年第 2 期。

何传启：《世界现代化研究的三次浪潮》，《中国科学院院刊》2003 年第 3 期。

贺国庆：《从莫雷尔法案到威斯康星观念——美国大学服务职能的确立》，《河北大学学报》（哲学社会科学版）1998 年第 3 期。

何建坤等：《论研究型大学的技术转移》，《清华大学教育研究》2002 年第 4 期。

胡建华：《"科学技术创造立国"政策下的日本大学改革》，《北京大学教育评论》2004 年第 2 期。

胡建华：《关于建国头 17 年高等教育改革的若干理论分析》，《南京师大学报》（社会科学版）2000 年第 4 期。

胡建华：《关于大学体系层次化的若干思考》，《清华大学教育研究》2003 年第 4 期。

黄达人：《国家的发展与大学的责任》，《中国高等教育》2004 年第 1 期。

黄达人：《优化环境 更好地发挥人才资源作用》，《中国高教研究》2004 年第 3、4 期。

康健：《从历史的演变看大学的第三职能》，《高等教育研究》1995 年第 2 期。

康健：《威斯康星思想与高等教育的社会职能》，《高等教育研究》1989 年第 1 期。

赖晓黎：《"大学理念"再思考：从洪堡与纽曼谈起》，《教育与社会研究》2009 年第 17 期。

刘恩允：《区域发展视角下的高校社会服务伦理探讨——基于威斯康星大

学社会服务理念的解读及其启示》,《江苏高教》2011 年第 2 期。

刘宝存:《威斯康星理念与大学的社会服务职能》,《理工高教研究》2003 年第 5 期。

李建平:《关于大学更好地为社会服务的若干思考》,《福建师范大学学报》(哲学社会科学版) 2008 年第 1 期。

李廉水:《高校社会服务的性质、内涵与功能研究》,《高等工程教育研究》1990 年第 4 期。

刘晓平:《试析高校服务社会的新路径——合肥工业大学"差异化模式"的创新性应用》,《合肥工业大学学报》(社会科学版) 2013 年第 5 期。

李志锋:《知识生产模式的现代转型与大学科学研究的模式创新》,《教育研究》2014 年第 3 期。

刘理:《由服务社会向引领社会转变——学习型社会大学服务职能的新趋向》,《教育与现代化》2006 年第 9 期。

刘力:《产学研合作的历史考察及本质探讨》,《浙江大学学报》(人文社会科学版) 2002 年第 3 期。

刘志文等:《论高等教育外部关系规律理论的科学性——与〈理性的视角：走出高等教育"适应论"的历史误区〉商榷》,《教育研究》2013 年第 11 期。

联合国教科文组织:《〈世界高等教育宣言〉概要》,《教育发展研究》1999 年第 3 期。

[美] 戴维·拉伯雷等:《复杂结构造就的自主成长：美国高等教育崛起的原因》,《北京大学教育评论》2010 年第 3 期。

闵维方:《知识经济时代大学的社会服务功能——以北京大学为例》,《国家教育行政学院学报》2006 年第 9 期。

潘懋元等:《改革开放 30 年中国高等教育思想的转变》,《高等教育研究》2008 第 10 期。

潘懋元:《高等学校的社会职能》,《高等工程教育研究》1986 年第 3 期。

史静寰:《构建解释高等教育变迁的整体框架》,《清华大学教育研究》2006 年第 3 期。

涂成林:《大学科研服务社会的模式与机制研究》,《教育研究》2011 年第 12 期。

王家庭等：《第三次工业革命视角下的教育与经济转型》，《经济社会体制比较》2014 年第 1 期。

王洪才：《大学新三大职能说的缘起与意蕴》，《厦门大学学报》（社会科学版）2010 年第 4 期。

吴文清等：《中国大学科技园动态效率评价》，《天津大学学报》（社会科学版）2012 年第 3 期。

王作权：《大学的社会服务职能及其合法性分析》，《高教探索》2007 年第 2 期。

上官剑：《中西方文化差异中的大学社会服务观》，《江苏高教》2009 年第 4 期。

熊丙奇：《大学只有一个真正的功能：人才培养》，《大学》（学术版）2010 年第 2 期。

杨艳蕾：《大学服务社会——"威斯康星理念"研究》，博士学位论文，南京师范大学，2011 年。

袁振国等：《2012 年高校绩效评价研究报告》，《教育研究》2013 年第 10 期。

朱国仁：《论高等学校职能的限度》，《教育研究》1999 年第 1 期。

展立新等：《理性的视角：走出高等教育"适应论"的历史误区》，《北京大学教育评论》2013 年第 1 期。

张凌云等：《2009 年旅游管理理论研究现状与热点问题窥探》，《旅游科学》2010 年第 2 期。

郑柳青等：《国家社科基金旅游项目研究的回顾与展望》，《旅游论坛》2010 年第 3 期。

三 英文文献

Akiyoshi Yonezawa, "Japanese Flagship Universities at a Crossroads", *High Education*, No. 54, 2007, pp. 483–499.

David Hoeveler Jr, "The University and the Social Grospel：The Intellectual Origins of the 'Wisconsin Idea'", *The Wisconsin Magazine of History*, Vol. 59, No. 4, 1976, pp. 282–298.

Derek Bok, *Beyond the Ivory Tower Social Responsibilities of the Mordern Uni-

versity, Cambridge: Harvard University Press, 1982, p. 65.

Diana Hicks, " University-industry Research Links in Japan", *Policy Science*, Vol. 26, No. 4, 1993, pp. 361 – 395.

Emrullah Tan, "Human Capital Theory: A Holistic Criticism", *Review of Education Research*, Vol. 84, No. 3, 2014, pp. 411 – 445.

Etzkowitz, H. , "The Norms of Entrepreneurial Science: Cognitive Effects of the New University-industry Linkages", *Research Policy*, Vol. 27, No. 8, 1998, pp. 823 – 833.

Fumi Kitagawa and Jun Oba, "Managing Differentiation of Higher Education System in Japan: Connecting Excellence and Diversity", *High Education*, Vol. 59, No. 4, 2010, pp. 507 – 524.

George R. Boggs, "Community Colleges in a Perfect Storm", *Change*, Vol. 36, No. 6, 2004, pp. 6 – 11.

Ikuo Amano, Gregory S. Poole, "The Japanese University in Crisis", *Higher Education*, Vol. 50, No. 4, 2005, pp. 685 – 710.

Mathew Rafferty, "The Bayh-Dole Act and University Research and Development", *Research Policy*, Vol. 37, No. 1, 2008, pp. 29 – 40.

Nelly P. Stromquist, *Education in a Globalized World: the Connectivity of Economic Power, Technology, and Knowledge*, Maryland: Rowman & Littlefield Publishers, Inc. , 2002.

Smith, Patrick, *Japan: A Reinterpretation*, New York: Vintage Books, Random House Inc, 1997.

John C. Scott, "The Mission of the University: Medieval to Postmodern Transformations", *The Journal of Higher Education*, Vol. 77, No. 1, 2006, pp. 1 – 39.

William E. "Brit" Kirwan, "The 21st Century: the Century of the American Research University", *Innovative Higher Education*, Vol. 35, No. 2, 2010, pp. 101 – 111.

后　　记

　　本书最初作为我的博士学位论文而写作，但因各种缘由，没有作为博士论文答辩之用。而后，便不断修改，期待能够得以出版。全书立意、写作、修改都是在我的导师冯增俊教授的指导下完成，凝聚了冯先生的心血和期待，先生的谆谆教诲总是让我备受启发。选择大学服务社会模式作为研究主题，也是对自己的莫大挑战，要从纷繁复杂的历史演进中来探寻大学发展的规律，数据收集的难度、理论思维的要求让我感到无比压力。服务社会作为大学一大功能已经成为共识，要在其基础上做文章，似乎缺乏新意。然而大学时常受到社会诟病，即使同一国家同一地区办大学，效果也是参差不齐，这一问题常常让我陷入沉思。在冯先生的鼓励之下，我对于此研究主题产生了浓厚兴趣。服务社会不仅仅是大学在演进中产生的一种功能，也是其诞生之日起便具有的特征，无论时代如何变迁，大学始终要捕捉潜在的社会需求，从而在服务中成长。几易其稿，最终确定从宏观的历史视域中探寻一般的规律，从国际比较中探讨服务模式的差异，最后从本国大学具体实践中来探讨未来发展之道。虽然历经多年思考，其中还有诸多不完善之处，今日得以出版，心中却是诚惶诚恐。同时，也鞭策我继续深入开展研究。

　　书稿的写作得到了周祝瑛教授、陈昌贵教授、黄崴教授、屈琼斐教授等诸位老师的指导，感谢他们的真知灼见，让我茅塞顿开。感谢我的硕士导师王攸欣教授把我领进学术之门，王先生教导我们潜心学术以求创新让我受益终身。感谢孙俊三教授的支持和鼓励，让我倍感温暖。书稿大部分在中山大学校园中完成，对于其中的疑惑，经常与同窗好友一起讨论，诸如姚侃博士、余剑博士、罗剑平博士、曾阳博士、戚兴华博士、叶明博士、黄英霞博士，感谢他们提供的宝贵意见，感动在交流中迸发出灵感的火花。书稿的写作得益于一群为我提供宝贵一手资料，接受访谈的人，没有他们的支持，书稿也无法完成，谨此表达最崇高的敬意和谢意！

  本书的出版得到众多老师支持，他们的鼓励给了我无穷的力量。吉首大学马克思主义学院廖胜刚教授给予了大力支持，感谢廖先生的指导。吉首大学武陵山片区高等教育研究中心戴林富研究员对于书稿提出几次修改意见，并为出版提供了大力支持，感谢戴先生无私帮助。吉首大学社会科学处吴晓博士对书稿出版给予支持和指导，特别感谢。感谢吉首大学申绪湘教授长期以来对我的支持和鼓励。感谢所有期待书稿出版的亲人和朋友。

孙明英
2020 年 6 月 12 日